◎"美好生活新服务"系列研究成果·理论专著

筑梦成"镇"

梦想小镇的观察、思考与构象

Dream Village:

A Chinese Model of Sci-Tech Park Development

应天煜　黄浏英　周亚庆◎著

ZHEJIANG UNIVERSITY PRESS
浙江大学出版社

图书在版编目(CIP)数据

筑梦成"镇"：梦想小镇的观察、思索与构象/应天煜,黄浏英,周亚庆著. —杭州:浙江大学出版社,2020.12

ISBN 978-7-308-20913-7

Ⅰ.①筑… Ⅱ.①应… ②黄… ③周… Ⅲ.①小城镇—城市建设—研究—杭州 Ⅳ.①F299.275.51

中国版本图书馆 CIP 数据核字(2020)第 272568 号

筑梦成"镇"：梦想小镇的观察、思索与构象

应天煜　黄浏英　周亚庆　著

责任编辑	朱　玲　樊晓燕	
责任校对	张培洁	
封面设计	雷建军	
出版发行	浙江大学出版社	
	（杭州市天目山路 148 号　邮政编码 310007）	
	（网址:http://www.zjupress.com）	
排　　版	浙江时代出版服务有限公司	
印　　刷	杭州良诸印刷有限公司	
开　　本	710mm×1000mm　1/16	
印　　张	20	
字　　数	328 千	
版 印 次	2020 年 12 月第 1 版　2020 年 12 月第 1 次印刷	
书　　号	ISBN 978-7-308-20913-7	
定　　价	69.00 元	

前　言

2020年,庚子之岁,已经注定是不平凡的一年。

这场肆无忌惮席卷全球的新冠之疫,让我们的整座城市乃至整个国家一度按下了暂停键。习惯于高速前行的快车开始放慢速度,同时也为我们慢慢摇下一扇车窗,让我们得以带着些许窥视的心情去短暂观察这座城市被抽离去"人"之后所剩余的空间模样。

空间和人,一直是一个历久弥新的有趣话题。在乡村和城市悄无声息地相互对抗、演义、融合的过程中,新的空间生产、新的聚落形态、新的生活方式随着人们在乡村和城市之间的来来往往、熙熙攘攘而不断迭代生成。本课题所要关注与讨论的特色小镇,即是发生在我们所在的这座城市抑或是乡村的一种新空间,一种新方式,一种新现象。

当前全国范围内正在轰轰烈烈推进的特色小镇,源于浙江。浙江不是特色小镇的发明者,却是特色小镇的集大成者。特色小镇从概念成形,到实践摸索,再到全国推广,只经历了一年半左右的时间。政府公报、新闻报道、网文推送、期刊文章等有关特色小镇的数据信息扑面而来,为我们拼接了一张有着生态、生产、生活的不同画面感的小镇肖像。可是,特色小镇是什么?怎么样?为什么会这样?未来会怎么样?尚需我们去捕捉数据、刻画深描与科学研判。要在有限时间、有限精力与有限经费之条件下,对所有特色小镇开展一次大而全的面上研究,客观上存在困难。特色小镇的特色之一是"小而精",那么关于特色小镇的研究也未尝不能按照小而精的思路,而舍弃贪大求全。选择某一典型特色小镇进行深入解剖,科学剖析这只"小麻雀"以尝试探寻特色小镇的共性所在,通过点上的观察来反映面上的貌相,其间夹杂若干讨论与比较,或许在理论层面能取得更深层次的拓展突破。所选特色小镇今日触及之困难、困惑,亦可能是其他特色小镇明日将触及并需着力解决的。如果我们能对今日之困难、困惑有更为深入的认识,那么对其他特色小镇或类似平台项目的开发建设运营而言,无疑是具有一定实践参照价值的。

更令人憧憬的是,通过这次努力,我们能够促使特色小镇的科学研究与其开发建设及运营管理工作挂上钩。至少在特色小镇这一话题上,学界和业界不再出现由缺乏充分交流导致的"Kappa"现象(Kappa 原为一种服装品牌,其标志为背靠背而坐的人物,在此引申为"背靠背")。我们也希望特色小镇设计者、开发者、运营者、管理者,以及规划、建筑、历史、地理、社会、旅游等学科领域的研究人员和学生,能在此一起讨论、交流、释疑、解惑。

在本书完稿之际,我要感谢来自杭州西湖风景名胜区凤凰山管理处的黄昕、新加坡南洋理工大学的方安琪同学以及我的博士生谭小元、卡茜燕、张彩虹、唐婧怡、王锴云等同学在此过程中所提供的协助。同时,我也特别想要感谢团队成员及好友沈旭炜为此书的打磨完善所提供的巨大帮助。若无他们大力襄助,本书成稿绝不会如此顺利。在此谨向他们致以深深的谢意。

囿于专业水平有限,本书难免存在疏漏,还恳请诸位方家不吝斧斫。谢谢。

应天煜

2020 年 10 月 20 日

目　录

第1章　中国特色新型城镇化的
精彩落子:特色小镇

记忆中家乡的小镇,始终用自己的哲学生活着,一边期盼着城市,一边守候着乡村。

1.1　首先需要梳理的两个问题

1.1.1　为什么提"中国特色新型城镇化"?

1.城镇化是现代化的必由之路

城镇化是一个伴随工业化发展、非农产业在城镇集聚、农村人口向城镇集中、城镇规模和数量不断扩大、城镇生活方式向农村不断传播渗透的自然历史过程,是人类社会发展的客观趋势,也是国家现代化的重要标志。推进城镇化是解决我国农业、农村、农民问题的重要途径,是破解城乡二元结构和推动区域协调发展的有力支撑,是释放扩大内需潜力和促进产业升级的重要抓手,对全面建成小康社会、加快推进社会主义现代化具有重大现实意义和深远历史意义。改革开放以来,我国经历着世界历史上规模最大、速度最快的城镇化进程。城镇化率从 1978 年的 17.92%,几乎以平均每年3.09%的增长速度,逐步提升到了 2019 年的 60.60%,当年城镇常住人口达到 84843 万人(图 1.1),城镇化建设取得长足进展。

2.城镇化是一把双刃剑

根据世界城镇化发展经验和普遍规律,我国的城镇化率已基本达到世界平均水平。美国城市地理学家诺瑟姆(Ray M. Northam)揭示了城镇化

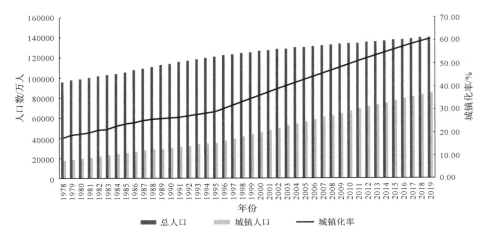

图 1.1　1978—2019 年中国城镇化进展概况

数据来源：本研究整理。原始数据见附录 1。

发展的三个发展阶段（图 1.2）。在城镇化早期和后期阶段，城镇化率提升得十分缓慢，而在城镇化中期阶段，进入城镇化的加速发展阶段，城市人口比重可在短短的几十年内突破 50% 而上升到 70%。显然当前我国已经进入了城镇化发展的加速时期。[①]　如果延续过去粗放扩张、人地失衡、举债度日、破坏环境的传统城镇化模式，将会带来产业升级缓慢、资源环境恶化、社

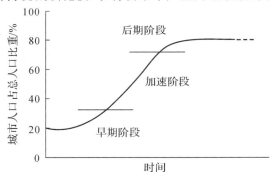

图 1.2　城镇化进程的 S 形发展规律

数据来源：张占斌（2013）[②]。

---

①　张占斌.新型城镇化的战略意义和改革难题[J].国家行政学院学报,2013(1):48—54.

②　张占斌.新型城镇化的战略意义和改革难题[J].国家行政学院学报,2013(1):48—54.

会矛盾增多等诸多风险，可能落入"中等收入陷阱"，进而影响现代化进程。此外，从国际经验中还可以看到，不仅世界各国城镇化的推进节奏参差不齐，推进方式千差万别，城镇化带来的结果也并非全是正面的，甚至出现了普遍性的痼疾——"城市病"。伴随着城镇化进程的推进，我国人口持续向东部沿海地区流入汇集，而且部分地区人口流动的近域化趋势也在不断加强，流动人口的落户意愿也变得空前强烈，导致东部沿海地区，尤其是一些特大城市和中心城市，城市群的虹吸效应和人口的快速膨胀变得非常明显。一系列诸如交通拥挤、住房紧张、供水不足、能源紧缺、环境污染、遗产破坏等"城市病"相继发生。"城市病"不仅在发达国家的城镇化历史上屡见不鲜，如今更广泛存在于发展中国家的现实中。"城市病"在无形之中不仅增加了整个城市社会的运行负荷和生态环境成本，造成稀缺能源与资源的浪费，而且会影响并伤害市民的身心健康，对城镇化的可持续发展带来影响，不利于城市的"畅快呼吸"。2020 年席卷全球的新冠肺炎疫情，更是对包括城市规划设计、公共卫生服务、应急管理能力、经济运行抗压能力、智慧数据应用、在地社区共建等城市治理体系和城市发展韧性的一次全方位检验，也迫使我们从理论层面与实践层面对追求大而全的传统城镇化发展思路进行再次审视与深刻反思。在这样的内、外部环境和条件的深刻变化下，我们必须要在更深层次上认识城镇化的本质规律以及城镇化与其他经济社会发展领域的内在关系，必须寻找一种健康的、新的城镇化方式。

3. 中国特色新型城镇化的探索、提出与发展

城镇化是我国现代化进程中的一个基本问题，在我们这样一个拥有 13 亿多人口的发展中大国实现城镇化，人类发展史上没有先例。[①] 关于我国城镇化道路，学界先后提出大城市为主论、中等城市为主论、小城镇为主论、多元模式论、城市群为主论、梯度推移论等多种不同的见解与观点。

我国城镇化是在人口多、资源相对短缺、生态环境比较脆弱、城乡区域发展不平衡的背景下边摸索边推进的，这决定了我国必须从社会主义初级阶段这个最大实际出发，遵循城镇化发展规律，走中国特色新型城镇化道路。2002 年，党的十六大首次提出要"走中国特色城镇化道路"，我国开始加快推进城镇化。2007 年，党的十七大将中国特色城镇化道路纳入"中国

---

① 习近平. 习近平在中央城镇化工作会议上发表重要讲话［EB/OL］. http://www. xinhuanet. com/photo/2013-12/14/c_125859827. htm.

特色社会主义道路"的五大基本内容。2011 年,我国城镇化率达到 51.27%,与世界平均水平大体相当,城镇常住人口首次超过农村人口,城镇化取得显著成效。与此同时,随着全球经济再平衡和产业格局再调整,以及越来越多的发展中国家进入工业化、城镇化快速发展阶段,全球市场争夺、资源供求矛盾和减排压力加剧。同时,随着国内农业富余劳动力减少和人口老龄化程度提高、资源环境瓶颈制约日益加剧、户籍人口与外来人口公共服务差距造成的城市内部二元结构矛盾日益凸显,城镇化质量不高的问题越来越突出。其主要表现在六个方面:大量农业转移人口难以融入城市社会,市民化进程滞后;土地城镇化快于人口城镇化,城镇用地粗放低效;城镇空间分布与资源环境承载能力不匹配,城镇规模结构不合理;"城市病"问题日益突出,城市服务管理水平不高;自然历史文化遗产保护不力,城乡建设缺乏特色;体制机制不健全,阻碍城镇化健康发展。① 同时,也不可避免地走入人口城镇化、街道城镇化、农村土地城镇化、"三个集中"城镇化(即人口、产业和生产要素的简单集中)、"农家乐"城镇化等片面城镇化的误区。②

城镇化的外部条件和内在动力发生的深刻变化,决定我国必须走以提升质量为主的城镇化转型发展新路。2012 年,党的十八大提出要"坚持走中国特色新型工业化、信息化、城镇化、农业现代化道路",强调新型四化要协调同步。至此新型城镇化的概念雏形初现,但并未独立出现。直至 2013 年 11 月,党的十八届三中全会通过《中共中央关于全面深化改革若干重大问题的决定》,首次明确提出"中国特色新型城镇化"这一完整概念,首次确立"以人为核心的新型城镇化"总体要求和"协调推进""融合发展""优化格局"的基本原则,为新型城镇化的发展注入了新内涵,奠定了主基调,谋划了总部署。2013 年 12 月,中央召开首次城镇化工作会议,提出了一系列新思想、新观点,明确了推进城镇化的着力点和工作要求,更加具体阐明了走中国特色新型城镇化道路的丰富内涵,为科学推进新型城镇化建设提供了指南。2014 年,中共中央、国务院公布《国家新型城镇化规划(2014—2020年)》,为我国新型城镇化作出顶层设计,标志着中国特色新型城镇化实现由概念性战略向实践性建设的关键转变(表 1.1)。

---

① 中共中央、国务院印发《国家新型城镇化规划(2014—2020 年)》[EB/OL]. http://www.gov.cn/gongbao/content/2014/content_2644805.htm.

② 彭红碧,杨峰. 新型城镇化道路的科学内涵[J]. 理论探索,2010(4):75—78.

表 1.1　"中国特色新型城镇化"相关政策方针与顶层设计

时间	来源	主要内容
2002 年 11 月	党的十六大报告	要逐步提高城镇化水平,坚持大、中、小城市和小城镇协调发展,走中国特色城镇化道路。发展小城镇要以现有的县城和有条件的建制镇为基础,科学规划,合理布局,同发展乡镇企业和农村服务业结合起来。消除不利于城镇化发展的体制和政策障碍,引导农村劳动力合理有序流动
2007 年 10 月	党的十七大报告	走中国特色城镇化道路,按照统筹城乡、布局合理、节约土地、功能完善、以大带小的原则,促进大、中、小城市和小城镇协调发展
2013 年 11 月	党的十八届三中全会《中共中央关于全面深化改革若干重大问题的决定》	完善城镇化健康发展体制机制。坚持走中国特色新型城镇化道路,推进以人为核心的城镇化,推动大、中、小城市和小城镇协调发展、产业和城镇融合发展,促进城镇化和新农村建设协调推进。优化城市空间结构和管理格局,增强城市综合承载能力
2013 年 12 月	中央城镇化工作会议公报	"新型城镇化要找准着力点",推进以人为核心的城镇化,以有序实现市民化为首要任务,坚持绿色循环低碳发展
2014 年 3 月	中共中央、国务院《国家新型城镇化规划(2014—2020年)》	以体制机制创新为保障,通过改革释放城镇化发展潜力,走以人为本、四化同步、优化布局、生态文明、文化传承的中国特色新型城镇化道路
2016 年 2 月	国务院《关于深入推进新型城镇化建设的若干意见》	坚持走中国特色新型城镇化道路,以人的城镇化为核心,以提高质量为关键,以体制机制改革为动力,紧紧围绕新型城镇化目标任务,加快推进户籍制度改革,提升城市综合承载能力,制定完善土地、财政、投融资等配套政策
2017 年 3 月	国务院《政府工作报告》	扎实推进新型城镇化。深化户籍制度改革,2017 年实现进城落户 1300 万人以上,加快居住证制度全覆盖。支持中、小城市和特色小城镇发展,推动一批具备条件的县和特大镇有序设市,发挥城市群辐射带动作用

续表

时间	来源	主要内容
2017 年 10 月	党的十九大报告	推动新型工业化、信息化、城镇化、农业现代化同步发展。以城市群为主体构建大、中、小城市和小城镇协调发展的城镇格局,加快农业转移人口市民化。
2018 年 3 月	国务院《政府工作报告》	提高新型城镇化质量。新型城镇化的核心在人,要加强精细化服务、人性化管理,使人人都有公平发展机会,让居民生活得方便、舒心。
2019 年 3 月	国务院《政府工作报告》	新型城镇化要处处体现以人为核心,提高柔性化治理、精细化服务水平,让城市更加宜居,更具包容和人文关怀。
2020 年 5 月	国务院《政府工作报告》	深入推进新型城镇化。发挥中心城市和城市群综合带动作用,培育产业、增加就业。坚持房子是用来住的、不是用来炒的定位,因城施策,促进房地产市场平稳健康发展。完善便民、无障碍设施,让城市更宜业宜居

　　在经过一段时间的摸索建设后,我国的新型城镇化取得了阶段性成果。2016 年 2 月,习近平总书记对深入推进新型城镇化建设作出重要指示。他强调要坚持以创新、协调、绿色、开放、共享的发展理念为引领,以人的城镇化为核心,更加注重提高户籍人口城镇化率,更加注重城乡基本公共服务均等化,更加注重环境宜居和历史文脉传承,更加注重提升人民群众获得感和幸福感。要遵循科学规律,加强顶层设计,统筹推进相关配套改革,鼓励各地因地制宜、突出特色、大胆创新,积极引导社会资本参与,促进中国特色新型城镇化持续健康发展。新型城镇化的"新"不在土地城镇化,而在人的城镇化。推进以人的城镇化为核心的中国特色新型城镇化,就是要从社会主义初级阶段基本国情出发,坚持以人民为中心的发展思想,遵循城镇化发展规律,克服传统城镇化发展过程中积累的矛盾和问题,在解决新时代我国社会主要矛盾、满足人民日益增长的美好生活需要、推动经济高质量发展等方面充分发挥作用,使新型城镇化成为我国迈向社会主义现代化强国的强大推动力量。习近平总书记的重要指示,也标志着以"人的城镇化"为核心的中国特色新型城镇化理论体系的正式建立,我国城镇化开始进入一个高质量发展的新阶段。

　　结合十八大、十八届三中全会、中央城镇化工作会议、十九大等会议精神和国家公布的相关指导意见、规划和政策，可以将新型城镇化的内涵特征归纳为如下四个方面：一是新型工业化、信息化、城镇化、农业现代化"四化"协调互动，通过产业发展和科技进步推动产城融合，实现城镇带动的统筹城乡发展和农村文明延续的城镇化。二是人口、经济、资源和环境相协调，倡导集约、智能、绿色、低碳的发展方式，建设生态文明的美丽中国，实现中华民族永续发展的城镇化。三是构建与区域经济发展和产业布局紧密衔接的城市格局，以城市群为主体形态，大、中、小城市与小城镇协调发展，提高城市承载能力，展现中国文化、文明自信的城镇化。四是实现人的全面发展，建设具有包容性的和谐式城镇，体现农业转移人口有序市民化和公共服务协调发展，致力于和谐社会和幸福中国的城镇化。[①]

　　在实践中，为深入贯彻落实党中央、国务院关于推进中国特色新型城镇化建设的重大战略部署，国家发改委等部门先后于 2014 年、2015 年、2016年分三批，将 2 个省和 246 个城市（镇）列为国家新型城镇化综合试点，已经在农民工融入城镇、新生中小城市培育、城市（镇）绿色智能发展、产城融合发展、开发区转型、城市低效用地再开发利用、城市群协同发展机制、带动新农村建设等领域，成功为全国提供了可复制、可推广的经验和模式。特色小镇即在新型城镇化背景下提出的一种以人的城镇化为核心主导的兼顾经济转型升级、城乡统筹发展与经济供给侧改革的主动破题之举和优秀的实践方案。

1.1.2　为什么是特色小镇？

1.特色小镇是习近平"八八战略"的生动践行

　　特色小镇发源于浙江，是现代经济演进到一定阶段的产物，是发展路径契合客观规律的先进经济体形态，是空间布局高效合理的小型产业集聚区的升级版。[②] 特色小镇在浙江出现有其深厚的理论和实践基础。2020 年 4月 1 日，习近平总书记在浙江考察时做出重要指示："要全面贯彻党中央各项决策部署，做好统筹推进新冠肺炎疫情防控和经济社会发展工作，坚持稳

---

① 张占斌.新型城镇化的战略意义和改革难题[J].国家行政学院学报，2013(1)：48－54.
② 国家发展和改革委员会.国家新型城镇化报告（2019）[M].北京：人民出版社，2020：167.

中求进工作总基调,坚持新发展理念,坚持以'八八战略'为统领,干在实处、走在前列、勇立潮头,精准落实疫情防控和复工复产各项举措,奋力实现今年经济社会发展目标任务,努力成为新时代全面展示中国特色社会主义制度优越性的重要窗口。"习近平总书记提出的新目标、新定位以及他对浙江提出的新使命、新要求、新期望,体现着从传承到丰富、从发展到跃升、从过程到结果的递进关系,意味着浙江必须始终坚持以"八八战略"为统领,在道路、方向、立场等重大原则问题上毫不动摇、坚定不移地坚持中国特色社会主义这一条主线,并紧扣努力、新时代、全面、制度优越性、重要窗口等五个关键词,不断推进制度创新,为党和国家形成一个比较成熟、比较定型、比较系统的制度体系提供更多的浙江素材,积累更多的浙江经验。①

浙江位于我国东部沿海,是中国革命红船起航地、中国改革开放先行地,也是习近平新时代中国特色社会主义思想的重要萌发地。2019 年年末,浙江的城镇化率已突破 70.0%,城镇化进程恰好处于加速阶段与后期阶段的临界点(图 1.2),必须打破传统发展模式的路径依赖,通过实施以创新为驱动,推进经济发展方式从数量扩张型向质量效益型转变。

"八八战略"体现了继承和创新的结合。②"八八战略"是当浙江在发展过程中遇到重大考验时,面对新形势、新情况、新问题,时任浙江省委书记习近平把马克思主义的基本原理同浙江的实践结合起来,把落实中央的要求同发挥浙江的主观能动性和优势结合起来、统一起来,创造性提出的重大决策部署。③"八八战略"蕴含着对发展问题的哲学思考,体现着创新、协调、绿色、开放、共享的新发展理念,是习近平新时代中国特色社会主义思想在浙江萌发与实践的集中体现④,也是实践证明符合发展规律、必须长期坚持的重大战略,是认识新常态、适应新常态、引领新常态的金钥匙,是全面引领创新发展必须坚持的总纲领⑤。

---

① 车俊.浙江省委理论学习中心组专题学习习近平考察浙江重要讲话精神[N].浙江日报,2020-04-08.

② 习近平. 之江新语[M]. 杭州:浙江人民出版社,2007:35.

③ 王林.浙江:从 5 方面推进"八八战略"再深化[EB/OL]. http://news. youth. cn/jsxw/201907/t20190712_12007800. htm.

④ 车俊."八八战略"是成功打开高质量发展大门的"金钥匙"[EB/OL]. http://cpc. people. com. cn/n1/2018/1123/c164113-30418226. html,

⑤ 应建勇,王国锋.坚持以"八八战略"为总纲引领新常态下平稳发展创新发展[N].杭州日报,2014-12-26.

专栏 1　"八八战略"

2003 年 7 月,中共浙江省委举行第十一届四次全体(扩大)会议,提出面向未来发展需进一步发挥八个方面的优势、推进八个方面的举措。

一、进一步发挥浙江的体制机制优势,大力推动以公有制为主体的多种所有制经济共同发展,不断完善社会主义市场经济体制。

二、进一步发挥浙江的区位优势,主动接轨上海、积极参与长江三角洲地区交流与合作,不断提高对内对外开放水平。

三、进一步发挥浙江的块状特色产业优势,加快先进制造业基地建设,走新型工业化道路。

四、进一步发挥浙江的城乡协调发展优势,统筹城乡经济社会发展,加快推进城乡一体化。

五、进一步发挥浙江的生态优势,创建生态省,打造"绿色浙江"。

六、进一步发挥浙江的山海资源优势,大力发展海洋经济,推动欠发达地区跨越式发展,努力使海洋经济和欠发达地区的发展成为我省经济新的增长点。

七、进一步发挥浙江的环境优势,积极推进基础设施建设,切实加强法治建设、信用建设和机关效能建设。

八、进一步发挥浙江的人文优势,积极推进科教兴省、人才强省,加快建设文化大省。

特色小镇缘起于习近平在浙江工作时提出的面向浙江未来发展的"八八战略"。浙江坚持以"八八战略"为总纲,推进创新驱动发展,借鉴国外小镇建设经验,做出了规划建设一批浙江特色小镇的重大决定。"八八战略"提出的浙江优势论所包含的块状特色产业优势是特色小镇的"特色"生命力所在,构成了特色小镇的核心元素;生态优势、人文优势填充了特色小镇的自然底色;体制机制优势、环境优势等则为特色小镇积累了诸多民间资本和市场主体发展经验,为其提供了持续良性运行的保障;区位优势、城乡协调发展优势、山海资源优势为特色小镇的创业创新提供了充沛的山水资源和腾挪空间。当这些条件遇到国际特色小镇成功实践的催化和我国政府、市场、社会的同向推动,浙江版本的特色小镇就破茧而出,旋即风靡全国。

2. 发展特色小镇的当代要义

特色小镇,一端连着城市,一端连着乡村,将工业和农业、城市和乡村在要素配置、产业发展、生态保护等方面有机联系,为新型城镇化发展提供了广阔思路。[①] 实践证明,特色小镇已经成为新常态下推进经济从要素驱动、投资驱动转向创新驱动的新抓手,成为践行新型城镇化高质量发展的新平台,具有重要的现实价值与战略意义。

其一,特色小镇是有效化解城乡二元结构桎梏的时代智慧。在新型城镇化向纵深推进的过程中,城乡二元结构体制一直都是横亘在其中亟待突破的严重障碍。城乡分离的工业化模式、城乡不均的资源配置机制、城乡分割的市场体系、城乡有别的治理体制,不但会造成一个城乡断裂的社会,甚至连城市本身的发展也会失去支撑和依托。一方面,大城市的规模扩张和人口膨胀导致土地价格和生活成本居高不下,公共服务供给能力增长不及等矛盾日益突出,对城市的经济韧性、生态负荷极限和现代治理能力带来考验。广大乡村地区的人口和资源则常年保持单向流出,产业集聚度显著不足,党建、养老、教育、医疗等公共服务建设的瓶颈未能得到有效疏通。处于城市外溢边缘的城乡接合部容易沦为一个城不是城、村不像村的"痛感"地带。另一方面,人口红利的消失、环保标准的提高和国土空间资源的日趋收紧,导致依赖劳动力、土地等要素驱动经济发展的传统模式根本无法适应新时期新常态经济发展的新要求。在城市和乡村之间,必须重新寻找一种更为适合我国国情的发展道路,破除城乡二元结构下的供需错位与资源配置困局。

要解决这一难题,仅仅依靠需求侧改革的刺激不足以有效驱动二元结构下的城乡壁垒的打破与互融,需要转换思路,需要通过扩大有效的中高端供给侧率先形成突破。特色小镇往往位于城乡接合部,拥有相对便捷的区位优势和丰富的资源沉淀,能在一定程度上降低新形势下"大众创业,万众创新"原本在大城市所需承担的相对高昂的机会成本,以更低的成本、更优惠的扶持政策、更灵活的商事环境和更优质的公共配套服务来分担大城市人口集聚的负荷压力,以空间来缓和与对冲城市产业新旧动能转化所需的时间。这一特点使得特色小镇能够成为创新创业平台和特色产业培育发展平台,能够成为优化人口流动与分布格局的重要驱动因素,能够成为城市和

---

①   王天宇,陈维.以特色小镇建设为抓手推进乡村振兴[N].光明日报,2019-11-13.

乡村协调融合发展的有效纽带。

其二，特色小镇是撬动乡村振兴国家战略的有力支点。改革开放以来，大量优质资源要素不断从农村涌向城市，有力地推动了中国的城镇化进程。资源要素从农村向城市的这种单向流动，在一定程度上导致了乡村劳动力匮乏、产业不发达、人气不旺盛、消费力低下、社会治理弱、环境污染重等问题。党的十九届四中全会审议通过的《中共中央关于坚持和完善中国特色社会主义制度、推进国家治理体系和治理能力现代化若干重大问题的决定》指出："实施乡村振兴战略，完善农业农村优先发展和保障国家粮食安全的制度政策，健全城乡融合发展体制机制。构建区域协调发展新机制，形成主体功能明显、优势互补、高质量发展的区域经济布局。"乡村振兴国家战略的实施，除了加大对乡村地区的整体性投入之外，更要激活乡村发展的内生动力，形成技术、人才、管理、资金等各类生产要素在城乡之间自由双向流动、高效配置的体制机制，推进乡村经济的高质量发展。

特色小镇具有衔城接村的天然区位优势，可以有效发挥战略支点的作用，在有限的城乡过渡空间中不断优化已有生产力的布局，带动周边农村地区交通、供水、供电、信息等基础设施建设和医疗、文化、教育等公共服务的嵌入发展。同时，特色小镇平台发挥集聚作用，能够吸引科技、人才、资本等各种要素下乡，吸引工业、服务业等二、三产业进驻，吸纳农村剩余劳动力直接在地就业，辐射帮助周边农村地区共同走上脱贫致富全面小康的发展道路，加快推进农业现代化步伐，推动农村现代化经济发展。此外，特色小镇需要充分融合生态功能、产业功能、旅游功能、文化功能、社区功能，叠加形成生态圈、产业圈、旅游圈、文化圈和社区圈，通过现代生活理念对接和消费方式对接，将创新、协调、绿色、开放、共享等新发展理念潜移默化地输入传统农村地区，推动城市文明不断向农村地区传播渗透，促成城市和乡村在文化层面实现对话、交流与融合，由内而外地推动实现产业兴旺、生态宜居、乡风文明、治理有效、生活富裕的乡村振兴。

其三，特色小镇是驱动经济新旧动能转换的强劲引擎。地方进行特色小镇的规划建设，一个重要原因是要推动当地传统产业转型升级，增强区域发展新动能。特色小镇主要指聚焦特色产业和新兴产业、集聚发展要素、不同于行政建制镇和产业园区的创新创业平台。① 特色小镇一般基于小镇所在地资源禀赋或其他优势条件,在一定的城镇空间范围内吸引资本、企业、技术、人口等生产要素和创新要素聚集,形成能够发挥当地禀赋优势、服务于更大范围消费群体的特色产业以及依靠产业支撑的新型空间。创新创业是特色小镇的根本属性。通过特色小镇这一平台,当地可以对资源要素实现重新定义与重新组织。特色小镇立足资源禀赋、区位环境、历史文化、产业集聚等方面的特色,通过建立多边多向连接,能够形成特色优势主导产业的上下游之间产业链、价值链的跨界融合与多方聚合,集聚创业者、风投资本、孵化器等高端要素,构建富有活力的创业创新生态圈,促进产业链、创新链、人才链的耦合,为各利益相关者提供开放的服务和利益共享机制。同时,特色小镇基于链接和数据,能够实现业务、技术、模式的整合与创新,能够尝试和打破行业或产业的边界,最终实现人的需求满足和价值提升。

其四,特色小镇是人们对美好生活向往的诗意寄托。党的十九大做出了关于我国新时期的社会主要矛盾变化的准确研判,人民日益增长的美好生活需要和不平衡不充分的发展之间的矛盾成为当前社会发展的主要矛盾。伴随着经济社会的快速发展,人们由生存型消费向发展型消费升级、由物质型消费向服务型消费升级、由传统消费向新型消费升级的趋势明显。我国当前的社区模式也需要被审视与重塑。重塑以共同爱好、兴趣为主导的社区组合,在中国有着非常大的现实意义。② 特色小镇在有限的空间中不仅叠加了产业、文化、旅游功能,而且还关注社区功能的注入,实现生产、生活、生态的深度融合,是城乡之间的一种诗意联结。它在构筑生产圈、生态圈的同时,又注重构筑处于不同阶段的不同人群对生活品质的不同需求。特色小镇所营造的"产、城、人、文一体"的复合载体,是既云集市场主体又强调生活品质的集成化、开放化、网络化、便捷化的新型空间,它既承载历史,又面向未来,契合现代人尤其是年轻群体既要在市场大潮中激情创新又想在优美环境中诗意生活的理想追求。

---

① 国家发改委印发《关于加快美丽特色小(城)镇建设的指导意见》[J]. 城市规划通讯,2016(22):3—5.

② 孙博洋.专家热议特色小镇:应成为人们对美好生活向往的载体[EB/OL]. http://finance. people. com. cn/n1/2017/1220/c1004-29718982. html.

1.2　特色小镇:通往美好生活的美学治理

1.2.1　特色小镇在浙江的萌芽

1.概念的首次提出

特色小镇着眼于营造生态友好的美丽中国和人民群众的美好生活,由浙江最早提出具体概念并成功实践。特色小镇是贯彻落实习近平总书记对浙江"干在实处永无止境、走在前列要谋新篇"指示精神的具体实践,是经济新常态下加快区域创新发展的战略选择,也是推进供给侧结构性改革和新型城镇化的有效路径。[①] 特色小镇被公开提及,最早是在杭州未来科技城的梦想小镇。这之后,时任浙江省省长李强多次力推特色小镇,将特色小镇与信息、环保、健康、旅游、时尚、金融、高端装备制造等驱动新经济的七大产业发展相提并论,将特色小镇作为深入践行新发展理念的高端平台,以产业特而强、功能聚而合、形态小而美、机制新而活为导向,推动生产、生活、生态"三生融合",产业、社区、文化、旅游"四位一体",全面启动特色小镇建设。

2.政策学习及其演变历程

2015 年 1 月,"加快规划建设一批特色小镇"写入浙江省的政府工作报告,要"按照企业主体、资源整合、项目组合、产业融合原则,在全省建设一批聚焦七大产业、兼顾丝绸黄酒等历史经典产业、具有独特文化内涵和旅游功能的特色小镇,以新理念、新机制、新载体推进产业集聚、产业创新和产业升级"[②]。特色小镇被赋予全新的时代内涵和浙江特色。

2015 年 4 月 22 日,浙江省政府出台《关于加快特色小镇规划建设的指导意见》(浙政发〔2015〕8 号)(附录 2)。该文件不仅就理念认识、产业定位、规划建设和运作方式等对特色小镇做了总体要求和指标约束,而且设定与规范了自愿申报—分批审核—年度考核—验收命名等一整套创建流程,并从土地和财政这两个地方经济发展普遍面临的最痛的点予以政策倾斜和支持保障,极大激发了浙江省各地市创建特色小镇的积极性。不仅如此,该意

---

① 李强. 特色小镇是浙江创新发展的战略选择[J]. 今日浙江,2015(24):16—19.
② 李强. 政府工作报告摘要[N]. 浙江日报,2015-01-22.

见开门见山地对特色小镇首次进行了概念界定,指出:"特色小镇是相对独立于市区,具有明确产业定位、文化内涵、旅游和一定社区功能的发展空间平台,区别于行政区划单元和产业园区。"这个定义别开生面,言简意赅,对特色小镇的区位、功能、属性进行了必要的、及时的、清晰的、到位的阐释,引导与保障浙江的特色小镇建设从一开始就朝着既定的方向前进。特色小镇的创建实行年度考核制度,对于偏离方向的特色小镇(如含有住宅或商业综合体项目投资),则不兑付扶持政策。同时,建立省特色小镇规划建设工作联席会议制度,由常务副省长担任召集人,联席会议办公室设在浙江省发展和改革委员会(以下简称发改委),承担联席会议日常工作,加强对特色小镇规划建设工作的组织领导和统筹协调。

在此份文件的号召与指导下,浙江全省范围内的特色小镇创建工作正式拉开帷幕。2015 年 6 月 4 日,第一批省级特色小镇创建名单正式公布,列入了包括杭州梦想小镇等全省 10 个设区市的 37 个特色小镇。6 月 24 日,浙江省特色小镇规划建设工作现场推进会在杭州召开,时任省长李强出席并作重要讲话。会后,浙江省发改委出台《浙江特色小镇创建导则》《省级特色小镇创建名单和培育名单产生办法》等文件。"加强特色小镇建设……力争到 2020 年……高标准特色小镇 100 个以上"写入 2016 年浙江省的政府工作报告。2016 年 3 月 16 日,为贯彻落实习近平总书记等中央领导同志对浙江特色小镇建设的重要批示精神,浙江省政府出台《关于高质量加快推进特色小镇建设的通知》(浙政办发〔2016〕30 号),从强化政策措施落实、发挥典型示范作用、引导高端要素集聚、开展"比学赶超"活动、加强统计监测分析、完善动态调整机制、做好舆论宣传引导等 7 个方面对高质量加快推进特色小镇建设做出要求。随后,《省级特色小镇规划执行和调整的意见》《浙江省特色小镇产业金融联动发展基金组建运作方案》《浙江省特色小镇创建规划指南(试行)》《浙江省级特色小镇亩均效益领跑者行动方案(2018—2022 年)(试行)》等政策相继出台。至此,浙江在全国率先形成"规划有指南、创建有导则、考核有办法、验收有标准"的特色小镇工作体系。持续性的点穴式支持政策,通过规划、金融等专业领域的反馈,及时纠正特色小镇作为新生事物容易出现的轨道偏离,确保了特色小镇成长的延续性,强有力地推动了浙江特色小镇的高质量发展,使其始终走在全国前列(表1.2)。

表 1.2　有关浙江省特色小镇发展的主要政策、标准与通知

时间	名称	来源	主要内容
2015 年 4 月	《关于加快特色小镇规划建设的指导意见》	浙江省人民政府	全省重点培育和规划建设 100 个左右特色小镇，分批筛选创建对象；力争通过 3 年的培育创建，规划建设一批产业特色鲜明、体制机制灵活、人文气息浓厚、生态环境优美、多种功能叠加的特色小镇
2015 年 6 月	《关于公布第一批省级特色小镇创建名单的通知》	浙江省特色小镇规划建设工作联席会议办公室	公布第一批省级特色小镇创建名单（37 个）
2015 年 10 月	《浙江省特色小镇创建导则》	浙江省特色小镇规划建设工作联席会议办公室	要求第一年完成投资不少于 10 亿元。对于 26 个加快发展县（市、区）信息经济、旅游、金融、历史经典产业的特色小镇，完成投资不低于 6 亿元
2016 年 1 月	《关于公布省级特色小镇第二批创建名单和培育名单的通知》	浙江省特色小镇规划建设工作联席会议办公室	公布第二批省级特色小镇创建名单（42 个）和第一批培育名单（51 个）
2016 年 3 月	《关于高质量加快推进特色小镇建设的通知》	浙江省人民政府办公厅	进一步加大工作推进力度，着力推动建设一批产业高端、特色鲜明、机制创新、具有典型示范意义的高质量特色小镇，力争每个市都有示范性小镇、每个重点行业都有标杆性小镇
2016 年 6 月	《关于加快推进特色小镇文化建设的若干意见》	浙江省文化厅	运用"文化＋"的动力和路径有效助推特色小镇建设
2017 年 7 月	《关于浙江省特色小镇验收命名办法（试行）》	浙江省特色小镇规划建设工作联席会议办公室	明确了评价指标的数据来源、评分标准、验收方式，规范了验收命名的相关程序
2017 年 7 月	《关于命名首批省级特色小镇的通知》	浙江省人民政府	公布了杭州上城区玉皇山南基金小镇、余杭区梦想小镇等 2 个特色小镇的命名

续表

时间	名称	来源	主要内容
2017 年 7 月	《关于公布省级特色小镇第三批创建名单和第二批培育名单的通知》	浙江省特色小镇规划建设工作联席会议办公室	公布第三批省级特色小镇创建名单（35 个）和第二批培育名单（18 个）
2017 年 12 月	《特色小镇评定规范（DB33/T 2009—2017）》	浙江省质监局	规范特色小镇评定程序
2018 年 3 月	《省级特色小镇规划执行和调整的意见》	浙江省特色小镇规划建设工作联席会议办公室	进一步规范特色小镇规划建设工作，强调特色小镇规划原则，强调规划是年度考核、动态监测和兑现奖励的唯一依据
2018 年 4 月	《浙江省特色小镇创建规划指南（试行）》	浙江省特色小镇规划建设工作联席会议办公室	提出"产业'特而强'，功能'聚而合'，形态'小而美'，体制'新而活'"四大原则，并将特色小镇分成三大类，作为引导特色小镇"特色化"规划建设的分类基础
2018 年 9 月	《省级特色小镇第四批创建名单和第三批培育名单》	浙江省特色小镇规划建设工作联席会议办公室	公布第四批省级特色小镇创建名单（21 个）和第三批培育名单（10 个）
2018 年 9 月	《第二批正式命名的省级特色小镇名单》	浙江省特色小镇规划建设工作联席会议办公室	正式命名西湖云栖小镇、余杭艺尚小镇、诸暨袜艺小镇、德清地理信息小镇、桐乡毛衫时尚小镇为第二批省级特色小镇
2018 年 12 月	《浙江省级特色小镇亩均效益领跑者行动方案（2018—2022 年）（试行）》	浙江省特色小镇规划建设工作联席会议办公室	对除历史经典产业特色小镇之外的省级命名小镇、列入省级创建小镇满3 年的特色小镇进行"亩均效益"评价，公布具体评价指标，开展特色小镇"亩均效益"领跑者行动。
2019 年 3 月	《2019 年浙江省国民经济和社会发展计划的通知》	浙江省人民政府	实施园区有机更新，运用特色小镇的思路和方式，分类、分块、分步改造100 个传统开发区（园区），建设美丽园区

续表

时间	名称	来源	主要内容
2019 年 9 月	《关于公布省级特色小镇第五批创建名单和第四批培育名单的通知》	浙江省特色小镇规划建设工作联席会议办公室	公布第五批省级特色小镇创建名单(15 个)和第四批培育名单(7 个)
2019 年 9 月	《关于命名第三批省级特色小镇的通知》	浙江省特色小镇规划建设工作联席会议办公室	正式命名西湖龙坞茶镇等 15 个特色小镇
2019 年 9 月	《浙江省特色小镇产业金融联动发展基金组建运作方案》	浙江省发展改革委员会、浙江省财政厅	提出由省转型升级产业基金出资 10 亿元,带动社会资本公共投资,形成 100 亿元的省特色小镇基金。明确该基金的政策目标、投资方向、运作模式和运作要求
2020 年 2 月	《关于下达 2020 年浙江省国民经济和社会发展计划的通知》	浙江省人民政府	全力打造特色小镇 2.0 版,建成一批示范特色小镇

注:统计截至 2020 年 6 月 15 日。

　　在创建培育过程中,浙江特色小镇建设具有其独特的优势和条件,如块状经济特征明显、专业化产业集群基础扎实、信息经济发达、民间资本充裕、创业创新氛围浓厚等,同时也面临着空间资源有限、传统产业亟待转型升级等压力。浙江特色小镇建设着眼于推进供给侧结构性改革,突破传统行政区划单元意义上的小城镇范畴,用最小空间资源达到生产力最优化布局,实现了创新性。[①]自 2015 年至 2019 年,浙江涌现出一批脱胎于传统块状产业、抢占驱动新经济的七大产业高地、人文气息浓厚、生态环境优美、兼具旅游与社区功能的特色小镇。统计数据显示,截至 2017 年年底,浙江省级命名小镇和创建小镇建设总面积达 147.3 平方公里,以约占全省建设用地 1.13%的空间,承载了全省 6.8%的项目投资,创造了全省约 4.6%的总产

---

　　① 孟超. 发改委副主任胡祖才:特色小镇需因地制宜　以人为本[EB/OL]. http://zw.china.com.cn/2017-01/09/content_40062141.htm.

出,贡献了 4.4％的税收收入。其中有 10 个小镇总产出超百亿元,6 个小镇税收超 10 亿元。① 2018 年省级特色小镇亩均产出 781.3 万元,是全省规上工业亩均产出的 1.55 倍;省级特色小镇总产出 8741.9 亿元,税收收入 582.1 亿元,其中,20 个小镇总产出超 100 亿元,11 个小镇税收收入超过 10 亿元;省级特色小镇高新技术企业数达到 884 家,众创空间数达 229 个。② 特色小镇建设正在成为一场快速推动浙江全省并且足够影响全国的供给侧结构性改革的重要实践。

1.2.2　特色小镇在浙江的成长

1.基本格局

点状分布、星罗棋布的特色小镇,托起的是浙江经济的未来与希望。浙江力求通过特色小镇建设,建立新型的创业创新生态系统,引领以信息产业为代表的七大新兴产业发展和传统产业转型升级。特色小镇已成为践行新发展理念、培育新动能、推动经济转型升级的高端平台。自 2015 年正式启动特色小镇创建工作以来,截至 2020 年 6 月,浙江特色小镇先后命名 3 批共 22 个,创建 5 批共 110 个,培育 4 批共 62 个(图 1.3)。历年统计数据表明,浙江在特色小镇建设过程中严格执行浙政发〔2015〕8 号文件中设置的"宽进严定"原则,严格执行浙政办发〔2016〕30 号文件中提出的"高质量"发展内涵要求,培育一批,成熟一批,命名一批。而且始终聚焦高端装备制造、数字经济、时尚、环保、健康、金融、旅游等七大万亿产业和茶叶、丝绸、黄酒、中药、木雕、根雕、石刻、文房、青瓷、宝剑等历史经典产业,培育创建了一批具有标杆性、示范性、引领性的特色小镇。从统计数据看,高端装备制造业、数字经济、时尚、旅游等 4 类产业在特色小镇的实际发展中得到相对较快的发展(图 1.4)。受国家发改委规划司城镇化推进处委托发布的《中国特色小(城)镇 2018 年发展指数报告》显示,浙江有 23 个特色小镇跻身全国 50 强,其中 6 个特色小镇排名在前 10 位,嘉兴市桐乡毛衫时尚小镇排名第一。③ 该报告充分说明,浙江的特色小镇在特色产业引领、人居功能聚合、

---

① 屈凌燕,许舜达.浙江:三年间诞生 10 个产出超百亿元特色小镇[EB/OL]. http://www.xinhuanet.com/local/2018-10/06/c_1123523155.htm.

② 刘乐平.小镇撬动发展大局[N].浙江日报,2019-09-25.

③ 甘居鹏.2018 中国特色小(城)镇指数报告发布　浙江特色小镇亮眼[EB/OL]. http://tsxz.zjol.com.cn/ycnews/201805/t20180524_7342175.shtml?from＝singlemessage.

文旅元素魅力等方面已经具有在全国相对领先的发展水平。

图 1.3　浙江省级特色小镇命名、创建与培育名单历年分布(2015—2019 年)
数据来源:本研究整理。原始数据见附录 3。

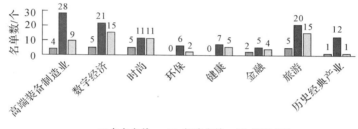

图 1.4　浙江省级特色小镇命名、创建和培育名单产业分布
数据来源:本研究整理。原始数据见附录 3。数据截至 2020 年 6 月。

2. 特色小镇 2.0

特色小镇是全面践行新发展理念、推动供给侧结构性改革、支撑高质量发展的高端平台,是浙江的一张"金名片"。为推动特色小镇工作再上一个新台阶,2020 年浙江省的政府工作报告正式提出"全力打造特色小镇 2.0 版"的新要求。[①] 这成为新时期浙江省委省政府对特色小镇建设做出的又一项重要战略部署,将为浙江"努力成为新时代全面展示中国特色社会主义制度优越性的重要窗口"做出更大贡献。

浙江特色小镇 2.0 的总方向是要进一步聚焦产业基础高级化和产业链现代化,打造"产业更特、创新更强、功能更优、形态更美、机制更活、辐射更

---

① 权威发布:2020 年浙江省政府工作报告[EB/OL]. http://www.zj.gov.cn/art/2020/1/17/art_1545482_41741369.html.

广"的发展创新平台。主要工作包含 5 个方面。

一是抓科技创新,提升内生发展动力。推动高新企业、高新技术、高端人才、高效资本优先向特色小镇集聚,各地要出台政策,在特色小镇率先建成"产学研用金、才政介美云"(即产业、学术界、科研、成果转化、金融、人才、政策、中介、环境、服务)十联动创业创新生态圈,形成以特色小镇为种子仓和孵化器、周边园区承接小镇产业孵化溢出的发展模式。加快在特色小镇建设数字化车间、智能化工厂,达到条件的小镇要积极申报省级特色小镇数字化建设示范试点,数字经济类、高端装备制造类特色小镇要加快推进 5G 应用场景全覆盖。省级特色小镇要 100% 建有创新平台,高新技术小镇要 100% 建有省级以上创新平台。

二是抓产业提质,抢占产业链制高点。各特色小镇要坚持自身产业特色不动摇,努力培育形成方向明确、精准聚焦、错位发展的特色产业集群,各地要聚焦"八大万亿产业"不动摇,瞄准产业链制高点,依托最有基础、最有优势、最有潜力的产业建设特色小镇。打造一批"单打冠军"和"隐形冠军",以特色小镇为核心带动上中下游企业进行产业链重组,进一步发挥和巩固特色产业链优势,加快补齐产业链缺环,努力在特色小镇集聚一批功能互补的优势龙头企业,培育一批"专、特、精、新"企业。金融类特色小镇和实体经济小镇要大力推广"金融+实体"模式,强化对接交流;云计算、物联网等数字经济类特色小镇要大力推广"数字+制造"模式,注重技术输出;时尚类特色小镇要大力推广"创意+传统"模式,加强时尚创意产业与传统产业的深度融合。

三是抓有效投资,增强小镇发展后劲。132 个省级特色小镇 2020 年计划实施重点项目 1419 个,计划完成投资 1013 亿元(不包括商业住宅和商业综合体项目投资),其中特色产业项目 1010 个,计划投资 827 亿元,特色产业投资占比达 82%。要把落实重大项目、促进有效投资作为特色小镇建设的"牛鼻子",进一步压实投资考核责任。

四是抓体制机制,打造最优营商环境。加快体制机制改革创新,把特色小镇建设成为优化营商环境的试验田。凡是国家的改革试点,特色小镇优先上报;凡是符合法律要求的改革,允许特色小镇先行突破;凡是国家和省里先行先试的改革试点,特色小镇优先实施。按照"最多跑一次"理念,以优化营商环境"10+N"行动为突破口,健全以"亩均效益"为导向的资源要素优化配置机制,将特色小镇打造成为营商环境最优的区域。

五是抓风貌特质，建设最美特色小镇。按照特色小镇 2.0 要求，已建成 3A 的小镇要争创 4A，已建成 4A 的小镇要争创 5A。注重规划引领，打造产城融合样板，小镇整体形象要有辨识度，内部景观节点要有吸引力，与周边整体风貌要融合协调。要加强特色小镇的文化特质挖掘。不论是历史文化、民俗文化，还是产业文化、创新文化，每一个特色小镇都应该有自身独特的文化气质。特色小镇的合照，就应该是浙江文化百花齐放的最好体现。[①]

3.发展特征

回顾浙江特色小镇的诞生、创建、发展与升级历程，主要有以下特征。

一是以人才为本，呵护创新之源。特色小镇是人的宜居宜业小镇。特色小镇的运营与发展离不开人才，人才也是保持特色小镇的创新动力与活力的源泉。浙江特色小镇创建与发展的内容充分体现了以人的城镇化为核心的发展理念，通过提供服务、运营管理为特色小镇中的每一个人实现安居乐业提供良好的环境。特色小镇的各个功能与布局除了必备的实用功能外，还考虑到审美趣味是否能够给人带来愉悦、温馨、和谐的感受。浙江特色小镇按照适度超前、综合配套、集约利用的原则，除了为人才提供完善的基础设施建设、公共服务和综合服务配套设施外，还通过政策激励机制吸引人才、留住人才、凝聚人才，充分增强"特色小镇人"的幸福感、归属感、获得感，增强人的创造力，进而为特色小镇的可持续发展提供了根本保障。

二是以实干为要，秉承浙江精神。2015 年、2016 年、2020 年，习近平总书记共四次到浙江，对浙江提出了"干在实处永无止境，走在前列要谋新篇""秉持浙江精神，干在实处、走在前列、勇立潮头"的新使命和新要求。浙江人的实干是一种融入血液和骨子里的地域文化，而这种时时处处闪耀的"干在实处"的浙江精神，是浙江提出和实践特色小镇这一梦想的底气所在，也是特色小镇能够在短短 5 年内在浙江"百花齐放"的沃土根基。从 2014 年特色小镇概念的首次提出到 2019 年第五批省级特色小镇创建名单的公布，194 个命名、创建和培育的特色小镇无不产业基础厚重、块状特色明显，如杭州的梦想小镇、云栖小镇、基金小镇，绍兴的诸暨袜艺小镇、越城黄酒小镇，衢州的龙游红木小镇，湖州的丝绸小镇、南浔湖笔小镇等。正因为浙江人秉承着"干在实处、走在前列、勇立潮头"的为人处世标准，不等、不靠、不

---

① 加快打造特色小镇 2.0 版！全省特色小镇 2.0 工作推进会在云栖小镇召开[EB/OL].[2020-04-24]. https://zj.zjol.com.cn/red_boat.html? id=100726734.

要、不闹,杜绝空想与喊口号式做事方式,不断学习,积累才智,积极思考,才有了克服千难万险的勇气和实现目标的拼搏精神,才能将特色小镇的梦想真正落地,走上特色小镇发展的领先之路。

三是以文化为品,深耕在地优势。特色小镇重在"特色",有个性化才有竞争力。浙江特色小镇始终聚焦高端装备制造、数字经济、时尚、环保、健康、金融、旅游等七大产业和茶叶、丝绸、黄酒、中药、木雕、根雕、石刻、文房、青瓷、宝剑等历史经典产业,每个特色小镇根据自身不同的资源禀赋,深耕各地已有的"特色"主线,明确特色小镇产业发展的主攻方向和核心竞争力,一镇一品,从而从一开始就最大限度地避免了"千镇一面",避免同质化竞争。如江南药镇依托金华磐安当地传统中药材产业的底蕴打造;艺尚小镇依托杭州余杭服装产业和珠宝配饰产业的优势兴建;青瓷小镇依托龙泉历经百年而不衰的制瓷产业的根基崛起。与此同时,即便主攻同一产业,不同小镇间的定位也有所差异,如云栖小镇和梦想小镇主导产业都为信息产业,但是云栖小镇主攻大数据和云计算,而梦想小镇则侧重"互联网创业+风险投资"。

四是以产业为根,营造健康生态。产业是特色小镇的生命力。坚持产业建镇,就是要根据区域要素禀赋和比较优势,挖掘本地最有基础、最具潜力、最能成长的特色产业,打造出具有持续竞争力和可持续发展特征的独特产业生态,使每个特色小镇都有一个特色主导产业。[①] 浙江在找准特色产业的同时,积极发挥块状产业的集聚效应和规模优势,延长产业链,推动产业调整升级,成为行业引领者。如庆元香菇小镇重点布局"菇区集聚·香飘四园"。"菇区集聚"即寻梦菇乡现代服务业集聚区,"四园"即香飘四溢的标准化香菇生产示范观光园、延年益寿香菇精深加工产业园、传古纳今香菇创意文化园和乐活休闲品质居住园。该特色小镇不仅形成了以食用菌生产、加工、储藏、物流等为中心的全产业链,而且不断从粗加工领域向休闲、保健、药用等精深加工领域升级,在香菇种养研发和香菇文化创意培育等方面走在了全国前列。

五是以机制为纲,不搞形象工程。建立健全并严格执行相对完善的政策机制等是引领浙江特色小镇走向成功的主要因素之一。浙江的特色小镇

---

① 孟超. 特色小镇需因地制宜 以人为本[EB/OL]. [2018-01-09]. http://zw. china. com. cn/2017-01/09/content_40062141. htm.

采用优胜劣汰、"宽进严定"的创建方式，不搞创建"终身制"。率先出台评定标准，每年进行一次考核，除了优秀、良好、合格，还有警告、降格与淘汰等"黄牌"处理，对不合格的地方可以"摘牌"。如 2018 年 9 月浙江公布的前三批 108 个省级特色小镇创建对象 2017 年度的考核结果中，除了 24 个小镇考核优秀、32 个小镇考核良好、29 个小镇考核合格之外，由于建设进度慢、投资额未达标、产业高端要素少、特色产业不足、市场活力不够、人才集聚度低、功能设施不完善、主动要求降格等原因，14 个小镇被警告，7 个小镇被降格，由省级特色小镇创建对象降格为省级特色小镇培育对象。2018 年又有 9 个小镇被警告，5 个小镇被降格。浙江率先探索建立的这一宽进严出、动态培育的"创建制"新路，设计有奖有罚的考核机制与扶持政策，严控数量，提高质量，避免"争个帽子睡大觉"现象，从制度安排和顶层设计上确保了特色小镇的高质量。

六是以精良为美，人景相得益彰。建设特色小镇是一个发现、挖掘特色美的过程，如何让生产、生活、生态空间相融合是一个新课题。不能把城市文化、城市建设思维强加到小镇上，挖山填湖，破坏山水田园。浙江特色小镇建设强调"把每一项基本工作做到尽细尽美"的浙江风格，在小镇布局、建筑、管理、服务等各方面体现精细化特征。首先是布局的精细化。小镇占地精品铸造，规划面积在 3 平方公里左右，建设用地面积在 1 平方公里左右，但依旧遵循 3A 景区标准建设（旅游特色小镇要求按照 5A 级景区标准建设），不疏忽一草一木，不浪费一砖一瓦，实现成本细控。其次是设计的精细化。通过对建筑的精细化设计，最大限度减少资源浪费，通过结构设计增强视觉美感，建筑内容包括集合式办公、创意式办公、展厅、休闲餐饮等多方面，满足现代人对专业化、集成化、开放化、网络化、生活化、便捷化新型空间的追求。再次是管理的精细化。对小镇的管理通常通过规则的系统化方式，以程序化、标准化和数据化作为手段，细化目标及考核指标，使各个组织单元精确、高效、系统、持续运行。采用由亩均税收、亩均产出、单位从业人员产出、亩均有效投入、高端要素集聚度、单位能耗 6 项指标构成的"亩均效益"对小镇进行精细化评价方式，正是浙江通过精细化管理激励小镇高质量发展的一种有效管理方式[①]。最后是服务的精细化。包括通过流程再造、结构优化实现效率的提升，给予人文关怀以及倡导美好生活状态。正是由

---

① 浙江开展特色小镇"亩均效益"综合评价[N].中国自然资源报，2019-01-14.

于精细化的实践,小镇的布局设施、建筑形态、自然环境与产业发展才能呈现出相得益彰、融合协调的特征。

1.2.3 特色小(城)镇在全国的绽放

1.发展历程与政策演变

作为加快新型城镇化建设的重要突破口和推进供给侧改革的重要抓手,浙江特色小镇的成功实践得到党和国家的高度重视和充分肯定。2015年年底,习近平总书记在中央财办《浙江特色小镇调研报告》上作出重要批示,强调:"抓特色小镇、小城镇建设大有可为,对经济转型升级、新型城镇化建设,都大有重要意义。浙江着眼供给侧培育小镇经济的思路,对做好新常态下的经济工作也有启发。"

在习近平总书记关于特色小(城)镇重要批示精神的指引和鼓励下,浙江特色小镇的成功经验被迅速推广至全国。2016年成为中国特色小(城)镇的建设元年。2016年2月,国务院《关于深入推进新型城镇化建设的若干意见》(国发〔2016〕8号)指出,要"加快特色镇发展。因地制宜、突出特色、创新机制,充分发挥市场主体作用,推动小城镇发展与疏解大城市中心城区功能相结合、与特色产业发展相结合、与服务'三农'相结合。发展具有特色优势的休闲旅游、商贸物流、信息产业、先进制造、民俗文化传承、科技教育等魅力小镇,带动农业现代化和农民就近城镇化"。特色镇以国务院正式文件的形式首次被定义为新型城镇化建设的有效载体与重要途径。2016年3月,《国民经济和社会发展第十三个五年规划纲要》提出,要"加快发展中小城市和特色镇……因地制宜发展特色鲜明、产城融合、充满魅力的小城镇"。2016年7月,住房与城乡建设部(以下简称住建部)等三部门联合发布的《关于开展特色小镇培育工作的通知》指出,到2020年要培育1000个左右各具特色、富有活力的休闲旅游、商贸物流、现代制造、教育科技、传统文化、美丽宜居等特色小镇,引领带动全国小城镇建设,不断提高建设水平和发展质量。此份文件成为首份从国家层面专门明确支持特色小(城)镇建设的官方文件。

此后,国家发改委、住建部及多个银行陆续出台多项支持特色小(城)镇发展的金融政策和文件,奠定了全国发展特色小(城)镇的主基调(表1.3)。各个地方也以省为单位,密集出台相应扶持政策,支持特色小(城)镇的创建和培育工作,各类以特色小镇为主题的论坛、会展、博览会遍地开花,大江南北掀起一股特色小(城)镇的建设热潮。2016 年 10 月,中央财经领导小组办公室、国家发改委、住建部在浙江杭州召开特色小(城)镇建设经验交流会。同月,国家发改委发布《关于加快美丽特色小(城)镇建设的指导意见》,支持特色小镇的建设和发展,并提出要"借鉴浙江等地采取创建制培育特色小镇的经验"。住建部发布《关于公布第一批中国特色小镇名单的通知》,认定北京市房山区长沟镇等 127 个镇为第一批中国特色小镇。[①] 2016 年 12 月,国家发改委、国家开发银行、中国光大银行、中国企业联合会、中国企业家协会、中国城镇化促进会等机构联合发布《关于实施"千企千镇工程"推进美丽特色小(城)镇建设的通知》(表 1.3)。2017 年 3 月,"特色小城镇"首次写入当年的国务院《政府工作报告》,成为我国治国理政重要的实施内容之一。2017 年 12 月,中央经济工作会议首提特色小镇,指出要"引导特色小镇健康发展",明确了特色小镇发展的未来方向。[②]

表 1.3　国家层面出台的特色小(城)镇发展相关政策、意见与顶层设计梳理

时间	名称	来源	主要内容
2016 年 7 月	《关于开展特色小镇培育工作的通知》	住建部、国家发改委、财政部	到 2020 年,培育 1000 个左右各具特色、富有活力的休闲旅游、商贸物流、现代制造、科技教育、传统文化、美丽宜居的特色小镇,引领带动全国小城镇建设
2016 年 10 月	《关于加快美丽特色小(城)镇建设的指导意见》	国家发改委	提出特色小镇和特色小城镇的概念定义;提出要借鉴浙江等地采取创建制培育特色小镇的经验;提出"坚持创新探索"等 5 点总体要求和"分类施策,探索城镇发展新路径"等 9 条建议
2016 年 10 月	《关于推进政策性金融支持小城镇建设的通知》	住建部、中国农业发展银行	提出要充分发挥政策性金融的作用,明确支持范围,建立贷款项目库,加强项目管理

---

　　① 课题组注:准确地说,这里的特色小镇指的是建制镇,而非浙江特色小镇所强调的平台概念。

　　② 中央经济工作会议首提特色小镇,深意何在? [EB/OL]. http://www.xinhuanet.com/info/2017-12/21/c_136842257.htm.

续表

时间	名称	来源	主要内容
2016.10	《关于公布第一批特色小镇名单的通知》	住建部	全国第一批特色小镇培育名单公布,认定北京市房山区长沟镇等127个镇为首批中国特色小镇
2016 年 12 月	《关于实施"千企千镇工程"推进美丽特色小(城)镇建设的通知》	国家发改委	实施"千企千镇工程",有利于充分发挥优质企业与特色小(城)镇的双重资源优势,开拓企业成长空间,树立城镇特色品牌,实现镇企互利共赢
2017 年 1 月	《共同推进小城镇建设战略合作框架协议》	住建部、国家开发银行	国开行与住建部在新型城镇化诸多领域开展了密切合作,积极支持城市地下综合管廊、海绵城市、城市修补生态修复和特色小镇建设
2017 年 1 月	《关于开发性金融支持特色小(城)镇建设促进脱贫攻坚的意见》	国家发改委、国家开发银行	将发挥资本市场在脱贫攻坚中的积极作用,盘活贫困地区特色资产资源,为特色小(城)镇建设提供多元化金融支持。特别是通过多种类型的 PPP 模式,引入大型企业参与投资,引导社会资本广泛参与
2017 年 4 月	《共同推进小城镇建设战略合作框架协议》	住建部、中国建设银行	要充分发挥中国建设银行集团全牌照优势,帮助小城镇所在县(市)人民政府、参与建设的企业做好融资规划,提供小城镇专项贷款产品
2017 年 5 月	《共同推进小城镇建设战略合作框架协议》	住建部、光大集团	将按照"优势互补、统筹规划、机制共建、信息共享"的原则,支持全国 1000 个特色小镇和各省(区、市)重点培育的特色小镇建设
2017 年 7 月	《关于保持和彰显特色小镇特色若干问题的通知》	住建部	提出部分地方存在不注重特色的问题。要求各地保持和彰显特色小镇特色,尊重小镇现有格局,不盲目拆老街区,保持小镇宜居尺度,不盲目盖高楼,传承小镇传统文化、不盲目搬袭外来文化

续表

时间	名称	来源	主要内容
2017 年 12 月	《关于规范推进特色小镇和特色小城镇建设的若干意见》	国家发改委、国土部、环保部、住建部	提出准确把握特色小镇内涵、合理借鉴浙江经验、注重打造鲜明特色、有效推进三生融合、厘清政府与市场边界、实行创建达标制度、严控政府债务风险、严控房地产倾向、严格节约集约用地、严保生态红线等 10 项具体举措
2018 年 3 月	《关于实施 2018 年推进新型城镇化建设重点任务的通知》	国家发改委	提出加快农业转移人口市民化、提高城市群建设质量、提高城市发展质量、加快推动城乡融合发展、深化城镇化制度改革等重点任务
2018 年 8 月	《关于建立特色小镇和特色小城镇高质量发展机制的通知》	国家发改委	提出坚决淘汰一批缺失产业前景、变形走样异化的小镇和小城镇。统一实行有进有退的创建达标制,避免一次命名制,防止各地区只管前期申报、不管后期发展与纠偏
2018 年 9 月	《乡村振兴战略规划 （2018—2022 年)》	中共中央、国务院	加快培育农商产业联盟、农业产业化联合体等新型产业链主体,打造一批产加销一体的全产业链企业集群。推进农业循环经济试点示范和田园综合体试点建设。加快培育一批"农字号"特色小镇,在有条件的地区建设培育特色商贸小镇,推动农村产业发展与新型城镇化相结合
2018 年 12 月	《关于促进乡村旅游可持续发展的指导意见》	文化和旅游部等 17 部门	鼓励各地整合乡村旅游优质资源,推出一批特色鲜明、优势突出的乡村旅游品牌,构建全方位、多层次的乡村旅游品牌体系。支持资源禀赋好、基础设施完善、公共服务体系健全的乡村旅游点申报创建 A 级景区、旅游度假区、特色小镇等品牌

续表

时间	名称	来源	主要内容
2019 年 3 月	《2019 年新型城镇化建设重点任务》	国家发改委	提出培育发展现代化都市圈,推进大城市精细化管理,支持特色小镇有序发展,加快推动城乡融合发展等重点任务
2020 年 4 月	《2020 年新型城镇化建设和城乡融合发展重点任务》	国家发改委	强化底线约束,严格节约集约利用土地、严守生态保护红线、严防地方政府债务风险、严控"房地产化"倾向,进一步深化淘汰整改。强化政策激励,加强用地和财政建设性资金保障,鼓励省级政府通过下达新增建设用地计划指标、设立省级专项资金等方式择优支持,在有条件区域培育一批示范性的精品特色小镇和特色小城镇。强化正面引导,制定特色小镇发展导则,挖掘推广第二轮全国特色小镇典型经验

值得关注的是,在政策密集出台的东风下,局部地区的特色小镇建设不可避免地出现了过热现象。据统计,截至 2018 年 6 月,全国特色小镇试点共有 403 个,加上地方创建的省级特色小镇,总数超过了 2000 个。[①] 针对特色小(城)镇建设中存在的"把特色小镇当成筐,什么都往里边装",拔苗助长的"人造特色","假小镇真地产"等不良倾向和潜在问题,国家主管部门建立了相应的反馈和纠偏机制,出台了《关于建立特色小镇和特色小城镇高质量发展机制的通知》(发改办规划〔2018〕1041 号)(附录 4),纠正特色小镇在落地实践中存在的问题,适度降温,避免"一哄而上",确保特色小镇的可持续发展。

2.主要政策特点解读

政策学习是一个根据过去政策的结果和政策信息,调整政策的目标或

---

① 人民日报:特色小镇用钱砸不出来,靠行政手段造不出来[EB/OL]. https://news.qq.com/a/20180611/002915.htm.

技术的刻意尝试，以更好地实现政府的终极目标的行为和过程。[①] 通过国家层面与特色小（城）镇建设相关的系列政策、意见与顶层设计梳理，可以归纳出如下几个特点。

一是强化服务支撑。其一，鼓励地方机制政策创新。全面优化营商环境，优化服务，开发资源。如财政资金支持方式由事前补贴转为事中、事后弹性奖补；鼓励点状供地、混合供地和建筑复合利用；推进特色小（城）镇项目综合体立项，允许子项目灵活布局。其二，搭建政银对接服务平台。住建部、发改委、财政部联手国家开发银行、中国农业银行和建设银行，加大对特色小（城）镇建设的金融支持力度。继 2016 年《关于推进政策性金融支持小城镇建设的通知》后，2017 年开发性金融、商业性金融也加入了支持特色小（城）镇建设的队伍。发改办规划〔2018〕1041 号文进一步引导金融机构在债务风险可控的前提下，为特色小镇的产业发展及基础设施、公共服务、智慧化服务设施等建设提供长周期低成本的融资服务。可以预见，未来政策将进一步发力，探索更多的综合融资方式和新型贷款抵质押形式，拓宽特色小镇的融资渠道，促进政府资金和社会资本的深度合作。

二是注重风险把控。在全国特色小（城）镇建设的前期，受制于市场认知与操作的错误，以及部分地方政府的理念"不合时宜"，特色小（城）镇的建设发展出现了"政府背书，举债发展""假小镇，真地产""新瓶装旧酒""摊大饼，造新城""穿新鞋，走老路"等问题。[②] 一些地方出现打着特色小镇建设的旗号圈地搞房地产项目，因缺乏科学的前期规划，而造成资金不足、项目烂尾的情况。2017 年，国家各部委相继出台政策，提出不盲目拆老街区、不盲目盖高楼、不盲目搬袭外来文化，严控房地产化倾向，严格节约集约用地等要求。发改办规划〔2018〕1041 号文更是从项目之初严防风险出发，要求特色小镇申报相关信息，对投资运营商、融资主体、融资意向金融机构、项目类型、产业发展基本内容、预计总投资、预计建设周期、预期年化收益率等进行全面摸排。

三是加强过程管理。特色小（城）镇过程管理的内容主要体现在优化创

---

① 王佃利，刘洋. 政策学习与特色小镇政策发展——基于政策文本的分析[J]. 新视野，2018(6)：62—68.

② 人民日报：特色小镇用钱砸不出来，靠行政手段造不出来[EB/OL]. https://news.qq.com/a/20180611/002915.htm.

建机制上。其一,由命名制转化为达标制。在住建部以及四部委主导特色小(城)镇申报及审批工作时期,特色小镇的创建以命名制为主要思路,即从全国各地遴选出诸多特色小镇候选,然后通过创建遴选出若干符合条件的特色小(城)镇,列入"全国特色小镇"名录,授予"全国特色小镇"称号。而且一经授予,一般不予摘除,创建工作也至此结束,各地取得称号后再由各地省、市政府给予政策配套。发改办规划〔2018〕1041号文进一步明确,未来特色小镇的发展思路是创建达标制,避免一次命名制,防止各地区只管前期申报、不管后期发展与纠偏。其二,建立省级创建制。这一机制赋予省一级更多的操作任务。在创建名单中,逐步淘汰不实小镇(如住宅用地占比高,有房地产化倾向)、风险小镇(如政府综合债务率超过100%,市县变相举债建设)、问题小镇(如特色不鲜明、产镇不融合、破坏生态环境)。对创建名单之外的小镇,加强监督、检查、整改。可以预见,未来特色小镇的创建机制将更加动态化、长效化,特色小镇的建设将不再是一劳永逸的结果,而体现为一个优胜劣汰的过程。同时,特色小(城)镇的省级主管部门将承担更多的把关和探索工作。

四是明晰概念指标。其一,明确界定条件。2016年,三部委印发的《关于开展特色小镇培育工作的通知》,并未对特色小镇的条件、范围、大小进行明确界定。直至2017年四部委印发《关于规范推进特色小镇和特色小城镇建设的若干意见》(发改办规划〔2017〕2084号),首次明确了特色小镇的规划用地面积和建设用地面积。发改办规划〔2018〕1041号文进一步明确了特色小镇非建制镇、非产业园区,而特色小城镇为建制镇,明确了各自的定位与条件,国家对特色小镇的界定愈加明晰。其二,设立标准化指标体系。前期的特色小镇创建指标为特色鲜明的产业形态、和谐宜居的美丽环境、彰显特色的传统文化、便捷完善的设施服务、充满活力的体制机制等5个方面,偏定性描述,缺乏对应的指标要素分解。在发改办规划〔2018〕1041号文中,从宜业、宜居、宜游等3个类别明确了特色小镇的建设发展指标体系(表1.4)。

表 1.4　国家特色小镇创建指标体系

指标类别	指标
宜业	(1)已累计完成投资额(亿元) 　其中:已完成特色产业投资额(亿元)
	(2)所属县级政府综合债务率(%)
	(3)主要投资运营商资产负债率(%)
	(4)已吸纳就业人数(万人)
	(5)年缴纳税收额(亿元)
	(6)已入驻企业数(个) 　其中:规模以上工业企业数(个) 　　　世界或中国 500 强企业数(个)
	(7)已入驻企业发明专利拥有量(项)
宜居	(8)已建成区域的用地面积(亩) 　其中:建设用地面积(亩) 　　　住宅用地面积(亩) 　　　生态绿地面积(亩)
	(9)规划区域预计用地面积(亩)
	(10)已建成区域常住人口数(万人)
	(11)已完成智慧化管理设施投资额(亿元)
	(12)已建成区域 WIFI 覆盖率(%)
	(13)15 分钟社区生活圈覆盖率(%)
	(14)公共文化服务设施建筑面积(平方米)
	(15)公共体育用地面积(平方米)
宜游	(16)年接待游客人数(万人次)
	(17)特色风貌建筑面积占比(%)

数据来源:国家发改委网站,2018 年 9 月 28 日。

　　五是细化培育指标。其一,推进单位细化。除住建部、发改委等统筹推进特色小镇建设外,2017 年至今,国家体育总局、农业部、国家林业局等单位结合自身相关领域及产业,分别启动了运动休闲特色小镇、农业特色互联网小镇、森林特色小镇的建设试点工作,相继出台了更加细化的指导意见。

其二,探索多样化发展。立足不同产业门类,如先进制造业、农业田园类及信息、科创、金融、教育、商贸、文旅、体育等,鼓励发展多种类型小镇。立足不同地理位置,探索"市郊镇""市中镇""园中镇""镇中镇"等发展模式。

六是注重动态考核。特色小镇的评选与考核摒弃了"一次审批,终身受益"的传统管理模式。目前的考核淘汰主要包括以下三种模式:其一,积分淘汰制。本着"成熟一个、发展一个"的原则,对特色小镇按照分类设计的共性指标和专项指标实行积分动态管理,创建对象年度考评不合格的退出创建名单,培育对象进度较快的则可纳入创建名单,形成创建一批、培育一批、谋划一批的梯次推进格局。其二,划档淘汰制。将特色小镇的考核结果分为警告、降格、淘汰等不同类型并分阶段考评。此种方式为特色小镇的整改留出了缓冲空间,也利于形成一种容错纠错的机制。其三,一票否决制。特色小镇一旦触碰生态红线或通过政府违规举债来创建或房地产开发建筑面积超过特色小镇总建筑面积30%等,将会被直接清退。动态考核机制的实施,有利于特色小镇实现可持续发展。

七是权衡区域差异。浙江特色小镇是经济发展到一定阶段的产物,具备相应的要素和产业基础。但我国各地区发展很不平衡,在借鉴浙江经验的同时需要科学把握可复制和不可复制的内容。特别是中西部地区要从实际出发,科学推进特色小(城)镇建设布局,避免盲目发展、过度追求数量目标和投资规模。为改变先前以复制模仿为特征的发展模式,防止特色小镇出现"新瓶装旧酒""穿新鞋走老路"的问题。国家发改委、国土资源部、环境保护部等相关部门联合印发了《关于规范推进特色小镇和特色小城镇建设的若干意见》,明确提出特色小镇和小城镇应当是发展产业特色鲜明、体制机制灵活的特色小镇和小城镇。国家政策倡导小镇从实际出发,不盲目追求数量和政绩考核,不搞区域平衡、产业平衡,而要保证质量,体现区域间的差异性,避免"千镇一面"。

3. 各地发展

在国家政策红利的鼓励下,全国各地对特色小镇的关注度又提升到了一个崭新的高度。广东、江苏、河北、福建、安徽等地方政府相继出台推进特色小镇发展的指导意见,内容涵盖特色小镇建设目标、建设方式、支持政策等(表1.5)。

表 1.5　全国主要省市支持特色小镇发展的政策梳理

时间	地方政策	建设目标	总体要求
2016 年 6 月	《北京市"十三五"时期城乡一体化发展规划》	建设一批功能性特色小城镇，对接非首都功能疏解	提高小城镇承载力，起到"桥头堡"作用
2016 年 6 月	《福建省人民政府关于开展特色小镇规划建设的指导意见》	力争通过 3～5 年的培育创建，建成一批产业特色鲜明、体制机制灵活、人文气息浓厚、创业创新活力迸发、生态环境优美、多种功能融合的特色小镇	特色为本、产业为根、精致宜居、双创载体、项目带动、企业主体
2016 年 7 月	《甘肃省人民政府办公厅关于推进特色小镇建设的指导意见》	力争通过 3 年的努力，在全省范围内初步建成一批特色鲜明、绿色低碳、功能完善、产业集聚、开放包容、机制灵活、示范效应明显的特色小镇	绿色低碳，生态良好风貌优美，功能完善产业集聚，特色鲜明机制高效，体制创新
2016 年 9 月	《山东省创建特色小镇实施方案》	到 2020 年，创建 100 个左右特色小镇	定位明确，特色突出；以产兴城，以城兴业；产城融合，功能配套；规模聚焦，品牌示范；宜居宜游，生态优美
2016 年 10 月	《天津市特色小镇规划建设工作推动方案》	到 2020 年，将创建 10 个市级实力小镇、20 个市级特色小镇	重运营、轻开发；重市场、轻行政；重颜值、低成本；重制度、轻蓝图
2017 年 2 月	《江苏省人民政府关于培育创建江苏特色小镇的指导意见》	力争通过 3～5 年努力，分批培育创建 100 个特色小镇	彰显特色、突出创新、完善功能、绿色引领
2017 年 2 月	《四川省"十三五"特色小城镇发展规划》	"十三五"期间，大力培育发展 200 个特色小城镇	类型多样、充满活力、富有魅力

续表

时间	地方政策	建设目标	总体要求
2017 年 3 月	《云南省人民政府关于加快特色小镇发展的意见》	到 2019 年,建成 20 个左右全国一流的特色小镇,建成 80 个左右全省一流的特色小镇,力争全省 25 个世居少数民族各建成 1 个以上特色小镇	突出重点、突出产业、突出特色,坚持因地制宜、分类指导
2017 年 6 月	《安徽省人民政府关于加快推进特色小镇建设的意见》	2021 年,培育和规划建设 80 个左右省级特色小镇	特色产业鲜明、服务功能完善、体制机制灵活、生态环境优美、文化底蕴彰显、宜居宜业宜旅
2017 年 6 月	《陕西省发展改革委关于加快发展特色小镇的实施意见》	力争通过 3～5 年的培育创建,建设 100 个特色小镇	空间布局合理、产业特色鲜明、体制机制灵活、生态环境优美、公共服务完善
2017 年 6 月	《广东省关于加快特色小(城)镇建设的指导意见》	到 2020 年全省要建设 100 个左右省级特色小镇	产业特色鲜明、高端要素集聚、创新创业活跃、功能融合完备、文化相互融合、设施互联互通、建设范围适中、小镇风貌独特、生态环境优美、政企各司所产、要素配置合理、示范效益显著、有效投资显增

1.3 观察与观点

2020 年是高质量城镇化发展元年,产城融合、城乡融合、文旅融合等创新驱动路径将成为高质量城镇化蓝图的底色。面对新的历史节点和新的时代机遇,各地都在寻找与探索促进传统经济发展模式转变、推动新型城镇化向更高阶段发展、盘活区域竞争力的发展道路。萌发于浙江的创新产物——特色小镇,作为一个融创新链和产业链于一体的创新创业发展平台,充分实现了产业上的"特而强"、功能上的"聚而合"、形态上的"精而美"、机制上的"新而活",发展成为促进"大众创业,万众创新"的重要窗口和推动以人的城镇化为核心的新型城镇化建设的重要抓手。浙江在特色小镇建设与发展方面的政策制定与推广掀起了其他地方相关政策实践的热潮,这也同时反映了全国各地对浙江小镇建设自主探索、勇于创新的认可。此后,随着党和国家纲领性、指导性、规范性文件的不断发力,全国各地相继出台指导意见和实施方案,为顺利推动小镇的建设与发展提供了保障。特色小镇建设在我国轰轰烈烈展开,并且持续升温发酵。纵观特色小镇的诞生、培育与演变历程,可以发现如下几点特征。

1. 浙江特色小镇的实践打开了自下而上式创新的通道

特色小镇作为一项地方政府的政策创新成果,经过政策扩散和政策推广,迅速在全国掀起政策实践的热潮。自下而上和渐进式的政策学习是推动特色小镇政策得以发展的重要机制。从特色小镇政策制定的发布时间可以看出,浙江的相关政策发布早于国家各部委及其他省区。2015 年 4 月,浙江提出了培育和建设特色小镇的目标。至 2016 年 7 月,国家发改委、住建部、财政部从国家层面提出小镇培育建设的目标,特色小镇的建设以星火燎原之势在全国各地得以展开。浙江特色小镇政策的出台,为国家科学合理的政策制定提供了试验样本。地方政策的创新和实践不仅为中央政府提供了不同的政策设计方案,也减少了中央政府直接出台全国性政策可能造成的失败的成本。[①] 作为探索新型城镇化建设的尝试,特色小镇的政策在短时间内按照从地方到中央、再到地方的逻辑得以快速出台和执行,这种政策快速发展的现象非常值得探讨。

2. 国家和地方的特色小镇政策拥有不同侧重点

国家层面的特色小镇政策重在提出指导性的发展方向与目标,并提供支持性措施。国家各部委多从特色小镇的培育、推荐上报、推进建设等方面制定纲领性的指导文件,如《关于开展特色小镇培育工作的通知》《关于做好2016 年特色小镇推荐工作的通知》《关于实施"千企千镇工程"推进美丽特色小(城)镇建设的通知》《关于规范推进特色小镇和特色小城镇建设的若干

---

① 朱旭峰,赵慧. 自下而上的政策学习——中国三项养老保险政策的比较案例研究[J]. 南京社会科学,2015(6):68—75.

意见》等。同时,国家相关部委还联合中国农业发展银行、国家开发银行、中国建设银行等共同制定了《关于推进政策性金融支持小城镇建设的通知》《关于开发性金融支持特色小(城)镇建设促进脱贫攻坚的意见》《共同推进小城镇建设战略合作框架协议》等政策,为小镇的基础设施和配套设施等方面的建设提供资金支持与金融服务。

地方层面的特色小镇政策是根据自身实际情况提出具体的执行措施与方案。如浙江省特色小镇规划建设工作联席会议办公室制定的《浙江省特色小镇创建导则》在小镇的申报条件中对产业定位、建设空间、投入资金、建设内涵、功能定位、运行方式及建设进度都做了具体要求。同时,对申报程序、监管和调整、验收命名也进行了详细解释。此外,地方政策也更重视对当地发展潜力的挖掘,以此形成自身的独特形象与魅力。如《四川省"十三五"特色小城镇发展规划》明确要求"充分利用四川独特的山、水、林等生态优势和历史文化禀赋……培育一批旅游休闲、现代农业、商贸物流、加工制造、文化创意、科技教育等主导产业特色鲜明的小城镇";《山东省创建特色小镇实施方案》则将其产业定位于"培育海洋开发、信息技术、高端装备、电子商务、节能环保、金融等新兴产业;挖掘资源禀赋,发展旅游观光、文化创意、现代农业、环保家具等绿色产业;依托原有基础,优化造纸、酿造、纺织等传统产业"。

3. 浙江和其他地方的特色小镇政策有所差异

浙江特色小镇政策的系统性与创新性是该省与其他省区特色小镇政策差异的关键所在。浙江是特色小镇的概念兴起之地,引领全国特色小镇的建设与发展。在自身的探索与实践中,浙江形成了一套较为完整并领先其他地方的特色小镇政策体系。浙江的特色小镇政策涵盖内容系统性强,包括规划编制、创建导则、申报、评定规范、验收命名、统计监测等多方面,强调实际效益与价值,严格考核,动态监控,以不断促进特色小镇的高品质发展。而其他省区的特色小镇政策则主要集中在发展规划与推进建设方面,尚未形成一套政策体系。在浙江的特色小镇政策内容中,对产业转型的升级、资源限制的破解、人居环境的改善、城市化的推进等方面进行了深入探讨,并提出了较为实际的对策建议,体现了浙江在发展中的变革与突破。正是由于政策上的创新性,浙江特色小镇的政策对于其他地方的特色小镇政策制定起到了良好的示范作用。

第 2 章 特色小镇的动力、
概念与类型：浙江情境

> 宋代诗人描绘六月西湖"接天莲叶无穷碧，映日荷花别样红"，这也可以说是今天大众创业万众创新铺天盖地、异彩纷呈、展现无限生机的生动写照。
>
> ——李克强，2019 年

2.1 四个源动力

浙江特色小镇建设经验已成为全国各地学习借鉴的样板。[①] 特色小镇源起于习近平总书记在浙江工作期间提出的"八八战略"，践行创新驱动发展理念和推进以人的城镇化为核心的新型城镇化建设，有着浙江改革发展的实际需要。具体主要体现在 4 个方面。

2.1.1 新型城镇化推进需要成本洼地

全世界的城镇化规律昭示，当城市里高楼林立、人口拥挤、交通堵塞、产业倾轧、空气浑浊、生产生活成本高的时候，逆城市化的时代就到来了。实体经济向城外走，出现逆城镇化趋势，正是一种产业在寻找成本洼地的现象。"土地要素制约是浙江的一个硬制约，不管宏观调控力度强与弱，过去那种放开手脚用地的日子已经一去不复返了。"[②]浙江只有 10 万平方公里陆域面积，而且是"七山一水两分田"，长期以来一直致力于在非常有限的空

---

① 李冬梅，郑林凤，林赛男，等. 农业特色小镇形成机理与路径优化——基于成都模式的案例分析[J]. 中国软科学，2018（5）：79—90.

② 习近平. 之江新语[M]. 杭州：浙江人民出版社，2007：89.

间里优化生产力的布局。[①] 浙江传统的生产力布局和经济发展较多地依赖于劳动力与土地这两种原始生产要素,为了提高劳动力和土地的使用效率,浙江早在 1998 年便做出了"不失时机地加快城市化进程"的重大决策,实施积极的城市化战略。到了 2019 年年末,浙江常住人口 5850 万人,城镇人口占总人口的比重(即城镇化率)突破 70.0%,不可避免地出现了城市用地成本高、生活成本高、环境成本高等问题。按照传统城镇化的路子走下去,浙江城镇化率的持续提升面临不小压力,需要寻找一种新型创新空间来承载与维持浙江新型城镇化的未来健康发展。通过特色小镇平台的培育与建设,以特色产业为核心载体,集产业、商业、文化、旅游、休闲、生活、医疗、教育等多种要素于一体,从镇级层面寻找用地成本、生活成本、环境成本的最大公约数,有利于消解目前城市中广泛存在的劳动力和土地等要素供给压力,以相对较低的综合成本优势促进产业和人口在新的空间形成新集聚,进而缓解主城区人口拥堵等城市病问题,给城市传统核心区的更新腾挪时间与空间,并盘活与带动城市的非核心区域,提升城市的总体活跃度、生命力与竞争力。

2.1.2 块状产业供给需要找寻新出路

块状经济指在一定地域范围内集聚形成特色产业优势十分明显的专业化产销基地,并由其带动当地经济和社会发展的一种区域经济组织形式。付晓东、蒋雅伟引用了社会学领域的根植性理论来解释产业在特定地区集聚的原因。他们认为,劳动力市场共享、产业关联和知识溢出这 3 种正外部性力量,以及创新精神、道德伦理、文化等地方内部的社会规范和价值体系,推动资源、文化、知识、制度、地理区位等要素的本地化。本地根植性一经形成,就有难以复制的特性。[②] 就浙江而言,一地一产、一乡一品、一县一业的块状经济分布于全省各地,在地理版图上形成块状明显、色彩斑斓的"经济马赛克"。浙江省发展规划研究院(原名浙江省经济建设规划院)1998 年开展的一份全省性调研数据显示,当时浙江的特色产业产值超亿元的区块就已经有 306 个,涉及生产企业 13 万家,每个区块平均规模达 8.7 亿元;其

① 李强. 特色小镇是浙江创新发展的战略选择[J]. 今日浙江, 2015 (24):16-19.
② 付晓东, 蒋雅伟. 基于根植性视角的我国特色小镇发展模式探讨[J]. 中国软科学, 2017 (8):102-111.

中,10 亿～50 亿元的区块 91 个,50 亿～100 亿元的区块 13 个,超 100 亿元的区块 4 个。上报汇总的 66 个县(市、区)的资料统计显示,工业特色产业产值占其工业总产值的 37.4%,农业特色产业产值占其农业总产值的 39.8%。在块状经济特别发达的 78 个乡镇中,特色产业销售收入平均占总销售收入的 50% 左右,有相当一部分乡镇甚至达到 80% 以上。[①] 宁波服装、温州皮鞋、绍兴化纤面料等市域性块状经济,义乌小商品、海宁皮革、嵊州领带、诸暨袜业、富阳造纸、安吉竹业、龙泉青瓷、嘉善木材、浦江水晶、永康小五金等县域性块状经济,濮院羊毛衫、大唐袜子、织里童装等镇域性块状经济,不仅为浙江面广量大的中小企业构筑了一种有效的空间集群地域组织模式,为工业化奠定了坚实基础,而且产生了良好的规模效应和相应的人口空间聚集效应,促进了农村地区的城市化进程[②],成为浙江从资源小省迈向制造大省、市场大省、经济大省的生力军。

　　浙江省块状产业集群起源于农村工业化,家庭工业、专业市场是其起步和发展的重要基础。虽然形成了专业化的分工和完善的自我支持体系,但在长期发展过程中累积的一些结构性矛盾,如家族企业色彩浓厚、产业层次低下、创新能力不强、平台支撑不力等也开始逐渐暴露。过多依赖低端产业或者两头在外、加工为主的"三明治"式发展路子遭遇瓶颈,低端部分的低成本优势越来越弱,而高端部分又难以与发达地区的产业集群竞争,难以为继。党中央根据经济发展进入新常态的时代特征,做出了供给侧结构性改革的工作部署。步入新常态后的浙江块状经济,并没有立即从"微笑曲线"底端走出来,产业转型升级滞后于市场升级和消费升级,导致有效供给不足和消费需求外溢。[③]

　　习近平总书记在浙江工作期间精心把脉浙江的块状经济,"八八战略"明确提出要"进一步发挥浙江的块状特色产业优势,加快先进制造业基地建设,走新型工业化道路"。新型工业化如何转型升级、如何创新发展,需要找寻出路。特色小镇定位为浙江最有基础、最有特色、最具潜力的主导产业,聚焦支撑浙江长远发展的信息经济、环保、健康、旅游、时尚、金融、高端装备

　　① 黄勇. 浙江"块状经济"模式的作用及其经验[J]. 宏观经济研究,1999 (5):55—58.
　　② 唐根年,徐维祥,汪少华. 浙江区域块状经济地理分布特征、绩效及其形成机制研究[J]. 人文地理,2003 (4):53—59.
　　③ 李强. 特色小镇是浙江创新发展的战略选择[J]. 今日浙江,2015 (24):16—19.

等七大产业,同时,不丢弃茶叶、丝绸、黄酒、中药、木雕、根雕、石刻、文房、青瓷、宝剑等历史经典产业。以特色小镇为平台,通过产业链的延伸、创新链的拓展和知识扩散机制,集成基于互联网、物联网、人工智能、大数据、智能制造、生物工程等的高附加值产业,提供要素、技术、制度等多个层面的保障,加快新动能的成长和传统动能的提升改造,推动小镇的创新产业、产品、技术和商业模式的全面转型升级。通过产业结构的高端化推动浙江块状经济供给能力的提升,通过发展载体的升级不断为历史经典产业注入新鲜血液和发展新动能,能够很好地顺应浙江块状经济发展模式由重规模向重质量方向转变的要求,实现换道超车、转型升级。

2.1.3 创新要素聚合需要生态维系

习近平总书记指出,青年是国家和民族的希望,创新是社会进步的灵魂,创业是推动经济社会发展、改善民生的重要途径。[①] 近年来,"大众创业,万众创新"(简称"双创")持续向更大范围、更高层次和更深程度推进,创新创业与经济社会发展深度融合,对推动新旧动能转换和经济结构升级、扩大就业和改善民生、实现机会公平和社会纵向流动发挥了重要作用,为促进经济增长提供了有力支撑。[②] 区别于以往创业观念中精英人才和高端项目的标签化特征,"大众创业,万众创新"更强调草根性、普遍性和民生性,更鼓励草根群体的普通创业项目。[③] 在创业初期,区域经济是有惰性的,外界的环境变化将潜在的创业家转换为现实的创业家,打破原来经济发展的路径依赖。发起型创业家的创新活动会引发群体模仿和衍生创新形成企业集群,并主动寻找外界环境所带来的信号,在适当的时机积极地发现和创造机会,以突破简单模仿所造成的产业收敛困境。[④] 相较于成熟企业,创业者需要通过共同参与创造市场、生态圈和企业集群来实施价值捕获战略,因而他

① 创新是社会进步的灵魂[EB/OL]. http://www.people.com.cn/24hour/n/2013/1109/c25408-23483828.html.

② 国务院关于推动创新创业高质量发展打造"双创"升级版的意见[EB/OL]. http://www.gov.cn/zhengce/content/2018-09/26/content_5325472.htm.

③ 黄宾. 创业生态要素、创业聚集与创业发展——中国四类草根创业平台的实证比较[J]. 技术经济, 2016, 35(7): 90—96.

④ 郑风田, 程郁. 创业家与我国农村产业集群的形成与演进机理——基于云南斗南花卉个案的实证分析[J]. 中国软科学, 2006(1): 100—107.

们对于支持创业活动有效开展的生态环境有更高需求。

在"双创"时代,竞争的关键在于创业生态圈的竞争。良好的创业生态圈不仅使内在的发展动力得以充分释放,对外在的高端要素资源也将形成强大的吸附力。创业生态圈的概念最早由美国麻省理工学院(MIT)在培训和教学中提出,其组成包括文化环境、制度环境、市场环境在内的基础要素,以及包括人力资本、金融资本和科技研发等在内的结构要素(图 2.1)及要素与要素之间的共演(图 2.2)。[①] 浙江建设特色小镇创业生态圈,聚焦七大产业和历史经典产业,引导以产业转型升级为主导的市场环境,瞄准建成3A 级以上景区和强化社区功能打造人文关怀的文化环境,通过"创建制""期权激励制""追惩制"提供良好的制度环境;集聚创业者、风投资本、孵化器等高端要素,促进产业链、创新链、人才链、资本链高度耦合,为特色小镇不断注入人力资本、金融资本和科技研发。

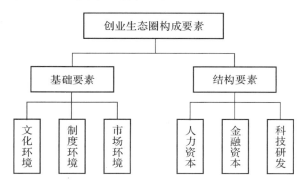

图 2.1　创业生态圈构成要素[②]

2.1.4　优秀传统文化需要活化传承

特色小镇不只是一个经济名词,更是一个文化名词。[③] 一位哲学家曾做过这样的比喻:政治是骨骼,经济是血肉,文化是灵魂。任何经济活动离

---

　　① 孙金云,李涛. 创业生态圈研究:基于共演理论和组织生态理论的视角[J]. 外国经济与管理, 2016 (12): 32—45.

　　② 孙金云,李涛. 创业生态圈研究:基于共演理论和组织生态理论的视角[J]. 外国经济与管理, 2016 (12): 32—45.

　　③ 蒋好书. 特色小镇 根在文化[N]. 光明日报, 2017-02-04.

不开文化的支撑：文化赋予经济发展以深厚的人文价值，使人的经济活动与动物的谋生行为有质的区别；文化赋予经济发展以极高的组织效能，促进社会主体间的相互沟通和社会凝聚力的形成；文化赋予经济发展以更强的竞争力，先进文化一旦与生产力中最活跃的人的因素结合，劳动力素质会得到极大提高，劳动对象的广度和深度会得到极大拓展，人类改造自然、取得财富的能力和数量会成几何级数增加。[①]

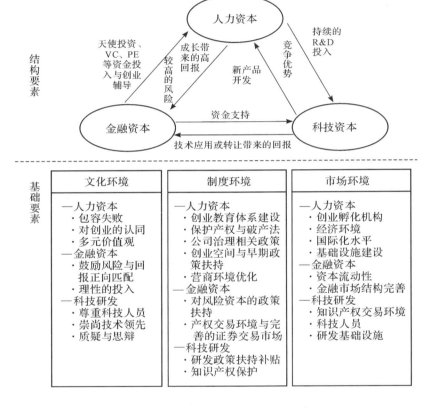

图 2.2　创业生态圈要素共演机理[②]

① 习近平. 之江新语[M]. 杭州：浙江人民出版社，2007：149.

② 孙金云，李涛. 创业生态圈研究：基于共演理论和组织生态论的视角[J]. 外国经济与管理，2016（12）：32—45.

　　文化是特色小镇的内核，也是特色小镇最有魅力的元素之一。建设特色小镇意味着本地资源与产业的融合，以及当地特色文化的彰显与强化。只有外壳，而无鲜活文化内涵的特色小镇注定是不会有生命力的。浙江是历史遗存资源数量众多、类型丰富的省份之一。遍布各地的浙江村镇不缺文化特色，精神地标、特色名人故居、特色品牌美食手工、特色仪式节庆、社区与公共空间等发展核心要素都基本具备，并不需要"骑驴找驴""心外求物"。但在过去相当长的一段时间里，在经济快速发展和城镇化向纵深推进的过程中，浙江与不少省份一样，面临着经济发展与历史文化遗产保护之间的冲突，许多有价值的历史建筑、历史街区、古镇、古村落遭到了不同程度的破坏，有些甚至永久消失，留下了深深的遗憾。在启动特色小镇建设的当口，用什么态度处理好这一困扰多时却又无良法解决的难题，无疑是对党委、政府的莫大考验。浙江特色小镇建设坚持文化传镇，将文化与经济深度融合，而且在规划建设特色小镇之初便十分自觉地关注这个问题。浙江的思路是，坚决不走牺牲历史文化遗产的老路，反对大拆大建的粗暴做法，坚持保护优先，提倡合理利用，创新工作机制，让富有价值的历史建筑、历史街区、古镇、古村落在特色小镇建设中赢得尊严、享有地位，让历史文脉永远延续。循着这一思路，通过一系列活化利用的探索实践，逐步形成文物活起来、居民聚起来、产业兴起来的良性格局。[①] 浙江的特色小镇，融新型城镇建设、文化产业开发和文化传承与活化于一体，是传承文化的"活"的博物馆、文化产品的生产基地、文创产业的集聚高地、文化输出和传播的策源地，为优秀传统文化的传承与创新提供了一条全新的发展路径。

2.2　相关概念研读

　　城市和农村是人类历史发展中逐步分化出来的两种生产、生活方式相异的聚落体。城镇不同于乡村的本质特征在于其产业构成、集聚规模、景观密度、物质设施、生活方式、职能特征等方面。追本溯源，对建制镇、集镇、开发区等在城乡社会经济结构演变过程中出现的相关概念进行梳理，有利于从人文地理、城市规划、旅游等多学科的视角来更好理解和把握特色小镇的

---

① 成岳冲.发掘优秀文化资源 创建现代特色小镇[J].行政管理改革，2017（12）：44－47.

内涵特征。

2.2.1 建制镇

1.古代建制镇的沿革

中国的镇,无论从行政性质、政治作用、经济内涵、人口构成、地域概念、设置标准等,都经历了历史性的变化。[①] 古代称一方的主山、名山为镇。《书·舜典》载"每州之名山殊大者,以其为州之镇"。建制镇即"设镇"(town),是指国家根据一定的标准,经有关地方行政机关批准设置的一种基层行政管理单位。[②] 作为我国的一级基层行政管理单位,镇是在县级以下、村级以上的一种中间组织,与"乡"并列但晚于"乡"的出现。一般认为,乡作为农村基层行政建制,萌芽于春秋战国,定型于秦汉时期。西周时曾以12500户为一乡,置乡大夫,由卿担任,为最高一级地方自治组织。[③] 秦在全国推行郡县制的同时,于县下设乡,乡下设里、亭,负责管理地方治安、租税和力役等。[④] 到了北魏时期,镇作为建制开始出现。北魏政府为统治其所占领土地上的各族人民,在军事要地遍设军政合一的镇。其后,内地军镇改为州,北部诸镇为防卫北方邻国南下和镇压当地人民的反抗而予以保留。《魏书·官氏志》载:"旧制,缘边皆置镇都大将,统兵备御,与刺史同。"北魏正光五年(524年),沃野、怀朔、武川、抚冥、柔玄、怀荒北方六镇戍卒和各族人民发动起义。六镇起义后,北方诸镇皆改为州。唐初,镇戍之权转轻。《新唐书·兵志》:"唐初,兵之戍边者,大曰军,小曰守捉,曰城,曰镇。"镇将只掌控戍守御,品秩与县令相等。[⑤] 而在此之前,隋朝将乡亭制改为乡里制,乡也不再是地方基层政权。唐朝中期,由于县之官吏对乡官乡职进行压迫与勒索,导致人们不愿意担任此职,只好轮差,"乡职"于是沦落为与军旅、劳作等力役同等性质的工作,乡官制度转变为"职役"制度。[⑥] 其后,以数州至十余州为一镇,派遣节度使总揽军政大权。镇的范围与职权要远大于所

---

① 杨重光. 中国镇的历史性变化——兼论晋城市的小城镇[J]. 中国城市经济,2004(10):19—22.

② 浦善新. 中国建制镇的形成与发展[J]. 中国地名,1997(1):28—29.

③ 刘君德,靳润成,周克瑜. 中国政区地理[M]. 北京:科学出版社,1999:191.

④ 周振鹤. 中国地方行政制度史[M]. 上海:上海人民出版社,2005:141.

⑤ 浦善新. 中国建制镇的形成与发展[J]. 中国地名,1997(1):28—29.

⑥ 贺曲夫. 我国县辖政区的发展与改革研究[D]. 上海:华东师范大学,2007.

谓的"州"，遑论"乡"。至乾元元年共有 44 节镇，逐渐形成潘镇割据局面。唐末五代时期，节度使在其境内设镇，置镇使、镇将，掌握地方实权。宋初，为了加强中央集权，罢免镇使、镇将，收其权归于知县，一部分人口众多、商业繁荣的镇划归所在县统辖，成为县以下的基层组织。[①] 宋《事物纪原·州郡方域·镇》载："宋朝之制，地要不成州而当津会者，则为军，以县兼军使；民聚不成县而有税课者，则为镇，或以官监之。"其余的镇废除，但在边境地区仍然设有镇、城、堡、寨、关等军政合一的行政区域。

与此同时，两宋时期的农村社会的自身治理职能始终处于空缺或有名无实状态。到了清代，对县以下的行政区划仍没有统一规定，在自然村与县州之间设置的一级中间组织和区划，其名称很繁杂，各地不同，如镇、里、屯、铺、乡、区、地方、官村、幢等，统称为"地方"。[②] 到了清末又出现变化，人口规模成为当时划分镇和乡的唯一依据。光绪三十四年清政府颁布《城镇乡地方自治章程》，对城、镇乡的行政区域进行了明确规定："凡府厅州县治城厢地方为城，其余市镇村庄屯集等各地方，人口满五万以上者为镇，人口不满五万者为乡。"如果镇有人口不足 45000，或者乡有多至 55000 人的情况出现，可以呈请上级部门核准后分别改为乡镇。民国二十七年（1938 年）颁布的《县各级组织纲要》也明确规定乡、镇为县以下的基层行政区域。

　　2. 现代建制镇的标准

　　中华人民共和国成立以后，1954 年宪法规定我国农村基层政权为乡、民族乡和镇，第一次以国家根本大法的形式确定了乡和镇为一级行政区划。[③] 由于中华人民共和国成立初期对设镇没有统一、明确的规定，各地对设镇条件的掌握宽严不一，管理不顺，有些镇的行政地位不明确，或者在镇以下还分设了乡的建制。为了强化管理，国务院于 1955 年 6 月 9 日颁布了《关于设置市、镇建制的决定》，明确规定了镇的行政地位与隶属关系：（1）市、镇是工商业和手工业的集中地。（2）镇，是属于县、自治县领导的行政单位。（3）县级或者县级以上地方国家机关所在地，可以设置镇的建制。不是县级或者县级以上地方国家机关所在地，必须是聚居人口在 2000 以上，有相当数量的工商业居民，并确有必要时方可设置镇的建制。（4）少数民族地

---

①　浦善新. 中国建制镇的形成与发展[J]. 中国地名，1997（1）：28—29.

②　张研. 清代县以下行政区划[J]. 安徽史学，2009（1）：5—16.

③　贺曲夫. 我国县辖政区的发展与改革研究[D]. 上海：华东师范大学，2007.

区若有相当数量的工商业居民,聚居人口虽不及 2000,确有必要时,亦可设置镇的建制。(5)镇以下不再设乡。(6)工矿基地,规模较小、聚居人口不多,由县领导的,可设置镇的建制。

20 世纪 60 年代末,由于人民公社化和自然灾害的影响,农业连年歉收。与此同时,市、镇和城镇人口增长过快,超过了农业生产的承受能力。为此,1963 年 12 月,中共中央、国务院又颁布了《关于调整市镇建制、缩小城市郊区的指示》。与 1955 年的市镇建制标准相比,这个文件主要是提高了设市镇的人口规模标准,而且在市镇设置建制中提出了非农业人口的标准。党的十一届三中全会后,我国城乡社会经济结构发生了深刻变革,农村产业结构、劳动力结构大幅度调整,小城镇日益繁荣兴旺,原有传统的设镇标准和模式严重阻碍了小城镇的发展。① 1984 年 11 月,国务院发布了《国务院批转民政部关于调整建镇标准的报告的通知》(国发〔1984〕165 号),适当放宽建镇标准,实行镇管村体制,强调要按照建镇标准,成熟一个建一个,不要一哄而起,要搞好规划,合理布局,使小城镇建设真正起到促进城乡物资交流和经济发展的作用。国发〔1984〕165 号文中规定的建镇标准为:(1)凡县级国家机关所在地,均应设置镇的建制;(2)总人口在 2 万以下的乡,乡政府驻地非农业人口超过 2000 的,可以建镇;总人口 2 万以上的乡,乡政府驻地非农业人口占全乡总人口 10% 以上的,也可以建镇。(3)少数民族地区、人口稀少的边远地区、山区和小型工矿区、小港口、风景旅游区、边境口岸等地,非农业人口虽不足 2000,如果确有必要,也可以设置镇的建制。(4)凡具备建镇条件的乡,撤乡建镇后,实行镇管村的体制;暂时不具备设镇条件的集镇,应在乡人民政府中配备专人加以管理。②

国发〔1984〕165 号文的总体特点是国家在建镇标准上呈现由控制、紧缩转向积极发展的趋势,放宽了设镇条件。设镇模式由城乡分离转向城乡结合,并鼓励各地根据实际情况尽可能地撤乡建镇、以镇管村。增加了人口稀少的边远地区、山区和小型工矿区、小港口、风景旅游区、边境口岸等特殊条件,注重镇分布的合理政策和倾斜政策,有利于当时镇和生产力的合理布局和全面发展。费孝通认为,很多人习惯以人口密度的高低去区别城乡,其

---

① 浦善新. 中国建制镇的形成发展与展望(一)[J]. 村镇建设,1997(3):42—45.
② 国务院批转民政部关于调整建镇标准的报告的通知[EB/OL]. http://www.gov.cn/zhengce/content/2016-10/20/content_5122304.htm.

实并不只是人口数量规模和人口密度的问题，而是人口分布的问题，即人类经济生活发展到某一程度，一个区域里会发生若干人口密集的中心地点，这个核心就是"城"，核心的外围人口密度较低的地带就是"乡"。① Brenner 和 Schmid 也同样认为，将城市等同于任何单一的有边界的空间单元是带有一定误导性的，城市的领土轮廓不能相对于一些已有假定的非城市"外部"（如郊区、农村、自然荒野或其他地方）进行连贯划定。② 随着社会经济的进一步发展，现行已有设镇的标准不足也日益显现，因此在未来有必要对其进行完善修订，保证设镇工作的规范化。③

2.2.2　集镇

1. 集镇的演替及其动因

集镇指建制市镇以外的地方最基层的商业中心，是介于乡村与城镇之间的过渡型居民点，既无行政上的含义又无明确的人口标准。在我国，市、县以下的多数县辖区、乡行政中心，具有一定的商业服务和科教文卫等公共设施，并具有相应的腹地支持的，习惯上均称为集镇。④ 集镇缘起于商品交换。《史记·西南夷列传》载古夜郎诸部落的特征云："此皆椎结，耕田，有邑聚。"上古先民邑聚即现在的村落。村落之间的集市最初依托便于物资集散的地点进行定期的商品交换，继而在这些地点建立起经济性商业服务设施，逐渐成长为集镇。《管子·小匡》云："处商必就市井。"自宋以降，市井亦称为市镇。因为商业繁荣，明清时的景德、朱仙、佛山、汉口四大名镇甚至比许多府、州、县更闻名天下。⑤

费孝通在其著作《乡土中国与乡土重建》中阐述了集镇的演变。他认为乡村农家经济的自给性固然高，但并不是完全的，他们自身仍然需要交换，而且若干消费品必须依赖外部供给，于是发生了乡村里的商业活动。在这种活动中产生了一种使人口聚集的力量并形成较为密集的社区，此时的社

---

① 费孝通. 乡土中国与乡土重建[M]. 台北：风云时代出版社，1993.

② Brenner N，Schmid C. Towards a new epistemology of the urban? [J]. City，2015，19(2 −3)：151−182.

③ 浦善新. 中国建制镇的形成发展与展望(一)[J]. 村镇建设，1997 (3)：42−45.

④ 浦善新. 中国建制镇的形成与发展[J]. 中国地名，1997 (1)：28−29.

⑤ 弘征. 湖南古村镇的区域历史文化特征(代序)[M]//李渔村，李仕铭. 湖南古村镇. 长沙：中南大学出版社，2009.

区可以称为"市"(或街、墟、集)。生产者并不需要每天做买卖,隔几天才会有一次,因此是临时性的集合,并不构成一个经常的社区,只是一个依着交通便利而生成的且拥有可以容纳一定人数的广场的地点。随着商业活动的日益发达,"市"的集合逐渐频繁,于是出现了囤积货物的栈房,居民对外来货物的需要提高了,贩运货物的商人不需要肩挑货物寻找买家了,于是产生了商店,即从商业的基础成长而来的一个永久性的社区——集镇出现了。①

2. 建制镇与集镇的区别

建制镇与集镇是两个既有一定联系又容易让人混淆的不同概念。从我国实际看,很多集镇都设置了一个镇的建制,绝大多数的镇以一个集镇为中心。镇与集镇的主要区别在于:(1)性质不同。镇是人为设置的行政建制,而集镇是社会经济发展到一定阶段的必然产物。(2)时间不同。集镇古已有之,而我国现代意义上的建制镇直到 20 世纪初才出现。(3)边界不同。集镇没有明确的界线,农村居民点向集镇演化是一个自然渐变的过程。而建制镇作为国家设定的行政区域单位,设有明确的管理界线和管理范围。②

2.2.3　开发区

1. 基本概念

开发区指我国为实行改革开放政策而设立的各类现代化工业园区、产业园区、综合功能区等特殊区域,主要为了解决长期存在的行政审批手续繁杂、机构叠床架屋等制约经济社会发展的体制问题。③ 在开发区内,将对投资者实行一些类似经济特区的优惠政策。

最早设立的开发区是改革开放初期位于沿海发达地区的经济开发区。迄今为止,开发区这一概念已经演变成一个种类繁多、规模庞大的体系,包括由国务院批准设立的国家级新区、国家级经济技术开发区、国家高新技术产业开发区、边境经济合作区、国家级保税区、出口加工区、国家级旅游度假区等。由各地方政府批准设立的以工业园区、产业园区、高教园区、旅游度假区、新区、新城、示范基地等名义开发的开发区项目,则更是名目繁多。

---

① 费孝通. 乡土中国与乡土重建[M]. 台北:风云时代出版社,1993:134—135.

② 浦善新. 中国建制镇的形成与发展[J]. 中国地名,1997(1):28—29.

③ 本刊综合. 部分国家级经济开发区概览[J]. 城市开发:物业管理,2015(5):14—16.

2. 发展特征

作为我国改革开放的产物,开发区已经成为我国政府利用外资的试验田。我国第一个设立的国家级经济技术开发区是 1984 年 9 月国务院批准成立的大连经济技术开发区。经过近 40 年的发展建设,开发区已经成为我国各地招商引资、创造就业、增加税收的重要途径,成为区域经济的增长极。

开发区作为产业、技术、资本、资金高度聚集的载体,既是区域经济发展、产业转型升级的空间承载形式,又是地区社会经济发展水平的衡量标志,肩负着聚集创新资源、培育新兴产业、推动城市化建设、打造改革开放新高地等重要使命。从我国最早的开发区诞生,到当前各地开发区、高新区如雨后春笋般涌现,再到孵化器建设、产业新城、产业地产风起云涌地发展,开发区大致经历了 4 个发展阶段(表 2.1),形成政府主导型、外源型、地区自发型等 3 种集聚发展模式。[①]

表 2.1　我国开发区发展阶段特征

发展阶段	建设主体	产业状态	建筑形态	服务特点	典型代表
第四代开发区	政府(管委会)＋国有工业地产开发商＋民营企业	通过产业关联打造产业群落、产业社区和产业生态链	产城一体	规划、建设、招商、运营一体化操盘	苏州工业园区金鸡湖商务区
第三代开发区	政府(管委会)＋国有工业地产开发商＋民营企业	高技术含量、高附加值、高产业带动性的战略新兴产业	环境友好的绿色园区,如LOFT办公集群等	提供技术、市场、管理、金融等精细化公共服务	北京798艺术区
第二代开发区	政府(管委会)＋国有工业地产开发商	技术研发、技术革新	多用途建筑,布局餐饮、酒店等配套设施	重视技术转移与对接服务	北京中关村、武汉光谷
第一代开发区	政府(管委会)	三来一补等劳动密集型生产加工	单一的工业厂房,基本无配套建筑	贸易补偿政策和税收减免政策	深圳蛇口工业区

---

① 李静野. 新型工业化视野下产业园区集聚发展问题研究[J].商业研究,2016(9):46—53.

3.面临的问题

开发区最早在上海、广州、宁波、大连等沿海开放城市设立,以发展知识密集型和技术密集型工业为主,后来向沿江、沿边和内陆省会城市、区域中心城市拓展和辐射,实行经济特区的某些较为特殊的优惠政策和措施。促进经济发展是开发区设立的最直接目标,并在对外开放,吸引外资、先进技术与管理经验,扩大出口、增加外汇等多个方面都起到了示范与带动作用。[①] 开发区成为我国许多地区推动新型工业化和新型城镇化的基本形式与重要载体,对提高创新能力和经济效益都具有实际意义。但在不同地区的发展过程中,也同样面临着一些实际困境与问题。

一是现有产业集聚发展模式面临转型升级困境。各地的高新区、经济开发区等在建设初期主要依靠土地、税收、财政等优惠政策和较低的人力资本吸引社会资本和企业入驻,形成企业在空间上的集聚。但其仅仅限于空间集聚,而缺少能够相互接驳的企业集群,产业集群内的各个产业关联程度较低,产业相对分散,不能构成多重交织的立体产业链环。大部分开发区仅靠单个企业的技术或资金完成技术开发项目,"只有企业没有产业",呈现低水平上的粗放型扩张特征,区内企业的忠诚度不高。随着我国全面深化改革的深入推进,开发区的政策优势正在逐步弱化,区内与区外的差距日益缩小。尤其是2012年以后随着国土空间管控和生态文明建设的不断加强,土地指标日趋收紧,开发区发展的压力更加凸显。如外源型开发区的产品品牌基本属于外资企业,难以形成自主品牌。自发型开发区产业集聚过程较为缓慢,对促进产业转型升级作用不大,并且这种类型的产业集聚缺乏技术创新,忽视国际市场,抗风险能力不强。政府主导的开发区产业集聚基本上不能形成地域特色,并且与国内其他区域内的产业集聚雷同。产业结构的相似程度高导致资源分布过于分散,造成人才和资金的极大浪费,无法形成集聚优势,缺乏核心竞争力。开发区从通过土地、税收等优惠政策和区位、交通等便利性来吸引外来投资,越来越多地转向通过提升办公环境、公共技术、辅助业务和社区服务等综合公共服务能力的建设来增强自身的竞争力。

二是规划设计不合理,主导产业特色不鲜明。部分开发区规划不合理,在开发区建设启动之初,未因地制宜制定符合当地发展需要的产业规划。

---

① 张晓平. 我国经济技术开发区的发展特征及动力机制[J]. 地理研究,2002,21(5):656—666.

同时，未能有效识别与明确自身产业优势，未能建立准入门槛约束性规范，对不合标准的企业进入缺乏甄别与限制机制，导致开发区主导产业不突出，开发区招商引资和产业层次定位较低，入驻企业质量不高，产业集聚力较差，各开发区之间的产业结构相似，地域特色无法突出。①

三是体制机制不顺阻碍生产效率。开发区的兴起构成了中国经济成长的关键版图，其依托的"开发区治理模式"构成了我国治理体系中一个重要的组成部分，尤其对地方政府行政架构及权力运作模式均产生了深刻影响。自开发区设立以来，我国开发区管理体制虽然经历了多次调整变化，形成了多种模式，但共性特征是市场机制与政府主导同时存在，根据政府对开发区运行的介入强度又可以有多种类型的划分。其中，"管委会—公司"的组织架构、"项目制"运作的常态化、"土地—财政—金融"三位一体的经营模式，是我国开发区体制最典型的特征。② 多数开发区的管理机构由政府派出机构担任，拥有所在地区的经济管理权限和与之相适应的行政管理权限，以协调管理和服务为主要职责。随着开发区经济的发展和区内企业、人口的增多，特别是由于缺乏法律法规的保障，各地开发区在产业规划、土地征用、税务、工商注册、人才引进、资金融通等方面仍受制于所在市、县、区的不同行政管理部门。多部门分管导致政策的制定与执行缺乏统一性和规范化，致使开发区及区内企业的受益程度大打折扣。且由于各部门办事流程往往缺少衔接，给投资者造成诸多不便，大大降低了行政效率，"一站式服务""一支笔审批"也往往容易沦为口号。③

四是未能有效回应多元化公共服务诉求。我国开发区模式秉持的是一种典型的发展型政府逻辑，经济成长指标是开发区管理机构的中心任务，其公共政策难以反映、平衡日益多元化群体的差异化诉求，甚至会产生弱势群体权益从属于地方财政收益等情形。④ 多数传统的开发区只关注道路交

① 李静野. 新型工业化视野下产业园区集聚发展问题研究[J].商业研究，2016 (9)：46—53.

② 周鲁耀，周功满. 从开发区到特色小镇：区域开发模式的新变化[J].城市发展研究，2017，24(1)：51—55.

③ 省政府发展研究中心课题组. 提升黑龙江省产业园区综合服务水平的对策建议[J].统计与咨询，2012 (5)：9—11.

④ 郁建兴，高翔. 地方发展型政府的行为逻辑及制度基础[J].中国社会科学，2012 (5)：95—112.

通、网络通信、水电、办公用房、生产车间等硬件基础设施建设,忽视第三产业和城市配套服务的提供。很多开发区忽视不同产业类型对空间的不同需求,区内建设重点强调"先生产,后生活",甚至"只管生产,不管生活",简单地将开发区等同于生产区,金融服务机构或网点、邮政资讯、文体活动中心、商场购物店、医院、菜市场、育托机构等必要的配套服务设施缺乏或不完善,信息、技术、人才等共享平台的建设也远不能适应开发区自身拓展的需要,孤岛现象突出,这些往往制约了开发区的可持续发展及其与开发区区块外部的沟通融合。

2.2.4　其他特色小镇

1. 农业特色小镇

农业特色小镇是指以农业特色产业和特色环境要素(如地域、生态和文化特色等)的综合开发为核心,兼具文化内涵、旅游特征和一定社区功能,构建产城一体、区域融合发展的新型城镇化模式。作为特色小镇组织种群中的一种特殊的亚种群,农业特色小镇超越了传统意义的建制镇或者建制镇＋集镇的地域范畴,具有要素高度集聚、经营主体多元参与、三次产业深度融合等显著特征,正成为现代农业与新型城镇化协同推进的重要载体和当前我国推进农业供给侧结构性改革的新动能。与起源于浙江等发达地区的特色小镇相比,农业特色小镇因为主导产业为农业、地区要素供给有限等特点,更适合于中西部经济欠发达地区、农业主产区和生态环境保护区。[①] 在四川、浙江、山东、河南等地已经形成了一批重要的农业特色小镇实践模式,如成都实践探索的"小组微生"模式、浙江的春风长乐小镇模式等,都是其中的典型代表。

专栏 2　成都"小组微生"模式

"小组微生"是小规模聚居、组团式布局、微田园指向、生态化建设的简称,是成都在探索统筹城乡改革试验过程中提出的一种创新性乡村建设发展模式。

小——小规模聚居,指合理控制聚居点建设规模,将每个组团居住人口

---

① 李冬梅,郑林凤,林赛男,等. 农业特色小镇形成机理与路径优化——基于成都模式的案例分析[J]. 中国软科学,2018 (5):79—90.

控制在 100～300 人，并引导农民适度集中居住，根据一户一宅的农房建设政策，充分考虑各家各户的人口状况和经济承受能力，设计不同户型。

组——组团式布局，指以行政村为单位，以原有村落格局为基础，充分考虑城镇化的人口转移因素，充分利用山水林田湖，充分传承历史文化，科学布局聚居点。将每个村落划分为几个小组，每个小组 20～30 户。

微——微田园指向，指为相对集中的民居规划出前庭后院，让老百姓种植蔬菜瓜果，形成一个个小花园、小菜园、小乐园。

生——生态化建设，指利用自然的地形地貌，背山、面水、进林盘，严格保护林盘、田园、文化，保留"乡土味"，展现田园风光，体现农村历史文化和生产生活特点。

2. 旅游风情小镇

旅游风情小镇是特色小镇的一个重要类型，指依托独特地域文化、乡土民俗、历史遗存、传统工艺、舌尖美食等资源，打造形成的情调韵味浓郁、生态环境优美、宜居宜游宜业的休闲集聚区。它可以是旅游景区、旅游度假村、旅游度假区、主题乐园、旅游综合体、乡村旅游区等文旅型业态，也可以是建制镇、集镇、街道、村落等行政单元。与一般旅游目的地建设不同，旅游风情小镇建设的触发器是政府部门，是一种"自上而下"的政策性行为，其建设目的在于以风采、意趣、韵味打造旅游休闲体验人居地，实现文化传承、产业兴旺、农民增收、事业发展，实现个体价值和公共价值协调契合。[1]

旅游风情小镇的建设源于 19 世纪中期国外的乡村旅游，在通过旅游业吸引观光游客的同时，形成以旅游产业为核心广泛延伸的产业链，在推动新型城镇化发展的过程中起着重要的作用。海南、浙江、江苏和安徽等旅游业相对发达的省份近年来相继出台鼓励和支持本省旅游风情小镇创建的相关政策。

3. 森林特色小镇

森林特色小镇指在森林资源丰富、生态环境良好的国有林场和国有林区林业局的场部、局址、工区等适宜地点，重点利用老旧场址工区、场房民居，通过科学规划设计、合理布局，建设接待设施齐全、基础设施完备、服务

---

① 张安民，赵磊. 感知价值对居民参与旅游风情小镇建设意愿的影响——以浙江莫干山旅游风情小镇为例[J]. 旅游学刊，2019，34(4)：119－131.

功能完善,以提供森林观光游览、休闲度假、运动养生等生态产品与生态服务为主要特色的、融合产业、文化、旅游、社区功能的创新发展平台。^① 森林特色小镇的正式概念见于国家林业局办公室下发的《关于开展森林特色小镇建设试点工作的通知》(办场字〔2017〕110 号)。该文还指出,开展森林特色小镇的建设一般选址在森林分布集中,森林覆盖率一般在 60% 以上,距机场或高铁站 50~100 公里范围内,建设的目的是深入推进国有林场和国有林区改革及林业供给侧结构性改革,推动林业发展模式由利用森林获取经济利益为主向保护森林提供生态服务为主转变,提高森林观光游览、休闲度假、运动养生等生态产品供给能力和服务水平,不断满足人民群众日益迫切的生态福祉需求,大力提升林业在国民经济发展中的战略地位。2018 年9 月,国家林业和草原局下发《关于公布首批国家森林小镇建设试点名单的通知》(林场发〔2018〕80 号),公布了全国首批 50 个国家森林小镇建设试点名单。森林特色小镇建设成为很多地方深化林业发展与转型升级,以实际行动践行落实"绿水青山就是金山银山"理念的基本载体和新经济发展模式。

2.2.5 众创空间

伴随着"大众创业,万众创新"的蓬勃发展,支撑"双创"发展的落地载体众创空间备受瞩目,也由此引起国内外学者的广泛关注。

我国的众创空间是在引入国外创客空间(Makerspace)的概念并在孵化器模式的基础之上发展起来的,旨在为初创企业提供开放式、综合一体化的服务。创客最早是指开展 DIY 创作的硬件技术人员,这些创客以硬件技能入手,结合时下新兴的科技,融汇创意、设计等元素,将与众不同的想法变成实物,悄然影响着传统制造业,成为创新发展和产业变革最鲜活的力量之一。^② 随着创客群体和创客运动在全球范围内的日渐增多,创客空间作为创客运动的载体开始出现。Dale Dougherty 和美国麻省理工学院 Fab Lab(微观装配实验室)被认为是创客概念最早的提出者和最早的创客空间。^③

---

① 国家林业局办公室关于开展森林特色小镇建设试点工作的通知[EB/OL]. http://www.gov. cn/xinwen/2017-07/10/content_5209114. htm.

② 何悦,胡晶平,周振江. 全球创客运动下的广东创客空间实践与未来探索[J]. 科技管理研究,2017(9):83—87.

③ 李燕萍,陈武. 中国众创空间研究现状与展望[J]. 中国科技论坛,2017(5):12—18,56.

但也有学者认为,全球第一家真正意义上的创客空间是 1981 年在德国柏林诞生的"混沌电脑俱乐部"(Chaos Computer Club)。① 时至今日,在国外创客空间的发展已经相对成熟,呈现出社区型创客空间、数字化技术制造实验室、开放式硬件工厂或商业型机器商店、创新实验室和创新工作坊等 4 种类型。②

我国众创空间的发展离不开传统孵化器的发展基础。成立于 1987 年 6 月的武汉东湖新技术创业中心被认为是我国孵化器的发源地。此后孵化器由政府政策驱动向民营主导转变,呈现出国有与民营并举且快速发展的新局面。2010 年,上海诞生了第一家创客空间,即"新车间"。随后,国内的创客空间以北京、广州、深圳、杭州这些创新资源丰富的大城市为轴心不断扩展。2015 年,"创客"首次被写入国务院政府工作报告。③ 创客空间和孵化器随即进入一个发展高潮阶段。2015 年国务院办公厅《关于发展众创空间推进大众创新创业的指导意见》(国办发〔2015〕9 号)正式提出众创空间的概念,提出要"总结推广创客空间、创业咖啡、创新工场等新型孵化模式","构建一批低成本、便利化、全要素、开放式的众创空间","为广大创新创业者提供良好的工作空间、网络空间、社交空间和资源共享空间"。作为一种新型市场化孵化器,我国的众创空间通过众创、众包、众筹、众扶的融合,促进创新要素的充分流动和最佳配置,全面保障创新创业主体能够得到全方位、多层面的扶持与帮助。④ 张心懿、王君华认为,众创空间是"线上线下的自组织孵化器",是一种为创业企业(尤其是初创企业)提供专业、低廉的创业服务的综合型创新创业平台⑤。李燕萍、陈武在已有文献和访谈的基础上,比较了众创空间、创客空间、传统孵化器的共性与差异,为更好把握与理解众创空间提供了比较好的解释(表 2.2)。

---

① 王佑镁,叶爱敏. 从创客空间到众创空间:基于创新 2.0 的功能模型与服务路径[J]. 电化教育研究,2015 (11):5—12.

② 何悦,胡品平,周振江. 全球创客运动下的广东创客空间实践与未来探索[J]. 科技管理研究,2017 (9):83—87.

③ 姬少亭,梁赛玉. "创客"走进政府工作报告[EB/OL]. http://www.xinhuanet.com/politics/2015lh/2015-03/05/c_1114536036.htm.

④ 王丽平,刘小龙. 价值共创视角下众创空间"四众"融合的特征与运行机制研究[J]. 中国科技论坛,2017 (3):109-116.

⑤ 张心懿,王君华. 众创空间运行效率研究综述[J]. 合作经济与科技,2020(5):162-165.

表 2.2 创客空间、传统孵化器、众创空间异同比较①

比较视角	创客空间	传统孵化器	众创空间
外延视角	未强化创业孵化功能,即不着重强调商业化	不具备大众化的特点,缺乏全方位的创业服务体系	门槛更低、更便利的创客成长和创业服务平台;融创业培训、投融资对接、工商注册、法律财务、媒体资讯等于一体的、全方位创业服务生态体系
功能视角	出于兴趣与爱好,而努力把头脑中的想法转变为现实,实现商业价值不一定是创客的目的	传统孵化器主要采取一对一询价机制,为创业企业直接提供服务	众创空间在线下平台的基础上搭建线上平台,创业者可自由匹配服务,而相关服务可能并非完全由众创空间直接提供,入住企业之间会形成跨边网络效应而实现共生依赖
环境视角	产品自制造和个人自生产	—	具有资源、技术与知识的选择性、开放性和共享性
精神视角	多元、分享和跨界	—	具有浓厚的协作性
战略目标	帮助创客将创意转化为现实	推动技术转移,定位于服务创新落地和企业硬件建设	推动创新供给侧改革,定位于服务创新源头,关注创新环境、创新人才、创新能力、创新要素聚集,构建创业生态系统

2.3 概念特征

2.3.1 基本概念

特色小镇一直存在概念不清、被过分解读的问题。目前关于特色小镇基本概念的权威界定主要依据两份官方文件。

一是浙江省政府《关于加快特色小镇规划建设的指导意见》(浙政发〔2015〕8 号)。该文件立足地方经济发展客观规律,在全国范围内最早正式

---

① 李燕萍,陈武. 中国众创空间研究现状与展望[J]. 中国科技论坛,2017(5):12—18,56.

提出并系统阐释了特色小镇的创新含义,指出"特色小镇是相对独立于市区,具有明确产业定位、文化内涵、旅游和一定社区功能的发展空间平台,区别于行政区划单元和产业园区",对特色小镇的一般区位、功能、载体和本质做了简明扼要的界定。特色小镇也可以理解为是一个以政府为主导,企业为主体,以其特色文化形成的特色产业为主支撑,打造的具有明确产业定位、文化内涵、旅游特征和一定社区功能的综合性开发项目。[①]

二是国家发改委《关于加快美丽特色小(城)镇建设的指导意见》(发改办规划〔2016〕2125 号)。该文件在吸收以浙江特色小镇创建为主的地方实践经验的基础上,首次从全国层面将特色小镇与特色小城镇予以区分,指出:"特色小镇主要指聚焦特色产业和新兴产业,集聚发展要素,不同于行政建制镇和产业园区的创新创业平台。"

表 2.3 对以上两个文件就特色小镇概念的界定进行了比较。

表 2.3　浙政发〔2015〕8 号文和发改办规划〔2016〕2125 号文就特色小镇概念界定的比较

界定条件	浙政发〔2015〕8 号文	发改办规划〔2016〕2125 号文
区位	相对独立于市区	——
功能	具有明确产业定位、文化内涵、旅游和一定社区功能	聚焦特色产业和新兴产业,集聚发展要素
载体	发展空间平台	创新创业平台
本质	区别于行政区划单元和产业园区	不同于行政建制镇和产业园区

通过表 2.3 的对比可以看出,浙江和国家发改委的两份官方文件先后从地方和全国层面,将特色小镇界定为一种可操作的平台化载体,前者明确是发展空间平台,后者则更关注创新创业。一是在区位上,浙江提出了特色小镇"独立于市区"的区位条件设置,而在全国性的文件中将此条件做了删减。浙江后来的实践证明,部分特色小镇(如杭州的拱墅运河财富小镇,上城南宋皇城小镇、玉皇山南基金小镇)在启动创建时,依托于城市有机更新,便选址于杭州的市区;部分原本位于城郊接合部的特色小镇(如杭州余杭梦想小镇、云栖小镇)随着近年来城镇化快速发展和人口外溢,与市区的界线也会变得模糊。二是在功能上,浙江的特色小镇不仅关注产业,而且关注文

---

①　苏爱然. 我国众创空间的功能发展与内生文化要求[J]. 学术论坛, 2017 (4):136－141.

化、旅游和社区。就全国推广看,后三者的功能做了弱化,而重点关注特色产业和新兴产业以及发展要素的聚焦,功能的内涵外延做了更大拓展,有利于各地因地制宜,结合实际,灵活创新。三是在本质上,两者保持相对的一致性,浙江提出的特色小镇是区别于行政区划单元和产业园区,国家发改委的文件直接将特色小镇与建制镇做了更直观有效的区别。此两份文件对特色小镇做了先后的概念界定,从内涵上看具有一定的延续性,但条件边界的设定有所不同,已经成为学界和业界有关特色小镇研究与实践的认识起点和重要依据。

浙江的特色小镇建设超越了行政区划建制镇的范畴,也超越了通常意义上产业发展的产业园区范畴,其本质上是对特定空间内各类生产要素、制度要素、文化要素的重新整合和高效利用,是对政企关系、政社关系、企社关系、人社关系的一次重新定义,也是对区域治理模式的一次全新探索。从这个意义上讲,浙江特色小镇的建设开创了一种新型的地方政府治理模式,尤其在我国经济步入调整期、传统开发模式出现疲态的情况下,特色小镇以其对政府公共服务、产业资本及社会元素的全新组合,激荡出地方社会经济发展的新型驱动力。[①] 基于上述分析,本课题主要聚焦研究提出最早且目前已有较多实践案例支撑的浙政发〔2015〕8 号文所提及的特色小镇概念。

2.3.2　主要特征

特色小镇建设是后工业化阶段的新型城镇化,其基本特征表现为"比城市更温暖,比乡村更文明"。浙政发〔2015〕8 号文所提及的特色小镇,不是传统意义上的行政建制镇或集镇,不是传统意义上的产业园区(如工业区、经济开发区、高新技术区)或产业新城,也不是传统意义上的旅游风景区(如旅游风情小镇、旅游度假村),而是指相对独立于市区,以生态、生产、生活"三生融合"为特色,以新型工业化、新型信息化、新型城镇化、新型农业化"四化驱动"为动力,以产业、文化、旅游、社区"四位一体"为理念的创新型空间组织形式,形成相互叠加的概念闭环(图 2.3)。

与传统行政建制镇或集镇比较,特色小镇突出新兴产业和历史经典产业的同频共振。与产业园区比较,特色小镇突出生态、生产与生活的融合,

---

① 周鲁耀,周功满. 从开发区到特色小镇:区域开发模式的新变化[J]. 城市发展研究,2017,24(1):51—55.

图 2.3　特色小镇概念闭环

赋予了更多的文化、旅游、社区功能。与一般旅游风景区、旅游风情小镇等相比，特色小镇又有了产业和社区的色彩。因此，特色小镇非镇非区、亦镇亦区，作为具有明确产业定位与文化内涵的生产、生活、旅游、居住等多重功能的有机融合和创新发展的崭新平台，具有独特的风格和特点。

1. 区位上"边而便"

浙江特色小镇的选址不能忽视一个背景，浙江的城镇化率整体已经达到 70%，逆城市化趋势开始出现，城市人口向郊区、小城镇移动，城乡差别减小。特色小镇既可以是大都市周边的小城镇，又可以是较大的村庄，还可以是城市内部相对独立的区块和街区，其中部分服务功能可以和城市共享。[①] 浙江特色小镇在区位选址上的"边"指"相对独立于市区"，一般选址于城乡接合部，位于城市建成区的边缘地带。后来在实践过程中，也有少数省级特色小镇选址于市区内的老旧工业区或棚户区，结合各个城区不同的城市有机更新进程，在保留和改造原有工业建筑群的基础上引进特色产业，

① 吴一洲，陈前虎，郑晓虹.特色小镇发展水平指标体系与评估方法[J].规划师，2016，7(32)：123—127.

按照相关标准成功创建的案例。"便"指特色小镇具有交通、信息、资金、物流相对便利的条件。特色小镇的创建与发展,离不开大城市的资源依托和人口外溢,也需要乡村的土地空间、产业承接和生态环境。特色小镇需要以拥有郊区、小城镇完善的基础设施建设、便捷的交通、持续的经济发展、优美的自然环境为基础,成为双向并行、相辅相成的城市化和逆城市化的一个完美交汇点。

2. 产业上"特而强"

特色小镇发展的最根本动力来源于产业,同时产业也是决定特色小镇未来发展的最主要影响因素。基于浙江块状产业历经改革开放以来四十余年积累形成的特色产业优势,特色小镇要实现"特"并非难事,难点在于如何实现由"特"到"强"的产业转型升级。[1] 特色小镇在主导产业方面强调摒弃大而全的规模化发展,要求根据自身的区位交通、人文历史等资源条件,重视培育和发展成长性好的新兴产业,优先选择可与本地资源与市场结合的特色产业,主攻小镇自身最有基础、最有优势的历史经典产业,确保产业的可植根性能够与本地资源、市场与社会网络有效融合,从而推动小镇的内生式发展。"特"指每一个特色小镇都围绕做强信息经济、环保、健康、旅游、时尚、金融、高端装备制造、文化等八大万亿产业的目标,根据自身基础条件、不同的主导产业和文化禀赋,因地制宜,彰显特色,选择其中一个产业或某个产业的一个方面作为主攻方向,形成"一招鲜"。要规避城市建设中风格趋同的现象,实现错位发展,而不是百镇一面、同质竞争。"强"指在确定特色产业后,要致力于高端化、前沿化、品牌化发展,围绕产业升级、走向中高端目标,加大投入力度做强产业(一般要求投入强度为每个特色小镇在 3 年时间内投入 30 亿至 50 亿元,不含住宅和商业综合体项目),建好公共平台,引进高端人才,努力培育行业的"单打冠军"(行业的领军企业)。2018 年,浙江省级特色小镇平均拥有国家级高新技术企业 7.2 家,发明专利 121 件,总量分别占全省的 10% 和 11%。[2]

产业文化是一种资源,是一种竞争软实力,也是一种具有独特价值的资

---

① 余波,潘晓栋,赵新宇. 产业园区型特色小镇创建分析及对义乌云驿小镇的思考[J]. 城市规划汇刊,2017(8):235－239.

② 国家发展和改革委员会. 国家新型城镇化报告(2019)[M]. 北京:人民出版社,2020:168.

本。为避免百镇一面的同质化竞争,合理布局产业链、深化分工,实现错位发展,特色小镇的"特而强"在产业文化上得到充分体现。"特"主要指文化产业的主题专属性和可识别性明显,如茶叶、丝绸、黄酒、中药、木雕、根雕、石刻、文房、青瓷、宝剑等十大历史经典产业在浙江拥有千年以上历史传承,蕴含深厚文化底蕴,结合现代创意,焕发其青春活力;"强"指通过依托青瓷、丝绸、茶叶等特色小镇建设,引领某个领域的文化发展潮流,成为中华传统文化传承发展的高地。[①]

3. 功能上"聚而合"

特色小镇的功能建设提倡"聚而合",实现产业、文化、旅游、社区四位一体的功能叠加,做到宜业、宜品、宜游、宜居。"聚"指每一个特色小镇把企业、创业人员、旅游者、本地居民等不同群体、不同层次的公共服务需求融为一体,聚集产业、文化、旅游和社区四大功能,相互补强和增进。同时高度聚焦发掘当地优秀文化资源,提炼蕴含其中的精神和价值,彰显独具魅力的区域文化内涵。"合"指聚集的产业发展、文化功能、社区服务、旅游展示等四大功能并非互不相干、生硬相加,而是有机融合、不可分割。特色小镇不但具备产业基础,而且更具有宜人的居住环境、人性化的交流空间和完善的社区服务,能够支持小镇内各企业、社会组织及其创业者、从业者等居住人群的生产生活,充分发挥四位一体综合优势,形成一个多功能复合的创新空间。特色小镇舒适、良好的人居环境对人们产生了较强吸引力,对人们的社交活动产生积极作用,如促进交流、激发创意等,使得浙江的特色小镇展现出浓郁的人文情怀。在小镇文化的强大合力下,汇聚、整合并引领不同的发展目标,强化企业、创业人员、旅游者、本地居民对特色小镇的认同感、归属感、荣誉感,最终凝聚成令人向往的新发展愿景和具有高度向心力的新公共精神,重构共同的精神纽带,为人才的集聚、智慧的汇集创建良好的人文环境。

4. 形态上"精而美"

当前,部分特色小镇建设存在重外观、轻内核的怪相,用做地产的思维建小镇,大拆大建,迁出原始居民及其生产生活,以钢筋水泥、公寓酒店取而代之,严重忽视了当地特色文化和风土人情这一内核。[②] 浙江的特色小镇

---

① 成岳冲. 发掘优秀文化资源 创建现代特色小镇[J]. 行政管理改革,2017 (12):44-47.

② 央视网评:没有文化的特色小镇是没有灵魂的[EB/OL]. http://www.ce.cn/culture/gd/201909/11/t20190911_33135615. shtml.

在形态上充分展现了精良讲究的浙江地域文化,塑造了"骨架小、颜值高、气质佳"的小镇形态,完美地诠释了"小"的形态美。特色小镇的精髓就在于小巧和精美。"精"指它的规划面积一般控制在 3 平方公里左右,建设面积一般控制在 1 平方公里左右。这使特色小镇不可能像过去开发区建设一样采用"摊大饼"的方式,通过粗放型经营推高经济总量,而是坚持节约土地资源,更好配置和利用资金和人才等各种资源,以"蒸小笼"的方式在原本紧凑的有限平面空间布局上实现高密度的资本投入、资源开发和空间重构。"美"是指充分依托"诗画浙江"各地倚山、傍湖、沿江、滨海等自然生态风光,以建成 3A 级以上景区为目标(主要考虑宜居、宜业的舒适性),其中旅游产业类特色小镇按 5A 级景区标准建设,在规划设计、建筑风格上充分挖掘特定地域的人文环境和历史文化资源的价值,形成具有一定审美高度和独特人文标识的品质小镇,充分实现"看得见山,望得见水,记得住乡愁"这一"城里人"和"村里人"共同的生活愿景。按照 A 级景区标准建设特色小镇的根本的目的不仅仅在于强调发展旅游产业,不在于要把所有特色小镇创建成为 3A 级旅游景区,更为重要的是要借助于这样的抓手打破传统园区封闭式经营管理的围墙和传统产业之间的隔阂,形成资本、文化、人才、产业等要素的重新组合,并在这种重新组合中不断创造出新机会,激发出新动能,在"小环境"中孕育"大惊喜"。①

　　5. 机制上"活而新"

　　从体制上看,特色小镇"活而新",在"方寸小天地"中探索"乾坤大改革"。"活"是指通过政府引导、企业主体、市场运作,依然保持浙江传统的体制机制优势和块状经济优势。一是在特色小镇的建设中政府主要起引导作用,当好"谋划者、改革者、服务者",重在编制规划、确立标准、出台政策、建设公共设施,重在优化营商环境,以企业投资项目审批制改革为突破,凡与企业相关的改革率先在特色小镇实践,依托小镇客厅为企业提供"店小二"式服务。② 二是市场主体(企业、开发运营商)是特色小镇建设的主力军,在进行资源整合和市场化运作时,每个特色小镇要求明确投资主体,非政府投

　　①　郁建兴,张蔚文,高翔,等. 浙江省特色小镇建设的基本经验与未来[J]. 浙江社会科学,2017(6):143－150,154.

　　②　国家发展和改革委员会. 国家新型城镇化报告(2019)[M]. 北京:人民出版社,2020:169.

资占比不得低于 70%。特色小镇的建设不单是政府的行政行为,而是与市场主体充分共同参与,打造一个政府和社会资本合作共赢的承载平台。"新"指在制度创新和服务创新上多下功夫,下多功夫。特色小镇强调的不是规模竞争,而是层次竞争,不是同业竞争,而是错位竞争,其目的不是推高产业数据,而是要在特定领域内形成持续影响力,要把发展目标设定为从显性化的数字指标转向更加隐性化的品质感受。[①] 特色小镇不搞传统的行政审批制,采取宽进严定、动态培育的创建机制,对审批方式、扶持方式和投融资方式进行大胆探索和改革。政策上激励先进、倒逼后进、淘汰落后,提供制度和服务供给的"个性化",以更大限度地激发市场活力(表 2.4)。

表 2.4　浙江省省级特色小镇历年考核结果　　(单位:个)

年度	命名总数	创建总数	培育总数	考核总数	考核结果				
					优秀	良好	合格	警告	降格
2015	—	37	—	37	7	9	17	3	1
2016	—	42	51	78	16	32	19	6	5
2017	2	35	18	106+64	24+7	32+25	29+20	14+6	7+6
2018	5	21	10	115+64	25+10	45+16	31+24	9+8	5+6
2019	15	15	7	—	—	—	—	—	—

注:1.2017 年前只针对省级特色小镇创建对象考核,2017 年后增加对培育对象的考核。

2.已命名的省级特色小镇不需参加考核,已降格(培育对象降格即遭淘汰)的省级特色小镇不列入原有考核序列。

3.考核总数与考核结果中,"+"前表示创建对象考核结果,"+"后表示培育对象考核结果。

2.3.3　辨析比较

通过文献资料回顾与系统性梳理,本课题对特色小镇及与之相近的若干概念进行了比较分析,结果见表 2.5。

① 周鲁耀,周功满. 从开发区到特色小镇:区域开发模式的新变化[J]. 城市发展研究,2017,24(1):51-55.

表 2.5   特色小镇与相近概念辨析

概念	起步时间	背景	侧重点	发展规模	主导产业	治理模式
特色小镇	2014 年	经济新常态，供给侧改革	发展空间平台	规划面积≤3 平方千米	新兴产业和历史经典产业	政府主导＋市场主体
建制镇	北魏时期	军事控制和税赋	提供行政性综合服务	规模不一，最大者 5.1 万平方千米	多数以第一产业为主	政府行政管理
集镇	无考	商品交换日益发达	自给自足的商贸交易与货物流动	规模不一	多数以第一产业为主，辅以少量商业和服务业	自发形成
产业园区	20 世纪 80 年代	改革开放后各地发展经济的需要	促进某产业发展	多在数十至上百平方千米	主打某一具体产业，当地招商引资产业	行政主导型管理模式、公司治理型管理模式、混合型管理模式
产业新城	20 世纪 80 年代	新型城镇化发展	产城融合	面积较大，多在上百至上千平方千米	产业结构不单一，具备多重构成体系	管委会体制、开发区与行政区合一的管理体制
旅游区	20 世纪 80 年代	社会消费水平提高	休闲集聚区	面积较小，多在几平方千米至几百平方千米	休闲游憩业、服务业、旅游地产	政府国有企业经营模式、公司企业经营模式、复合治理模式

2.4   发展类型

2.4.1   分类依据与结果

1. 分类依据研究梳理

特色小镇是城镇化特定发展阶段的产物，通过小平台在产业发展、空间模式、管理体制上进行新探索，[①]由此产生多元化的发展类型。随之，多项研究开始对我国特色小（城）镇的发展模式予以聚焦研究与案例分析（表

---

①   李强. 特色小镇是浙江创新发展的战略选择[J]. 今日浙江，2015（24）：16－19.

2.6),尝试从不同学科视角切入并找寻我国特色小(城)镇发展的规律性认知,这为特色小镇的实践发展和理论充实提供宽视野的景象。

表 2.6　特色小镇发展类型研究梳理

文献来源	分类对象	分类标准	分类结果
姜紫莹(2016)①	小城镇	主导产业	产业专业中心模式、高端服务业模式、产业创新中心模式、文化旅游＋模式
宗慧敏(2017)②	特色小镇	特色文化	文化传承型、文化借取型、文化创新型
林玮(2017)③	浙江省级特色小镇	资源禀赋	历史文化基础型、传统产业基础型、新兴产业基础型、生态环境基础型
余波、潘晓栋、赵新宇(2017)④	浙江省级特色小镇	创建主体和创建路径	产业园区型、都市型、郊镇型
付晓东、蒋雅伟(2017)⑤	特色小镇	根植性理论	自然禀赋主导模式、社会资本主导模式、市场需求主导模式、综合模式
刘国斌、高英杰、王福林(2017)⑥	特色小镇	建设主体	企业主体＋政府引导型、政企合建型、政府(国资公司)主体型
马海涛、赵西梅(2017)⑦	特色小镇	三生空间	生产型、生活型、生态型、综合型
应日萍、汪心毅(2018)⑧	浙江省级特色小镇	主导产业	文化旅游发展模式、专业产业发展模式、高端服务产业发展模式、创新产业发展模式

---

① 姜紫莹.浅析浙江"特色小镇"发展模式创新[C].2016 中国城市规划学会会议论文集,2016:146－155.

② 宗慧敏.浅谈特色小镇的特色文化发展[J].中共太原市委党校学报,2017(6):29－31.

③ 林玮.特色小镇建构的四种理论形态:发生、阶段、类型与功能[J].中共杭州市委党校学报,2017(6):58－66.

④ 余波,潘晓栋,赵新宇.产业园区型特色小镇创建分析及对义乌云驿小镇的思考[J].城市规划汇刊,2017,(8):235－239.

⑤ 付晓东,蒋雅伟.基于根植性视角的我国特色小镇发展模式探讨[J].中国软科学,2017(8):102－111.

⑥ 刘国斌,高英杰,王福林.中国特色小镇发展现状及未来发展路径研究[J].哈尔滨商业大学学报(社会科学版),2017(6):98－107.

⑦ 马海涛,赵西梅.基于"三生空间"理念的中国特色小镇发展模式认知与策略探讨[J].发展研究,2017(12):50－56.

⑧ 应日萍,汪心毅.浙江省特色小镇建设模式分析[J].经济论坛,2018(1):29－30.

续表

文献来源	分类对象	分类标准	分类结果
《浙江省特色小镇创建规划指南（试行）》①	浙江省级特色小镇	提供产品/服务	以提供技术与金融服务产品为主的小镇、以提供实物产品为主的小镇、以提供体验服务产品为主的小镇
陈从建、张晓东、钱声源（2019）②	特色小镇	研究理论与社会实践	"产业＋"发展模式、"旅游＋"发展模式、"文化＋"发展模式、"科技＋"发展模式
马仁锋、周小靖、李倩（2019）③	长三角地区特色小城镇	主导产业	旅游发展型、历史文化型、工业发展型、农业服务型
信桂新、熊正贤（2019）④	特色小镇	功能	旅游发展型、历史文化型、商贸流通型、农业服务型、工业发展型、民族聚居型
		产业	新型工业、现代农业、特色农业、商务休闲、研学教育、民间艺术、国际会展、文化创意、军民融合、健康养生、互联网＋、物流、酿酒、服装、陶瓷、渔业、金融等产业特色小镇
		区位	大城市近郊特色小镇、大城市远郊特色小镇、乡村地区特色小镇
		商业模式	地方特色产业型、特色历史文化型、独有自然资源型、全国知名品牌型、产业提升景观型、政策扶持引导型、高校科研资源型
石忆邵、任浩然（2019）⑤	特色小镇	发展轨迹	一村一品型小镇（小镇1.0版），产业集群型小镇（小镇2.0版），服务型小镇（小镇3.0版），新经济综合体小镇（小镇4.0版）

　　总体而言，这些学者立足文学、地理、市场营销、城市规划等专业领域，结合经典理论或实践经验，按照地理区位、主导产业、特色文化、资源禀赋、建设主体、空间形态、商业模式等维度，对特色小镇开展归纳研究与演绎阐

　　①　全国首个！浙江省印发《特色小镇创建规划指南》[EB/OL].浙江在线，2018.4.10.

　　②　陈从建，张晓东，钱声源.中国特色小镇发展模式研究[J].建筑经济，2019，40(5):108－113.

　　③　马仁锋，周小靖，李倩.长江三角洲地区特色小镇地域类型及其适应性营造路径[J].地理科学，2019(6):912－919.

　　④　信桂新，熊正贤.模式与经验：中国特色小镇建设实践研究[J].资源开发与市场，2019，35(6):819－825.

　　⑤　石忆邵，任浩然.关于特色小镇规划与发展中若干问题的思考[J].上海国土资源，2019，40(3):1－6.

述。部分研究(如余波、潘晓栋、赵新宇①)在划分标准设定上存在一定的主观性,作为类型划分依据的标准和标准之间仍然存在兼容性和边界上的模糊性,容易导致最后划分出的特色小镇子类与子类之间存在重叠交叉。客观而言,每个特色小镇创建与发展的基础条件与资源禀赋先天存在着显著差异,某一特色小镇可能同时呈现多个阶段性特征或在某一阶段内呈现多个发展侧重点,这可以视为特色小镇在自身发展过程中不同角色的正常反映。

2. 浙江省级特色小镇的分类

在前述研究基础上,本课题结合相关文献资料回顾梳理,以浙江已命名的 22 个省级特色小镇为案例研究对象,按照每个特色小镇已有资源禀赋和产业演变 2 个标准,可以将特色小镇大致划分为自然禀赋依托型、地域文化传承型、传统产业升级型和新兴产业主导型等 4 个类型(表 2.7)。

表 2.7　浙江省级特色小镇命名名单分类情况

类型	特色小镇	区位	主导产业
自然禀赋依托型	仙居神仙氧吧小镇	台州仙居县城乡接合部	休闲旅游业
地域文化传承型	西湖龙坞茶镇	杭州西湖区城乡接合部	茶业,休闲旅游业
	莲都古堰画乡小镇	丽水莲都区城乡接合部	文化旅游产业、现代服务业
	开化根缘小镇	衢州开化县城乡接合部	根雕产业,休闲旅游业
传统产业升级型	江北膜幻动力小镇	宁波江北高新技术产业园	膜材料、高端装备制造
	长兴新能源小镇	湖州长兴画溪工业功能区	新型电池、新能源汽车及关键零部件、太阳能光热光伏
	秀洲光伏小镇	嘉兴秀洲国家高新区	光伏产业
	新昌智能装备小镇	绍兴新昌高新园区	智能装备产业
	余杭艺尚小镇	杭州余杭临平新城	时尚服装
	桐乡毛衫时尚小镇	嘉兴桐乡濮院镇	时尚毛衫产业
	诸暨袜艺小镇	绍兴诸暨大唐镇	袜艺时尚产业
	海宁皮革时尚小镇	嘉兴海宁中国皮革城区域	皮革时尚产业
	嘉善巧克力甜蜜小镇	嘉兴嘉善大云旅游度假区	巧克力加工业、休闲旅游业

---

① 余波,潘晓栋,赵新宇. 产业园区型特色小镇创建分析及对义乌云驿小镇的思考[J]. 城市规划汇刊,2017,(8):235-239.

续表

类型	特色小镇	区位	主导产业
新兴产业主导型	西湖云栖小镇	杭州西湖转塘科技经济园	云计算大数据
	余杭梦想小镇	杭州余杭未来科技城	"互联网＋"产业,创业创新平台
	萧山信息港小镇	杭州萧山经济技术开发区	"互联网＋"产业
	德清地理信息小镇	湖州莫干山国家高新区	地理信息产业
	上虞 e 游小镇	绍兴市上虞经济开发区	泛娱乐信息经济产业
	西湖艺创小镇	杭州西湖区转塘街道	文创产业
	上城玉皇山南基金小镇	杭州上城区南星街道	财富管理和特色基金产业
	鄞州四明金融小镇	宁波南部新城	金融业
	建德航空小镇	杭州建德经济开发区	通航产业

2.4.2 自然禀赋依托型

浙江是习近平"绿水青山就是金山银山"理念的策源地。进一步发挥浙江的生态优势,创建生态省,打造"绿色浙江",也是习近平提出的"八八战略"的重要组成部分。2020 年 4 月,习近平总书记在考察浙江时又做出重要指示,要"把绿水青山建得更美,把金山银山做得更大,让绿色成为浙江发展最动人的色彩"。

自然资源禀赋是研究区域经济的起点,包括地理位置、自然景观和自然资源。[1] 浙江的自然资源禀赋所带来的绿色生态优势,是区域经济发展的天然底色,也构成了区域经济中不可复制的最原始的核心部分。依托自然资源禀赋打造特色小镇是比较普遍的发展模式。其又可以分为两种情况:一是依托自然景观型,主要依托气候天象、地貌景观、水域风光、生物景观等自然景观,加以整合规划,形成较为完整的景观体系,以休闲旅游业为主导产业,并强化道路、环卫、水电等市政基础设施建设和住宿、餐饮、购物、娱乐等配套设施建设。如位于浙江台州的浙江省级特色小镇——仙居神仙氧吧小镇,森林覆盖率高,水资源丰富,空气质量独绝,平均每立方厘米负氧离子

---

① 付晓东,蒋雅伟. 基于根植性视角的我国特色小镇发展模式探讨[J]. 中国软科学,2017 (8):102-111.

含量为 2 万至 3 万个,最高可达 8.8 万多个。氧吧小镇依托神仙居景区主峰观音岩的知名度和当地奇特的地貌景观,打造绿色生态品牌,致力于打造以山水田园、滩林溪流、古村古镇为基底,集旅游度假、健康养生、文化创意、宜居宜游等功能于一体的国内知名小镇,打造国际旅游养生目的地、充满活力的生态产业高地以及全国知名的美丽乡村样板。二是依托自然资源型,主要依托海洋资源、矿产资源、农业资源、生物资源、森林资源、国土资源等自然资源,结合市场需求和新型技术,形成以第一产业复合旅游业为主导的完整产业链。比较典型的如位于省级特色小镇创建名单中的武义温泉小镇、泰顺氡泉小镇,就是利用当地特有的温泉资源,形成休闲旅游产业集聚区。

自然禀赋依托型特色小镇往往位于城市外围的郊野或远郊,一般结合旅游度假区、旅游景区等进行培育,通过特色小镇的创建可以实现传统产业转型升级,在生态环境、建设成本等方面优势显著,但在投资进度、经济贡献、社会影响方面带动不明显,最为突出的劣势是招商引资和功能配置显现出一定的滞后性。在实际创建过程中,很多自然禀赋依托型特色小镇无法按期完成考核指标(主要是投资力度),因而相较于其他类型特色小镇,这类小镇在数量上也不占优势。

2.4.3　地域文化传承型

地域文化是人类智慧和劳动的凝结,主要包括历史建筑、文化遗迹、非物质文化遗产、民俗风情、人文精神等。地域文化是历史和文化积淀而形成的地方资产,来自于它的定居者们为了促成更大的经济体系而对其所处环境做出的适应,[1]具有鲜明的地域特色,更接地气也更有活力。一草一木、一器一皿,一旦注入地域文化元素,就有了灵气,有了令人回味不尽的意蕴。此外,当地的历史名人也会产生巨大的文化影响力,是历史文化资源中极为重要的资源。但单纯依靠传统历史文化的概念来支撑特色小镇的整体建设,难度较大。[2] 所以地域文化传承型特色小镇的打造,通常会主动挖掘、

---

[1]　Ervin D. A museum for a small town[D]. Master thesis, Houston: Rice University, 2007:6.

[2]　付晓东, 蒋雅伟. 基于根植性视角的我国特色小镇发展模式探讨[J]. 中国软科学, 2017 (8):102-111.

整合、开发、利用、发展富有特色的当地传统优势资源,诸如茶叶、丝绸、黄酒、中药、青瓷、木雕、根雕、石雕、文房、温泉、盆景、传统手工艺等,在尊重历史和传统的基础上,对历史经典产业或文化形态进行创造性转化和创新性发展,提炼出能够融入现代社会形态的新元素与新内容,按照历史的脉络进行发展,以地域文化为主干嫁接旅游业、制造业或新兴产业,融入新型文化旅游业态,建立传统历史文化与现代性文化产业体系有机融合的发展模式。也有不少特色小镇着重将名人视为地方文化精神象征,以名人故里、名人暂居地、名人作品创作地等为抓手形成文化宣传亮点,打造文化品牌,传承文化内涵,吸引文化追随者,从而增强其特有的竞争力。

如西湖龙坞茶镇位于素有"千年茶韵,万担茶乡"的龙坞,为西湖龙井最大的原产地保护区。龙坞茶镇的创建与发展依靠的就是当地独特的气候和土壤资源,加上世代相传的西湖龙井茶叶种植技术和以"抖、搭、搨、捺、甩、抓、推、扣、压、磨"等十大手法为核心的传统手工炒茶技艺。西湖龙井茶制作技艺早在2008年就被列入国家级非物质文化遗产并加以保护,成为龙坞茶镇不可复制的宝贵核心。依托于此,龙坞茶镇大力发展西湖龙井茶文化,形成茶叶种植、炒制、销售和旅游的产业链,致力于打造集乡村旅游与民俗体验、文创产业及文化商业、运动休闲产业、养生健身产业于一体的,全国最大的西湖龙井茶集散地和最具茶文化竞争力的特色小镇。

2.4.4 传统产业升级型

传统产业升级型特色小镇往往基于某一已有产业园区(多为以制造业和轻工业为主的产业集聚区或经济开发区)进行培育。传统产业升级型特色小镇一般具有扎实的主导产业基础,在经济贡献、规模成本、招商渠道拓展等各方面具有显著优势。但以民营经济为主体的传统产业自我发展难以摆脱小作坊式或家族企业的弊端,极易陷入同质化与无序化竞争,最终导致产业升级动能不足,甚至发展停滞。同时,省级特色小镇的创建工作,对以传统产业居于主导地位的产业园区的社会影响力、招商引资等方面的带动作用不是非常明显,而传统的产业园区对于创新型、高新型、文创型企业和人才的吸引力也明显不足。

此外,产业园区和特色小镇两者之间的发展理念差异大,部分产业园区在前期开发与建设过程中也存在前瞻性规划缺位、招商引资门槛标准不一、功能单一、监管不到位等客观瓶颈或现实问题,致使这些产业园区的建筑功能、基础设施、配套设施、生态环境等方面略显不足,景观、文化资源以及人性尺度的空间设计缺乏,其特色小镇化的改造难点也显而易见。随着我国社会主要矛盾转为人民日益增长的美好生活需要和不平衡不充分的发展之间的矛盾,产业供给从拥有型消费转向享用型消费,从普及型消费转向品质型消费,传统产业经济迅速向要求适应市场个性化生产的方向转移。不少缺乏相应层次社区功能的、不具有生活美学意义的传统产业被市场倒逼升级换代。依凭传统产业为基础而发展起来的特色小镇,更像是产业园区的生活品质化提升。包括工业设计、商业形态、艺术场馆在内的现代美学的介入,使得传统产业园区得到了美学治理和精神提升,进而吸引更高层次的人才、企业入驻,让传统产业有了转型升级的可能。[①]

　　典型案例如位于杭州余杭区临平新城的艺尚小镇。"艺尚"谐音"衣裳",艺尚小镇依托的传统产业基础是杭州的第一大产业纺织服装业,其所在地临平是杭派女装的主要生产基地,这里生产的杭派女装占到总产量的80%,具有完全的产业基础和完整的产业链。通过省级特色小镇的创建和首批命名,艺尚小镇实现产学研三结合,分别与中国美院和浙江理工大学等达成长期合作,吸引了 520 名新锐设计师来此创新创业。同年,中国服装科技创新研究院在艺尚小镇落户,中国首个服装科技领域的研究机构扎根艺尚小镇。截至 2018 年年末,艺尚小镇累计引进时尚企业 780 家,国内外顶级设计师 24 名,集聚伊芙丽、雅莹等创新型服装企业总部 31 家,实现税收4.8 亿元,实现完美蝶变。[②]

2.4.5　新兴产业主导型

　　新兴产业主导型特色小镇指围绕某一具有较好基础的新兴产业而发展的小镇。新兴产业包括 2 部分:一是战略性新兴产业,代表新一轮科技革命和产业变革的方向,是培育发展新动能、获取未来竞争新优势的关键领域。根据国务院印发的《"十三五"国家战略性新兴产业发展规划》,战略性新兴产业涵盖网络经济、高端制造、生物经济、绿色低碳和数字创意等五大领域。二是市场性新兴产业,代表具有较强市场需求的新出现的产业,如互联网金

---

① 林玮. 特色小镇建构的四种理论形态:发生、阶段、类型与功能[J]. 中共杭州市委党校学报, 2017 (6):58－66.

② 郑剑瑾. 深挖传统产业背后文化附加值[N]. 钱江晚报, 2019-04-24.

融业、文化创意产业、艺术产业等。浙江特色小镇恰好成为承接这些新兴产业落地的完美平台。

依托都市城区便利而成熟的区位优势,新兴产业主导型特色小镇配套设施齐全,人口集聚程度较高,更容易吸引高新企业和高端人才入驻,发挥"滚雪球"效应,产生更大的社会影响效应,因而新兴产业主导型特色小镇在招商成果、功能配置和社会影响方面优势最为明显。新兴产业主导型特色小镇占据浙江特色小镇的多数,如西湖云栖小镇、余杭梦想小镇、萧山信息港小镇、德清地理信息小镇、上虞 e 游小镇等,均是以数字创意、网络经济等战略性新兴产业为基础的特色小镇,基本覆盖产业全环节。值得注意的是,凭借新兴产业为发展基础而形成的特色小镇,前期多是以当地政府出台相应的扶持政策或税收优惠为引导、配套相应生活服务设施的建设,但新兴产业以高新技术、文化创意、网络技术等为核心特征,属于脑力密集型而非劳动密集型,小镇在"人的集聚"方面要滞缓于技术、资本的集聚,而一旦缺少人的集聚,就不容易形成社区氛围和社交活动。因此,新兴产业主导型特色小镇的打造,需要在生态、社区、旅游、文化等软环境上多下功夫,譬如以举办节庆活动、赛事活动的形式来吸引人气,警惕出现"披着高科技外衣的产业园区"的翻版。

2.5 ODP 模式

特色小镇的开发主题决定其运营模式,运营模式决定其具体的开发模式,开发模式又决定了项目的盈利模式。[①] ODP 模式就是指特色小镇的运营模式(operation model)、开发模式(development model)和盈利模式(profit model)。有必要说明的是,本课题所关注的运营模式指的是对特色小镇建设过程的整体计划、组织、实施和控制,更偏重于战略管理;开发模式指的是在大背景和大框架基本设定的情况下,如何对特色小镇的生产要素进行组织和实施,偏重具体的战术实施和方法运用。在很多情况下,开发模式和运营模式这两个概念容易被混淆,有时也可以交替使用。本课题所

---

① 信桂新,熊正贤. 模式与经验:中国特色小镇建设实践研究[J]. 资源开发与市场,2019,35(6):819-825.

引用的开发模式指在特色小镇运营模式确定的前提下，特色小镇的具体开发方向和主要建设方法。

2.5.1　运营模式

特色小镇在实际运营中，呈现比较典型的 3 种模式。

1. 政府主导＋市场参与模式

土地是特色小镇建设的核心要素。土地政策对特色小镇建设有重要的引导和约束作用。土地一级开发指由政府或其授权委托的企业，对一定区域范围内的城市国有土地、乡村集体土地进行统一的征地、拆迁、安置、补偿，并进行适当的市政配套设施建设，使该区域范围内的土地达到"三通一平"（通给水、通电、通路、场地平整）、"五通一平"（通给水、通电、通路、通信、通排水、场地平整）或"七通一平"（通给水、通电、通路、通信、通排水、通暖气、通燃气或煤气、场地平整）的建设条件（熟地），再对熟地进行有偿出让或转让的过程。[①]　土地一级开发的主要内容包括筹措资金、办理规划和项目核准（立项）等各种审批手续、征地、拆迁、组织实施市政基础建设并接受验收等。

政府作为土地的所有者代表，将土地一级开发列为土地整理储备中心的一项职能，由土地整理储备中心或其组建机构完成全部的一级开发工作。土地储备中心一级开发实施机构由政府财政专项拨款（或国有股本）进行土地一级开发，开发完成后将熟地交由土地管理部门，面向市场以招、拍、挂方式公开出让。在这种模式中，土地储备机构充当政府土地一级开发机构，开发土地的权属登记在该机构名下。

特色小镇的土地一级开发并不仅仅是项目地的征地补偿、拆迁安置、几通一平等基础设施和社会公共配套设施的建设，其主要目的也不仅仅是使"生地"成为"熟地"，而是要与产业发展、项目开发结合在一起，由产业的价值决定特色小镇土地的价值。目前这种运营模式见效最快，应用案例最多，为特色小镇主流运营模式。

该种模式的优点在于，特色小镇的整体规划性强，基础设施和配套设施投入量大，公共服务体系建设相对完善，容易吸引企业、人才等形成集聚。

---

① 任军，姚广，张凯. 土地一级开发投资策略与投资效率研究——以地方政府城投类公司为例[J]. 商业会计，2015（13）：37－39.

但其同时也存在不足之处,如项目周期跨度大,未知风险增加,地方债务风险增加,在前期规划、设计、建设筹备阶段与市场、人才等不同群体的协同与沟通不够充分,市场化运作力度不大等。①

2.市场主导＋政府服务模式

在此种模式下,政府负责特色小镇的定位、规划、基础设施和审批服务,土地的一级开发和具体建设则由政府土地储备机构委托开发企业(大多为国有股本的地方城投类公司)进行。开发过程中的资金筹集、规划办理、项目审批、征地拆迁和市政建设等手续的办理都由企业组织实施。政府通过招标确定土地一级开发的企业之后,签订委托协议,企业开始对土地进行开发。这是目前从国家到地方各地政府均在倡导的运营模式。

该种模式责任和权益分明,能够充分发挥社会资本在小镇开发过程中的资源优势,实现资源要素的最优配置。而且由企业主导特色小镇的开发、建设和运营,具有风险管理能力和专业性强的显著优势。但是,这种模式同时也存在企业融资难、过多追求经济利润而忽视公共利益等实际问题。

3.政府企业共建模式

PPP(public-private partnership,公共私营合作制)模式通过广泛吸收社会资本、拓宽融资渠道等来缓解政府的财政压力,实现政府部门和社会资本的利益共享和风险共担,在我国公共设施和基础设施领域获得了广泛运用并且积累了丰富的经验。这为特色小镇建设提供了良好的借鉴。② 政府企业共建模式就是政府和市场主体通过协议达成共识,采取 PPP 模式联动开展特色小镇运营。除了地方政府和社会资本外,一般的 PPP 项目参与方还包括金融机构以及工程建设、咨询机构、管理机构、运营开发等专业机构等。

特色小镇建设的 PPP 模式主要包括 PPP 运营主体的搭建,PPP 管理模式的构建,以及 PPP 投资、运营与退出模式的设计。运营模式是特色小镇 PPP 模式的重点。具体来说,社会资本和政府签订 PPP 合作协议,然后成立特殊目的机构(special purpose vehicle,SPV),如特色小镇开发有限公

---

① 特色小镇开发模式＋五种盈利方式及资本退出机制[EB/OL]. [2018-05-15]. https://www.sohu.com/a/231734284_423069.

② 苏海红,王松江,高永林. 特色小镇 PPP 项目运作模式研究[J]. 项目管理技术,2017,15(6): 13—17.

司。首先由特色小镇开发有限公司根据技术、质量以及工期要求对特色小镇进行规划设计，然后对特色小镇的污水处理、垃圾处理和供水、供热、供气等部分公用设施项目以及公共交通项目进行建设。这些可以自行建设，也可以交给承建公司。同时，项目公司为特色小镇建设所需资金进行融资，以保证特色小镇项目整个生命周期的资金供给。在施工结束后，特色小镇进入运营阶段。其可以自行运营也可以交给专门的运营公司。运营服务主要是为特色小镇招商引资、推进产业落地，如协助入镇企业完成行政审批、融资以及人才引进等，为小镇内企业和居民提供各种基础设施和公共服务。可以采取向使用者收费、政府购买服务或者可行性缺口补助（viability gap funding，指使用者付费不足以满足社会资本或项目公司成本回收和合理回报，而由政府以财政补贴、股本投入、优惠贷款和其他优惠政策的形式，给予社会资本或项目公司的经济补助），来偿还债务或回收成本，赚取合理利润。待特许经营期满后，将特色小镇的基础设施和公共设施以及相关产业的经营管理权等移交给政府（图 2.4）。① 政府也可以通过设立区域发展基金，对单个旅游项目、产业项目、居住项目、商业类项目进行包装，以项目股权化的形式引入战略投资者、运营商进行联合开发建设。

　　政企共建模式是解决特色小镇资金短缺的不错选择，是目前最实际的运营模式。国家发改委联合国家开发银行于 2017 年 2 月发布的《关于开发性金融支持特色小镇建设的意见》指出，要在财政资金的引导下加大开发性金融对特色小镇建设的支持。这为特色小镇建设带来了新的机会。统计数据表明，截至 2017 年 7 月，有超过 50% 的特色小镇采用了 PPP 模式。② 通过 PPP 模式，实现政府引导、社会投资、市场化运作，政府用少量资金撬动大量社会资本，拓展特色小镇建设的融资渠道，缓解了政府债务负担和财政压力。PPP 模式对于社会资本而言可以使其得到税收、信贷、土地等方面的优惠政策，扩大投资范围，提高建设效率。《浙江省特色小镇创建规划指南（试行）》给出了 PPP 更为详细的操作建议（图 2.5）。要指出的是，PPP 模式需要相对完善的法律法规体系予以保障，而且在利益共享机制建设上

---

　　① 张海星，张宇. PPP 模式：多维解构、运作机制与制度创新[J]. 宁夏社会科学，2015（6）：83－89.

　　② 魏蓉蓉，邹晓勇. 特色小镇发展的 PPP 创新支持模式研究[J]. 技术经济与管理研究，2017（10）：125－128.

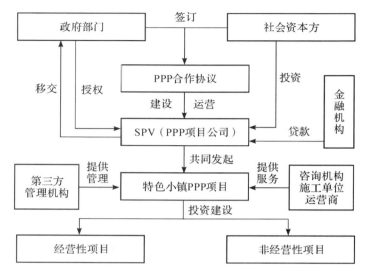

图 2.4　特色小镇 PPP 运营模式

仍需要加强。

2.5.2　开发模式

因为特色小镇的资源禀赋、地域文化、优势产业、品牌个性各异,所以特色小镇存在多种导向的开发模式。本书主要参照信桂新、熊正贤对特色小镇开发模式的研究成果[①],在此基础上进行相应完善与补充。

1. 主题乐园模式

主题乐园是城市公共文化空间的重要组成部分,也是近年来我国新兴的一种文旅业态。迪士尼、环球等主题乐园国际性品牌风靡全球。我国也涌现了华侨城、方特、宋城等一批本土品牌。主题乐园模式在启动之初需要便捷的市场区位、成熟的品牌 IP 和雄厚的资金保障,并有地方政府相对优惠的土地政策相配套。我国的主题公园在策划、开发、设计、建设以及运营和管理方面尚处于模仿和学习阶段,专业技术人员、运营人才及管理人才相

---

①　信桂新,熊正贤. 模式与经验:中国特色小镇建设实践研究[J]. 资源开发与市场,2019,35(6):819-825.

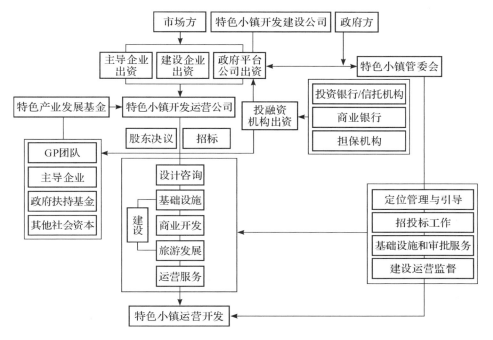

图 2.5 特色小镇全面市场化运作模式参考

来源:《浙江省特色小镇创建规划指南(试行)》(浙特镇办〔2018〕7 号)。

对稀缺①,容易出现概念定位不清、盲目开发建设、模仿抄袭、低水平重复等问题。依托主题乐园打造特色小镇的难度和竞争程度同时存在。如位于浙江安吉的天使小镇,于 2016 年入围第二批省级特色小镇创建名单,但出于建设进度慢、投资额未达标等原因,在三年后被降格至培育名单。

2.产业驱动模式

产业是特色小镇的生命力所在。驱动特色小镇建设的主导产业,可以是引进国家鼓励发展的战略性新兴产业(如杭州西湖云栖小镇),也可以是挖掘当地自然人文资源衍生出的历史经典产业(如嘉兴桐乡毛衫时尚小镇),还可以是结合市场需求进行提质增效的特色产业(如嘉兴嘉善巧克力甜蜜小镇),关键在于主导产业要与特色小镇所在的经济发展水平、自然环

---

① 卢梦.大型主题乐园景点项目设计全过程及项目管理解析[J].项目管理技术,2020(1):120—123.

境、消费市场相互匹配,也在于要通过主导产业能够有力吸引技术、资本、信息、人才等要素的高度集聚。

3.农业驱动模式

农业驱动的特色小镇核心在农业,战略目标是推进新型农业现代化,重点任务是围绕种植业结构调整、养殖业提质增效、农产品加工升级、市场流通顺畅高效、资源环境高效利用等,主要抓手则是培育一批经济效益好、辐射带动强的新型农业经营主体,打造一批优势特色明显的农业区域公用品牌、企业品牌和产品品牌,统筹生产、生活、生态空间布局,集聚资源要素,推动现代农业产业园、特色农产品优势区、农业科技园区与农业特色小镇建设的有机融合,构建功能形态良性运转的产业生态圈,激发市场新活力,培育发展新动能。

4.文旅融合模式

文旅融合模式特色小镇的关键是要树立 IP 意识、创新意识和市场意识,把握好旅游目的地小程序、目的地内容生产、顶天立地型营销、网红、创意内容、跨界联合营销等新趋势和文化自信、旅游扶贫、乡村振兴等新使命,处理好传统文化与时尚文化、东方文化与西方文化、城市文化与乡村文化、物质文化与非物质文化之间的关系,从关注自然和历史到关注当下生活,从关注有限领域到关注无限空间,宜融则融,能融尽融,以文促旅,以旅彰文,使文化和旅游能够在特色小镇实现相互依存、相互融合、相互提升。如国家级特色小镇、浙江省首批特色小镇绍兴黄酒小镇,利用互联网思维创新黄酒产品,创新黄酒营销,开发黄酒棒冰、黄酒奶茶、黄酒面包、黄酒面膜等系列创新产品,吸引了年轻人的眼球,同时打造黄酒产业振兴、黄酒文化复兴、黄酒旅游新兴的多个高地。

在文旅融合模式下的特色小镇开发,同时涵盖旅游度假、养老旅居、亲子旅游、研学旅游等泛旅游主题产品,这些主题的特色小镇均可归为文旅融合模式。

5.产研融合模式

政府与国内外知名高校或者研究机构合作,依托知名高校的一流专业、一流学科,无缝融合产业与研究,共同打造特色小镇。如位于杭州西湖区转塘街道的西湖艺创小镇,依托以中国美术学院和浙江音乐学院为核心的国内复合型高端艺术人才培养基地,以及规划中的浙江图书馆新馆、浙江省博物馆新馆、浙江非物质文化遗产馆和浙江文学馆等文化机构，以艺术生活为创建主题，以产城融合、产学一体、众创众享为创建方向，融汇设计、绘画、雕塑、建筑、新媒体、音乐、动漫、舞蹈等艺术门类，壮大文化创意产业，推动艺术创意向社会生产转化，促进文化消费的拓展与升级，构建一个集文创设计、艺术展演、社群经济、时尚消费和特色旅游五位一体的新型特色小镇。

2.5.3　盈利模式

特色小镇的开发建设不在于一个项目"点"上，建设项目的成功引进也并不意味相关工作已全部完成，而在于要具备串点成线的产业链式思维。[①]特色小镇的盈利模式是对特色小镇的市场经营要素进行识别和管理，在经营要素中找到盈利机会，是探求特色小镇价值创造过程以及创造方式、利润来源的系统方法。特色小镇通过自身以及相关利益者资源的整合并形成一种实现价值创造、价值获取、利益分配的组织机制和商业架构，即所谓的盈利模式。

特色小镇的开发与建设涉及多方，政府部门、市场资本方因其介入角色的不同，在特色小镇的开发与建设过程中形成不同的盈利点和盈利模式。在开发阶段特色小镇的盈利主要来自土地一级开发、公共服务设施开发与运营产生的工程收益和土地增值收益，住宅房产开发的房产销售收益，以及特色产业园区建设产生的产业地产销售收益和产业地产租赁收益。在运营阶段特色小镇的盈利主要来自门票收益、综合收益（餐饮、住宿、租金、演艺、购物等）、产业收益（产业服务运营收益、产业发展服务收益）、地产收益（度假、养老主题的公寓、别墅及旅游商业等）、资本运作收益。不论处于哪一阶段，特色小镇的盈利模式均是几种盈利模式的组合，而非单一的盈利模式。

如何实现盈利一直是特色小镇利益相关群体高度关心的问题。本课题将从地方政府和市场资本方这 2 个主要利益相关者群体对特色小镇的盈利模式进行简要分析。

1. 地方政府

各级政府是特色小镇创建的政策制定者和主要推动者，其在特色小镇的创建过程中始终保持较为高涨的积极性。特色小镇的创建与发展不仅可以形成有效投资，有力推动地方经济的转型升级和快速发展，而且能够有效

---

① 于新东. 以产业链思维运作特色小镇[J]. 浙江经济，2015（11）：17－17.

形成人口集聚,改善生态与人文居住环境,带来诸多可观的无形收益。

一是税收收入。经济决定税收,税收反映经济。特色小镇的税收收入主要来源于企业所得税和个人所得税等直接税以及增值税、营业税、消费税等各种间接税。特色小镇以产业为核心聚集产业链上下游企业,吸引和带动创业者、就业者、旅游者、居住者消费,为地方政府带来了可观的税源。如浙江 78 个省级特色小镇在 2016 年入库税收收入 132.2 亿元,同比增长14.5%,远高于同期全省税收的总体增幅,展现了强劲的发展势头。[①] 到了2018 年,浙江省级特色小镇总产出 8741.9 亿元,有 20 个小镇总产出超 100亿元,省级特色小镇实现税收收入 582.1 亿元,有 11 个小镇税收收入超过10 亿元。[②]

二是土地收入。土地是地方政府所能控制的最大资产,地方政府在土地一级开发和出让过程中能够获得大量的土地收入。[③] 特色小镇的发展成熟必将带来周边土地的溢价,政府则通过土地财政获得一定收入。如杭州余杭梦想小镇所在的未来科技城板块,2015 年土地出让价格仅为 7000 至9000 元/m²,2016 年楼面价即增至 20000 元/m²,成为当年杭州土地价格增幅最大的明星板块之一。

三是无形收益。除了税收收入、土地收入等直接的财政收益外,特色小镇还为地方政府带来更多无形收益,如城市环境的优化、民生的改善、城市影响力的提升、产业生态圈的形成、就业增加和更多高素质人才的聚集等。

2.市场资本方

市场资本方是特色小镇的实际开发运营主体,涉及小镇开发的前、中、后全产业链条。其从特色小镇的土地开发便开始介入,直至特色小镇的后期运营。对于市场资本方来说,特色小镇可以使其获得如下可能的盈利点。

一是优惠性政策。国家和各级地方政府就特色小镇的创建与发展推出了土地、财政、金融、税收等各种优惠性政策和引导性政策。入驻特色小镇的往往以小微企业、创业工作室等为主,由于其前期创新投入多、见效慢,因

① 年均入库税收 1.7 亿 浙江特色小镇发展强劲[EB/OL]. [2017-07-21]. http://www.chinatax.gov.cn/n810219/n810739/c2724342/content.html.

② 特色小镇没有"终身制"? 浙江特色小镇发展有"密码"[EB/OL]. [2019-09-27]. https://www.sohu.com/a/343735378_99982959.

③ 敏俊,范宪伟,郑丹. 土地开发对城市经济增长的作用机制和传导路径——基于结构方程模型的实证检验[J]. 中国人口·资源与环境,2017,27(1):1—9.

而它们更多地需要依赖政府优惠性政策的支持和引导。国家发改委、财政部等部门也通过设立专项建设资金和奖励性政策等，重点扶持运行较好的特色小镇。在棚户区改造、老旧小区改建、历史文化名城保护等领域，政府往往也有一定的政策性资金补贴和土地优惠政策，这将大大降低市场开发运营实体的前期投入成本。在具体招商引资过程中，企业在相关产业和项目落地小镇时，往往也能得到不同程度的招商奖励补贴。

二是基础建设收益。这里主要指土地整理和公共基础设施的工程建设收益。公共基础设施包括公共道路、供电厂、给排水厂、供热网络、通信设施等基础设施；学校、医院、公园、广场、文化体育设施、综合服务区、游客接待中心等公共服务设施本身的开发建设。如开发建设单位受政府委托对特色小镇范围内的土地进行统一的征地、拆迁、安置、补偿，并进行适当的市政配套设施建设，变毛地为熟地后，通过政府回购，获得一定的盈利。

三是项目运营收益。这里主要指泛旅游现金流回报，旅游产品体验性附加价值收益。对于市场资本方来说，门票收入、交通、租金、经营性物业的营业收入和部分产权物业的销售收入以及关联产业的收益，都是其长久运营特色小镇的收入来源。该类盈利模式相对清晰，市场上也有相对成熟和可以对标参考的对象，其操作的关键在于是否有专业旅游运营能力。

四是地产收益。这里主要指土地的二级开发。土地的二级开发指土地使用者从土地市场取得土地使用权后，直接对土地进行开发建设的行为。[①]房地产开发商通过地产销售和自持物业经营获利，包括工业地产租售、居住地产租售、商业地产租售和休闲地产租售等。虽然以地产运作的理念在浙江特色小镇的相关政策中是找不到依据的，但从实际来看，这是一个快速实现投资回报的方式。通过特色小镇政策获得土地是不少社会资本进入特色小镇开发的原动力。通过一定程度的地产开发用地和产业用地的配比，社会资本可以以短平快的地产收益来平衡见效慢的产业开发支出，长短相济，确保特色小镇的用地平衡和稳定健康发展。[②]

---

① 任军，姚广，张凯. 土地一级开发投资策略与投资效率研究——以地方政府城投类公司为例[J]. 商业会计，2015（13）：37—39.

② 特色小镇之六：三种盈利模式解析[EB/OL].［2017-06-14］. https://www.sohu.com/a/148838744_277257.

第 3 章　与 "Small Town" 的国际对话

在西方文明史上,城镇曾经起着非常重要的作用。西方的城镇,很早就有自治的传统。自治的城镇,既不同于王宫所在的都市,也不同于贵族领主的城堡,它是具有自由身份的商人、手工艺人、文人们自愿的聚居地。

——丁林,《密西西比州密林里的小镇》

3.1　"Small Town"

特色小镇的概念源于国外。它的产生可以追溯到美国的硅谷小镇、格林尼对冲基金小镇、好时巧克力小镇,法国的格拉斯香水小镇、薇姿温泉小镇、戛纳小镇,瑞士的达沃斯会展度假小镇、朗根塔尔高端纺织小镇等主题鲜明、形态各异的小镇。这些特色小镇多是在特定的条件下,经过某一优势产业集群或某一独特功能不断积累、沉淀、演变,最后在全球范围内享有较高知名度与影响力。其在孕育新型经济业态与传承历史经典产业的过程中积累了丰富的理论与实践经验,能为我国特色小镇的未来发展提供一定的对标借鉴。

当前在国内学者中,采用直译的方式将特色小镇翻译成为 characteristic town 或 characteristic towns 的占了绝对主流。但如果以这两个翻译作为关键词去检索英语类的学术期刊,则不能或很少能得到理想的结果。换言之,在特色小镇这一话题上,characteristic town 或 characteristic towns 是难以实现不同语境之间的对话的。

世界上许多国家建制意义上的镇的人口规模比较小,有的甚至没有镇的建制,而我国不少建制意义上的镇的人口规模与国外的小城市相当。[①]
国外有学者将这些人口相对较小但多数是城市人口的且没有大城镇作为核
心聚落的空间形态解释为"农村城市"(rural municipalities)[②]或"小型农村
城市"(small and rural municipalities)。[③] 加拿大地理学学者 McGee 通过
对印尼、泰国、印度、中国等亚洲国家的案例研究,于 1987 年提出了
desakota 这一亚洲特有的城乡互动空间模式,用以描述在上述国家的城市
核心区出现的类似于西方的大都市区和大都市带的新空间结构,吸引了部
分研究学者一段时间的兴趣与关注。[④] 农村城市、小型农村城市、desakota
等概念的提出,以城市与农村两者在地理空间、人口流动、社会变迁等方面
的形态演替为视角切入,对各自的概念范畴与发展特征予以讨论与认定。
客观而言,上述研究对于产业、旅游、社区等功能的描述与关注是不多的,或
零星散落,或内嵌甚至缺失。如果引用上述概念来对等本课题所关注与讨
论的作为发展创新平台的特色小镇,略有"帽大头小"之尴尬或削足适履之
生硬。

　　与此同时,还有一些国外学者倾向于以"small town"这一概念来描述
拥有"通过国家高速公路可以直达的便捷通道,相对安全的生活环境,和强
调小规模的建筑景观、社区、从容的安静和地方主义的乡村性"的理想化的
生活方式。[⑤] 例如:美国莱斯大学的硕士生 Ervin 选择南卡罗来纳州弗洛伦
斯县的一个小镇案例,通过对该镇及其基础设施的发展趋势整体评估与选
址,探讨了利用该镇旧区一废弃公共图书馆改建博物馆的设计,及改建后的
博物馆在地方文化标志塑造、旧区振兴等领域所应扮演的角色;[⑥]Wahlberg
关注与讨论了瑞典小镇中心品质及其吸引力的提升问题;[⑦]Ronnie 重点研

———————

① 张占斌. 新型城镇化的战略意义和改革难题[J]. 国家行政学院学报,2013(1):48—54.

② Mccormick T C. Rural municipalities: a sociological study of local government in the United States[J]. American Journal of Sociology, 1931, 36(4): 674—675.

③ Mohr R, Deller S, Halstead J. Alternative methods of service delivery in small and rural municipalities[J]. Public Administration Review, 2010, 70(6): 894—905.

④ 周一星. "desakota"一词的由来和涵义[J]. 城市问题, 1993 (5): 13—13.

⑤ Perkins H C. The country in the town: the role of real estate developers in the construction of the meaning of place[J]. Journal of Rural Studies, 1989 (1): 61—74.

⑥ Ervin D, A museum for a small town[D]. Houston: Rice University, 2007.

⑦ Wahlberg O. Small town centre attractiveness: evidence from Sweden[J]. International Journal of Retail & Distribution Management, 2016, 44(4): 465—488.

究了南非小镇旅游业，并梳理了小镇分类（表 3.1）；[①]"small-town American"成为美国版的"乡愁"；[②]等等。

表 3.1　"Small Town"的分类要素[③]

文献来源	类别要素
企业发展中心（1996）	作为福利分配中心的前故乡小镇 作为服务中心或失业人员收容地的乡下（农村）小镇 具有区域比较优势的生产性农业区的较大中心
Murphy（2002）	城郊环境 人口流动设置 省际交通线路设置 偏远的田园风光
Atkinson（2008）	功能 经济效益 历史经济遗产

总体而言，前述学者所提倡的"small town"概念，内含了"便捷的交通""小规模的建筑景观""前故乡""城郊环境""失业人员收容""偏远的田园风光""历史经济遗产"等与特色小镇相关的关键表征。在美、英、法、德、日等高度城市化的西方国家，一些历史经典产业和新型经济业态也同样大多集中于小镇。[④] 特色城镇的功能与意义远远超越了所谓的行政意义上的"城镇"和"区域"，更体现为一个新的区域生产力创新空间，以优化有限空间内的生产力布局并突破高端要素集聚不足的局限。[⑤] "small"的空间尺度在某种意义上界定了"town"的地方性文化边界和权利话语主张，与中国的特色小镇在空间把握、功能匹配、文化演绎等方面的诉求比较接近。基于上述思考，本课题认为，英文翻译"small town"更对等和贴切于本课题所讨论的特色小镇。

---

① Ronnie D. Small town tourism in South Africa[M]. Cham，Switzerland：Springer，2018.

② Francaviglia，R. Main street revisited：Time，space，and image building in small-town America（American land and life series）[M]. Iowa City：University of Iowa Press，1996.

③ Ronnie D. Small town tourism in South Africa[M]. Cham，Switzerland：Springer，2018.

④ 信桂新，熊正贤. 模式与经验：中国特色小镇建设实践研究[J]. 资源开发与市场，2019，35（6）：819－825.

⑤ 郑欣. 中国特色小镇的概念与特点分析[J]. 国家行政学院学报，2013（1）：48－54.

3.2　代表性理论

对城镇化发展理论的回顾有助于进一步深化对特色小镇发展规律的认识。其中,代表性理论主要有:(1)生态学派理论,包括田园城市论、古典人类生态学论、有机疏散论、城市复合生态系统论、山水城市论等;(2)区位理论,包括农业区位论、工业区位论、城市区位论等;(3)人口迁移论,包括推拉理论、人口迁移转变假说、配第—克拉克定理;(4)非均衡增长论,包括佩鲁增长极理论、弗里德曼的中心—边缘理论、缪尔达尔循环累积论、赫希曼非均衡增长理论;(5)结构理论,包括刘易斯二元经济结构理论、"刘易斯—拉尼斯—费景汉"模型、乔根森二元经济模型、托达罗劳动力迁移和产生发展模型、舒尔茨农民学习模型、钱纳里·塞尔昆就业结构转换理论。囿于篇幅,本节择要进行简述。

3.2.1　田园城市论

工业革命源于英国,也最早在英国拉开城镇化的序幕,城市在扩张与繁荣的同时带来了人口的爆发性增长、城市急剧膨胀、住房结构性拥挤、设施严重缺乏、生态持续恶化等城市病。在这样的背景下,田园城市(garden city)由英国社会学者埃比尼泽·霍华德(Ebenezer Howard)于 1898 年 10 月在其专著《明日:一条通向真正改革的和平之路》(*Tomorrow:A Peaceful Path to Real Reform*)中首次提出。该书于 1902 年再版更名为《明日的田园城市》(*Garden Cities of Tomorrow*)。[①] 霍华德认为,城市环境恶化是由城市膨胀引起的,城市无限扩展和土地投机是引起城市灾难的根源。城市人口过于集中是由于城市具有吸引人口聚集的"磁性",如果能控制和有意识地移植城市的"磁性",城市便不会盲目膨胀。因此,霍华德建议限制城市的自发膨胀,使城市土地归属城市的统一机构。同时,他提出了"三磁体"论(图 3.1),试图通过图解的形式列出城市和农村生活的有利条件与不利条

---

① 王志章,赵贞,谭霞.从田园城市到知识城市:国外城市发展理论管窥[J].城市发展研究,2010,17(8):25—30.

件,并建议应该建设一种兼有城市和乡村优点的理想城市,即所谓的田园城市。①

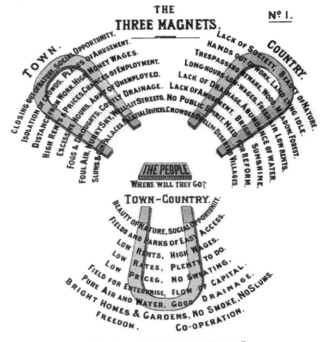

图 3.1　霍华德的"三磁体"论②

霍华德提出田园城市思想后迅即引发了一场席卷全球的田园城市运动。其不但深刻影响了人们的居住环境和生活方式,在此过程中也诞生了城市规划专业和学科,开创了近代城市规划学的先河。③ 田园城市理论的中心思想是使人们能够生活在既有良好的社会经济环境,又有美好的自然环境的城市之中,其最大特点在于强调城乡和谐统一,城市要体现"自然之美,社会公正,城乡一体"。针对现代社会出现的城市病问题,田园城市理论首先提出了带有先驱性的规划思想,就城市规模、布局结构、人口密度、绿带

　　① Howard E. Garden Cities of To-Morrow (Illustrated Edition)[M]. Dodo Press,2009.
　　② Howard E. Garden Cities of To-Morrow (Illustrated Edition)[M]. Dodo Press,2009.
　　③ 刘亦师. 全球图景中的田园城市运动研究(1899—1945)(上):田园城市的研究体系及田园城市运动在英国之肇端与发展[J]. 世界建筑,2019(11):112—116.

等要素形成了一系列独创性见解,奠定了相对完整的城市规划思想体系。该理论认为,首先要疏散过分拥挤的城市人口,使居民返回乡村,若此则可解决城市由人口过度集中而引致的各种社会问题。其次,要建设一种新型城市,即建设一种把城市生活的优点同乡村美好环境和谐结合起来的田园城市。这种城市的增长要遵循有助于城市的发展、美化和便捷的原则。当城市人口增长达到一定规模时,就要建设另一座田园城市。若干个田园城市环绕一个中心城市(人口规模为 5 万~8 万人)布置,形成城市组群,即社会城市。遍布全国的将是无数个城市组群,城市组群中每一座城镇在行政管理上是独立的,而各城镇的居民实际上属于社会城市的一个社区。霍华德认为这是一种能使现代科学技术和社会改革目标充分发挥各自作用的城市形式。再次,田园城市要改革土地制度,使地价的增值归开发者集体所有。

田园城市理论表达了一种"城市需要规划"的思想[①],同时体现了城市规划指导思想的立足点从显示统治者权威或张扬规划师个人审美情趣的旧模式开始转移到以关心人民的根本利益为出发点,彰显了对城市统治权威的挑战和人本主义思想。[②] 田园城市理论不仅关注人们生活的自然环境,更关注社会状态。它以一种积极的态度通过改变物质环境以缓解社会问题来推动社会改革。[③] 田园城市理论对现代城市规划思想起了重要的启蒙作用,对后来出现的一些城市规划理论,如有机疏散论、卫星城镇理论,以及一些重要的城市规划方案和城市规划法规颇有影响。

田园城市理论从提出至今已逾百年,其内涵与外延在理论发展和实践经验的双重作用下已经发生深刻改变。[④] 低碳城市[⑤]、生态田园城市[⑥]、新兴田园城市[⑦]等城市新主义与新运动层出不穷,在为城市与乡村的和谐关系

---

① 马万利,梅雪芹.有价值的乌托邦——对霍华德田园城市理论的一种认识[J].史学月刊,2003(5):104-111.

② 张京祥.西方城市规划思想史纲[M].南京:东南大学出版社,2005.

③ 王志章.知识城市:21世纪城市可持续发展的新理念[M].北京:中国城市出版社,2008.

④ 张宁.田园城市理论的内涵演变与实践经验[J].现代城市研究,2018(9):70-76.

⑤ 吴向鹏.国际低碳城市发展实践及启示[J].开发研究,2019(5):44-52.

⑥ 桑东升,孙兴华,杨霏,等."生态田园城市"发展模式理论与实践探索[J].西部论坛,2014(4):70-77.

⑦ 罗震东.新兴田园城市:移动互联网时代的城镇化理论重构[J].城市规划,2020,44(3):9-16,83.

营建提供源源不断的理论贡献与实践积累的同时,也为丰富与拓展田园城市理论体系与内涵提供了多元化的审视视角。

3.2.2 城市增长极理论

增长极理论(growth pole theory)由法国经济学家弗郎索瓦·佩鲁(Francois Perroux)在 1950 年发表在《经济学季刊》上的文章《经济空间:理论与应用》中首先提出[①]。佩鲁认为,各种企业建立在分散的地理上,并各自形成一定的势力边界。按照他的观点,空间是一种受力场,只要在某种客体之间存在抽象的联系结构,就存在空间。在经济活动中,各活动单元都会创造它们自己的决策和操作的抽象空间,并产生一种推进效应,这种推进效应是某种确定的多种效应的集合。经济空间是"存在于经济要素之间的关系",与一般意义上的地理空间完全不同,其着眼点是经济联系。佩鲁指出,增长并非同时出现在所有地方,它以不同的强度首先出现在一些增长点或增长极上,然后通过不同的渠道向外扩散,并对整个经济产生不同的最终影响。佩鲁认为,经济发展的主要动力是技术进步和创新,而创新总是倾向于集中在一些特殊的产业。这种特殊的产业就是领头产业。一般而言,领头产业的增长速度高于其他产业的增长速度,也高于工业产值和国民生产总值的增长速度,同时是主要的创新源。这种产业是最富有活力的,佩鲁称之为活动单元(active unit)。佩鲁继而指出,增长极理论与含有活动单元的经济空间理论是一致的,因为活动单元可以创造自己的决策和操作空间,建立具有推进效应的中心,并推动整个经济多维发展。这种产业在增加其产出(或购买性服务)时,能够带动其他产业的产出(或投入)的增长。换而言之,这种产业对其他产业具有很强的连锁效应和推动效应,被称为推进型产业,其后佩鲁又称之为增长诱导单元(growth-inducing unit)。这种活动单元或增长诱导单元就是增长极,受增长极影响的其他产业为被推进型产业。佩鲁认为,这种推进型产业与被推进型产业通过经济联系建立起非竞争性的联合体,通过向后、向前连锁带动区域的发展,最终实现区域发展的均衡。

佩鲁增长极理论的核心有三个:(1)占支配地位的企业的支配效应。佩鲁认为,特定企业的支配是发展过程中的积极的因素,有利于整体发展,并

---

① Perroux F. Economic Spase: theory and application[J]. Quarterly Journal of Economics, 1950,64:89−104.

主张对占有支配地位的企业和国家投资。这不仅可以增加产出、扩大有效需求，也可以为发展中国家的产品开辟新的市场。（2）支配型企业与其他企业（或周围地区）之间存在的连锁效应。产业之间的连锁效应又分为向后连锁和向前连锁两种。前者又称引申需求，即一种非初级经济活动（包括投资）引发出对前阶段产品（或原料）的需求，这种引申作用一直扩展到最基本的原料供应，故称为向后连锁。与此相反，那些本质上并不满足最终需求的经济活动的出现将引发试图利用它作为中间产品或原料的另一些经济活动，这种效应称为向前连锁效应。利用这种连锁效应可以确定某一项投资的效应称为乘数效应。（3）占支配地位的企业通过上述连锁效应和乘数效应将这种增长趋势迅速传递给其他企业，带动其他企业（或外围区）的发展，最终实现收入分配的均衡或降低收入分配的不均衡性，即分配效应。[①] 增长极的产生，使人口、资本、生产、技术、贸易等高度聚集，并形成经济区域。区域经济的发展往往都是由增长极（城市）来驱动的，而驱动区域和增长极经济发展的主要是推动型产业。

　　20 世纪 60 年代，法国经济学家布代维尔把增长极的研究视阈从抽象经济空间转向地理空间，由此诞生了关于增长极研究的"法国学派""美国学派""联合国学派"。[②] 布代维尔认为，经济空间是经济变量在地理空间之中的运用，增长极在拥有推进型产业的复合体城镇中出现。他将增长极定义为"在城市配置中不断扩大的工业综合体"，其在影响范围内引导经济活动的进一步发展。美国学者弗里德曼提出了中心—边缘理论，将增长极模式与各种空间系统发展相融合，拓展了佩鲁的增长极理论。

3.2.3　知识城市理论

　　随着信息通信技术的迅猛发展和信息流、人才流、资本流、知识流的快速流动，以信息化、数字化、网络化为主要特征的知识经济催生了知识城市（knowledge city）。西方学者早在 20 世纪 90 年代初就意识到，驱使城市发展的关键要素正在从资本、劳动力、资源禀赋等资源型要素逐步转向人才、制度、文化、创新等知识型要素。知识性生产活动将主导未来城市经济的发展。2002 年 *SGS Economics and the Eureka Project* 报告正式提出了知识

---

① 安虎森. 增长极理论评述[J]. 南开经济研究，1997 (1)：31—37.
② 王瑜. 增长极理论与实践评析[J]. 商业研究，2011 (4)：33—37.

城市的概念,指出:知识城市是由通过研究、技术和脑力创造的高附加值产品出口而驱动的经济区域。① 2004 年 9 月,世界上的一批知识管理工作者和资深学者出席巴塞罗那全球"E100 圆桌论坛"(*E100 Roundtable Forum*),共同发表了《知识城市宣言》(*Knowledge City Manifesto*)。该宣言指出,今日之城市应该强化"以知识为基础发展",走知识城市之路。该宣言还对知识城市的定义、衡量标准、基本框架要素、未来城市发展的趋势等进行了阐述。② 从此,知识城市作为一种全新的城市发展理念进入全球视野,并逐渐为世界各国所认同,成为城市可持续发展的重要路径选择之一。③

知识城市的基础是知识的培育。知识城市不仅关注知识的产生,更强调知识的共享和所有居民获得知识的平等权利。学者易知坎拉(Yigitcanlar)对知识城市进行了系统阐述,他认为经济、社会和环境构成了基于知识的城市发展(knowledge-based urban development,KBUD)的 3 个支柱(图 3.2),城市应摒弃单一的经济发展模式,在经济发展的同时关注城市环境,并将整个社会的发展建立在经济和环境共同发展的前提之上。④ 基于知识的城市发展关注的是居民的生活质量而非数量,重视人类和整个社会的基于知识资本的共同发展,并且通过建立城市发展集群在空间上的紧密联系,促进知识的溢出和创新都市圈的形成和扩展,以此成为最可持续的城市发展模式。⑤ 对于企业而言,知识城市提供了完整的社会机制,以促进知识的产生、扩散与应用,包括开发人力资本、吸引技术工作者、促进知识的生产者(科研院所)和知识的使用者(企业和机构)之间的合作,帮助形成知识共享的螺旋式上升模式。拉森(Laasonen)等学者认为,关于知识型区域发展,特别是当代创新政策实施能力的研究很少。因此,他们引入能力框架,揭示了知识型区域发展能力的多层次性和动态性,并建议创新政策应被

---

① SGS Economics and the Eureka Project: Towards a Knowledge City Strategy [R]. Melbourne City Council,2002.

② 柳罗. 互联网对知识城市发展的功能意义:一种案例比较的路径[J]. 理论界,2011 (6):156—158.

③ 王志章,赵贞,谭霞.从田园城市到知识城市:国外城市发展理论管窥[J].城市发展研究,2010,17(8):25—30.

④ Yigitcanlar T. Planning for knowledge-based urban development: global perspectives[J]. Journal of Knowledge Management,2009, 13(5): 228—242.

⑤ 吴敏华. 知识城市研究综述[J]. 城市问题,2011 (1):29—35.

以知识为基础的城市发展
(knowledge-based urban development)

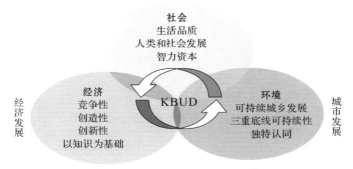

图 3.2　易知坎拉"三支柱"论①

视为在一个区域内调动、更新、建设和获取新资源和新能力的手段,以建设和刺激区域网络级的经济更新能力。②

　　知识城市这种最新的城市发展理念和模式突破了以往城市传统的空间结构和空间形态的思维方式,把追求以知识为基础的城市可持续性和可持续发展作为最终的目标。知识城市凭借其"不仅强调信息、知识的重要性,更注重社会文化、资源环境、高质量的基础设施、多元文化的容忍度和包容性、自由度,高效透明的政府以及人力资本之间的相互作用"的优势③,成为许多发达国家推崇的城市发展理论,并应用于城市的转型、"复兴"之中。

3.2.4　空间生产理论

　　空间生产理论由法国社会学家列斐伏尔(Henri Lefebvre)提出,其核心观点是"(社会的)空间是(社会的)产物",空间的生产即空间被开发、设计、使用和改造的全过程。这一过程并不是一个自然而然的过程,而是各种利益角逐的产物,受到各种利益群体的牵制。空间主要有 2 大特性:一是社会性,空间是生产资料和生产手段,进入生产模式能产生剩余价值;二是政

　　①　Yigitcanlar T,Velibeyoglu K,Baum S. Knowledge-based urban development[J]. Local Economy,2008,23(3):298.

　　②　Laasonen V,Kolehmainen J. Capabilities in knowledge-based regional development- towards a dynamic framework[J]. European Planning Studies,2017,25(10):1673－1692.

　　③　Florida R. The Flight of the Creative Class:The New Global Competition for Talent[M]. London:Harper Collins,2005.

治性,在国家政治和经济的作用下进行生产。

在该理论体系中,列斐伏尔构建了空间生产过程的"三元一体"框架(表3.2):(1)空间的实践(spatial practice),即感知的空间、城市的社会生产与再生产以及日常生活;(2)空间的表征(representations of space),即构想的空间、概念化的空间,科学家、规划者、社会工程师等知识和意识形态所支配的空间;(3)表征的空间(spaces of representation),即现实的空间、居民和使用者的空间,它处于被支配和消极体验的地位。①

表3.2 列斐伏尔空间生产三元分析框架②

三元组	概念	含义
空间的实践	感知的空间	空间的实践对应每个社会结构的特殊地方和整体空间,意味着被感知的空间。它不仅隐含这个社会的空间,而且体现了社会关系,担负着住宅、商业街区、铁路、高速公路、机场等社会构成物和个体及群体行为的生产与再生产。空间实践赋予了空间在生产中的主体地位
空间的表征	构想的空间	空间的表征对应的是规划师、科学家、都市计划师、技术官僚和社会工程师所构想的空间,属于社会空间被构想的维度,是一个概念化的空间。它是在任何社会(或生产方式)中占统治地位的空间,体现了统治群体掌握的知识和意识形态的表象化、空间的再现与生产关系以及这些关系中隐含的秩序紧密相关。它作为统治工具,偏向于理智上所建构的语言符号系统,如政府文件、成文法规、正式的营销广告等,并且通过各种呈现统治符号的建筑方案来发挥作用。空间的表征并不只是意味着抽象概念,它通过以上群体实践活动而具有客观性。这也是空间具有政治性的主要依据
表征的空间	生活的空间	表征的空间对应居民和使用者的空间,也是艺术家和那些只想从事描述的少数作家和哲学家的空间,是一种直接生活的空间。表征的空间是被支配的空间,是消极体验到的空间,在社会中往往处于被统治地位的空间,体现了一种想象的乌托邦空间,直接连接于社会生活的隐蔽面或底面

---

① 孙九霞,苏静. 旅游影响下传统社区空间变迁的理论探讨——基于空间生产理论的反思[J]. 旅游学刊,2014,29(5):78—86.

② 孙九霞,苏静. 旅游影响下传统社区空间变迁的理论探讨——基于空间生产理论的反思[J]. 旅游学刊,2014,29(5):78—86.

空间生产不是简单的物质实体空间的形成和发展,如新城建设、旧城更新,还涉及背后政治经济、社会力量、文化内涵的抽象空间的生产。空间生产理论致力于找到解决空间问题和推进空间生产演进的动力,从空间生产角度关注空间的生产到再生产的现实意义。

3.3　典型案例

3.3.1　美国硅谷小镇:全球创新创业圣地

1.基本概况

硅谷位于美国加利福尼亚州旧金山湾南湾,包括圣塔克拉拉郡以及其与圣·蒙特尔、阿拉米达、圣塔克鲁兹等郡邻近的部分,总面积约 3880 平方公里(图 3.3)。硅谷一直是电子信息与科技的全球领先者,同时也是目前世界上创新科技、创新思维最活跃的地方,在那里不断诞生着能够引起世界技术变革的高科技、新产品,被誉为全球创新创业的圣地。目前硅谷集聚了包括苹果、英特尔、谷歌、脸书、易趣、甲骨文、惠普等一众科技巨头在内的上千家高科技企业。"硅谷"已经成为反映一个国家地区科技整体发展水平的象征符号。[①]

2.启示借鉴

(1)杰出的产学研体系支持

硅谷地区有斯坦福大学、伯克利大学、加州理工学院等全球颇具实力的大学,并形成网络,可互相支持。1947 年,美国斯坦福大学校长弗雷德里克·弗里曼提出了建立斯坦福大学研究园的设想,并于 1951 年在校内划出了约 250 公顷的土地兴建起现代化的实验室和厂房,最终建成斯坦福研究园。位于硅谷的世界名校培育了大批人才,他们喜欢创办创业公司、风投公司、天使基金,而不是仅为社会就业提供人力。在政府支持及各方配合下,硅谷依靠其雄厚的智力资源,逐步形成政府、大学和科研单位、科技企业紧密合作这一产学研的运行机制。此外,硅谷可以免费为初创公司服务,在这

---

① 顾成文,陈成,王海荣. 浅谈"硅谷"特色小镇的金融支持体系——以富阳特色小镇为例[J].产业与科技论坛,2018(8):121-122.

图 3.3　硅谷区位

说明:底图为 google 地图。

里法律和信用高度结合。一旦信用破裂,受损方考虑的是时间的宝贵,往往不选择起诉,而是公布事实,让违约者信誉扫地。

（2）宽容的创业文化

这一点从美国的教育制度、教育方法及价值评判标准方面即可得到印证。硅谷只不过在这方面做了进一步强化,创造了一种更为有利发展、进取的环境和氛围。在硅谷随处都可以听到人们在讨论创业项目,大家充满了创业的激情。人们如此热衷于创业,源于硅谷对于创业失败的包容。对创新来讲,失败是常态,成功是特例。硅谷的文化鼓励创新,同时为创业失败的人提供必要的帮助、非常宽松的创业环境。很多人在创业失败后,还能够找到比之前更好的发展平台,把之前失败的经验转化为成功的养料。没有对失败的宽容,就难有持续不断的创新。[1] 硅谷的创业者对公司、对学院、

---

① 张润斌. 创新,应该向硅谷学什么？[J].董事会,2020(1):116—117.

对科研单位的职务发明是相当宽容的,他们认识到知识应为世人共享,知识形成是人们互相启发的结果,甚至知识的源头都是多样化的。由于硅谷对发明人的创造的尊重高于产权制度,所以尽管甲骨文、思科、英特尔、雅虎、谷歌这些公司的创办人都是以他们自己的职务发明起家的,他们的东家却并未因此和他们打官司。

(3)锻造主导产业链

1956 年,晶体管发明人威廉·肖克利(William Shockley)在斯坦福大学南边的山景城创立肖克利半导体实验室,为硅谷将半导体作为主导产业发展提供了契机,也因此奠定了硅谷作为全球科技中心的地位。除了半导体工业之外,硅谷同时也发展软件产业和互联网服务产业。如施乐公司的研究中心在面向对象的编程(OOP)、图形界面(GUI)、以太网和激光打印机等领域都做出了开创性的贡献。

(4)充沛的风险投资资本

高技术风险投资是一种将资金投身于具有巨大增长潜力,但同时在技术、市场等各方面都存在巨大失败风险的高新技术产业的投资行为。科学研究的规律决定了其中会有很多失败者,因此,高科技研发中的风险资本必不可少。自从 1972 年第一家风险资本在紧挨斯坦福的 Sand Hill(沙丘)路落户,银行企业家就敢冒风险,勇于在硅谷地区支持具有新思想的工程技术人员,扶植其企业的发展。硅谷被认为是创新技术与资本运作完美结合的土地,全美风险投资总额的三分之一集中在硅谷地区,在催生了一大批影响世界的高科技公司的同时,也为投资人带来了可观收益。硅谷发展与风险投资被认为是一种互动关系。一方面,风险投资成为硅谷高新技术企业成长的发动机,另一方面,硅谷高新技术企业的快速发展又成为孕育美国风险投资的摇篮。[①]

3.3.2　法国格拉斯小镇:传统产业迸发持续力量

1.基本概况

格拉斯(Grasse)小镇位于法国南部(图 3.4),距地中海 20 公里,是法国香水的重要产地和原料供应地,全法国 80% 的香水都在这里制造。

拥有全球顶级的香水生产地和度假胜地的格拉斯小镇,是特色产业小

---

① 李永周. 美国硅谷发展与风险投资[J].科技进步与对策,2000 (11):51—52.

图 3.4　格拉斯小镇区位

说明:底图为 google 地图。

镇的典范,它以花田加工业为主导,拓展到香水旅游、花田高端度假,实现产业延伸驱动。

2. 启示借鉴

(1)实现内容迭代

格拉斯小镇是依托传统产业发展的典型代表,地中海得天独厚的自然环境成就了这里的花卉种植产业。6 世纪,皮革产业十分兴盛,格拉斯的熟皮手套匠人制造出香精用于改善皮革难闻的气味。16 世纪初,一群意大利手工业者看上了这个小巧可爱、安静纯朴的小镇,他们在此定居下来,以种香料花卉为业。由于王室大量使用香水,此业日渐兴隆。1730 年,法国第一家香精香料生产公司诞生于此。从此,香水业逐渐在格拉斯落地生根。法国 80% 的香水都在这里制造。格拉斯小镇的香水产业促进了其旅游产业的发展,并最终演变成以香水制造和旅游产业为核心的区域产业经济结构。

(2)注重品牌打造

格拉斯小镇非常注重原产地品牌形象打造,已经成为探访香水之路的旅行者们争相拜访的圣地之一。格拉斯小镇培育了香奈儿、莫利纳尔和嘉利玛等全球知名品牌,风靡世界的香奈儿 5 号(Chanel No.5)香水就诞生于此,并为法国赢得了"香水之国"的美誉。格拉斯小镇还将区域品牌与产品品牌相结合,塑造了强有力的原产地品牌形象,从 16 世纪开始,欧洲人就高度认可格拉斯小镇的香水品牌,在他们眼里,最好的香水在格拉斯小镇。[①]

(3)实现产业融合

格拉斯小镇围绕香水,实现了香料花卉种植、香水香精生产、观光体验旅游的一、二、三产融合。小镇每年生产 700 万公斤鲜花,生产了法国三分之二的天然香料,用于制造香水和食品调味料。格拉斯小镇积极打造旅游产品,包括花田观光、香水制造体验、原产地购物和休闲节庆等,精心打造一些与香水主题有关的公共文化服务设施,如国际香水博物馆、普罗旺斯艺术历史博物馆和弗拉戈纳尔美术馆等,以其独特的魅力吸引着世界各地的游客,每年的客流量达 200 万以上。[②]

(4)完善配套设施

格拉斯小镇的建设富有人性化特点,充分考虑和满足居民的实际需求,教育、医疗、社区、文化和娱乐等公共服务设施一应俱全。复合型城镇功能的完善配套不仅提高了当地人的生活质量,也有利于吸引产业发展所需的人才。格拉斯小镇有酒店、公寓、别墅出租、家庭旅馆、露天营地以及度假村,能够满足不同类型外来游客的住宿需求。[③]

3.3.3　新加坡大巴窑:美好社区生活的营造

1.基本概况

大巴窑(Toa Payoh)位于新加坡中部,毗邻水库公园,距离新加坡樟宜国际机场直线距离约 15 公里。社区占地约 556 公顷。大巴窑是新加坡城镇化发展的缩影和见证。早在 200 多年前,大巴窑是一个沼泽区(Toa,是闽南话中的"大",Payoh 是马来语中的"沼泽")。经过几代人的努力,大巴窑成为甘榜(Kampong,马来语中的"乡村")。从 1964 年开始清理,到 1970 年建成,大巴窑又"窑"身一变,成为新加坡首个由建屋发展局(House Development Board,HDB)规划发展的卫星镇。2007 年,新加坡政府推出

---

① 王松,朱晨斓,陈海盛. 特色小镇——从法国格拉斯小镇到中国美妆小镇[J]. 中国经贸导刊(理论版),2017(26):44—45.

② 文丹枫,朱建良,眭文娟. 特色小镇理论与案例[M].北京:经济管理出版社,2017.

③ 段金萍. 法国特色小镇建设的经验与借鉴[J]. 世界农业,2018(8):172—175.

"再创我们的家园"（remaking our heartland，ROH）计划。在 ROH 计划下，新加坡建屋局系统翻新获选的市镇，改善老市镇的居住环境，为社区注入新的活力。大巴窑也加入这次计划，开始了新一轮的社区更新。大巴窑用了 6 年的时间，将散落的工厂、村屋和郊区养殖场整体规划和更新为 12 个邻里区块，约 15.6 万居民，8.5 平方公里。从原有的一房、两房式，开始出现四、五房式的大型组屋，由此也搭建了家庭化等更丰富的居住型消费单元。大巴窑区的商业呈现 3 条商业街的布局，实现了商业空间内部衔接便利，区域内拥有多家购物中心和百货，也更好地实现了服务覆盖居民的可到达性（图 3.5）。

图 3.5   大巴窑社区卫星平面
来源：google 地图。

2.启示借鉴

（1）营造公共空间

在新加坡，满足年龄、收入等条件的新加坡公民可向建屋发展局购买远低于市场价的政府公共住屋（简称组屋）。这些组屋的一层全部被设计为商铺和活动区域，组屋区没有围墙，区内公共设施由全民共享。[①] 这些社区并

---

① 陈佳莹.新加坡给我们带来哪些启示？未来社区的"三体"实践[N].浙江日报，2019-08-21.

非是"高大上"和面面俱到的,而是"会呼吸"的、人本化的,是从人的感受和生活需求出发布局硬件设施和配套,有着浓浓的生活气息。大巴窑的建设方案按照六大方针进行:为镇中心点燃活力、发展新住宅区使市镇获得新生、改善公共空间以加强社区凝聚力、发扬大巴窑的丰富历史文化、改善大巴窑环路以及改善市镇之间的互联性。通过三个层级体系来实现供需平衡,配套的公共空间能形成开放的功能网络(表 3.3)。整体完善的区域规划、完备的配套、合理的街区控制尺度,是大巴窑社区历久弥新、充满活力的保障,成为经得起时间检验的社区。

表 3.3　大巴窑社区的三个公共空间层次体系

公共空间层次	功能配置
镇中心	集中交通换乘、商业、文化、娱乐、卫生、宗教等功能,增设艺术与历史角落、历史和公共艺术展品、"天空格子架"步道等设施,服务全镇
邻里中心	配置小超市、巴刹(市场、集市)、社区食堂(新加坡特有)、商业综合体、诊所等,布局服务半径约 800 米,为居民日常生活服务的设施
组团中心	配置康疗花园(therapeutic garden)、亲家庭设施、有盖休息空间、健身中心、嬉水设施、新脚踏车架等设施,服务社区居民

(2)优化 TOD 布局

通过外部交通结合 TOD 模式,大巴窑使社区和公共交通融通,邻里中心结合快速路和地铁站出入口,优化新镇中心公共设施布局,缓解中心城市的高强度开发压力,为居民出行提供极大便利。注重商业与其他配套功能的相互协同,HDB HUB 衔接了大巴窑体育场、大巴窑公园,其中 MALL 也涵盖有大众书局、医疗服务等完善的配套服务。设置新的自行车架和自行车道,打造更多绿色空间和无障碍设施,配备邻里公园等供居民休闲放松的绿色场所。

(3)丰富消费场景

大巴窑的社区商业满足了居民所有场景的需求,构建出一个理想生活的样貌。在大巴窑,有咖啡和标准餐食供应,具备送餐和节日套餐功能;同时设立低价超市和普通超市,供不同需求的消费者选择。从水果、蔬菜到服装、百货,从家电到首饰、眼镜,从餐饮到美发、美甲,日常生活的各个服务门类,居民只要下楼步行 5 分钟便可到达。

第4章 与小镇一起编织美丽梦想

梦想小镇是什么？当时之所以取这个名字，是希望这里成为天下有创业梦想的年轻人起步的摇篮，让梦想变成财富，让梦想成真。

——李强,2015 年

4.1 鸟瞰梦想

梦想，源于对未来的憧憬；小镇，是故乡凝结成的意象。

2014 年 6 月 4 日，浙江省第一批省级特色小镇创建名单正式公布，位于杭州市余杭区的梦想小镇位列其中。在首批公布的 37 个省级特色小镇创建名单中，梦想小镇是唯一一个没有以"地名＋产业"或单纯以产业命名的特色小镇，因此格外引人关注。

4.1.1 小镇版图

1.浙江打造世界级大湾区,杭州湾成为重中之重

2017 年 6 月，浙江省第十四次党代会明确提出浙江大湾区建设战略，谋划实施大湾区建设行动纲要，重点建设杭州湾经济区。浙江大湾区建设将聚焦产业、创新、城市、交通、开放、生态等六大重点领域，总目标是打造"绿色智慧和谐美丽的世界级现代化大湾区"，具体目标是建设"全国现代化建设先行区、全球数字经济创新高地、区域高质量发展新引擎"，到 2022 年，湾区经济总量达 6 万亿元以上，其中，数字经济对经济增长的贡献率达到 50％以上，高新技术产业增加值占工业增加值 47％以上。浙江大湾区建设

分 3 个层面推进。

一是宏观层面。浙江大湾区总体布局是"一环、一带、一通道",即环杭州湾经济区、甬台温临港产业带和义甬舟开放大通道。

二是中观层面。杭州湾经济区被定位为浙江世界级大湾区建设的重点,构筑起"一港、两极、三廊、四区"战略版图。其中,"一港"指高水平建设中国(浙江)自由贸易试验区,争创自由贸易港。"两极"指增强杭州、宁波两大都市区的辐射带动作用,带动环杭州湾经济区创新发展、开放发展、联动发展。"三廊"指建设杭州城西科创大走廊、宁波甬江科创大走廊、嘉兴 G60 科创大走廊。"四区"指打造杭州江东新区、宁波前湾新区、绍兴滨海新区、湖州南太湖新区。

三是微观层面。浙江提出发挥现有产业优势,瞄准未来产业发展方向,整合延伸产业链,打造若干世界级产业集群;突出产城融合发展理念,推进产业集聚区和各类开发区整合提升,打造若干集约高效、产城融合、绿色智慧的高质量发展大平台。

2. 城西科创大走廊:打造中国的未来硅谷

梦想小镇位于"三廊"之一——杭州城西科创大走廊之上,地处未来科技城的中心(图 4.1)。杭州城西科创大走廊东起浙江大学紫金港校区,经西湖区紫金港科技城、余杭区未来科技城、临安区青山湖科技城,西至浙江农林大学,长约 33 公里,总面积约 224 平方公里,串联起"一廊三城十五镇"的空间结构,坐拥西溪国家湿地公园、五常湿地、和睦水乡以及南湖、青山湖国家森林公园等山水景观资源,拥有舒适优美、宜居宜业的自然环境。杭州城西科创大走廊是浙江省"面向未来、决胜未来"的科技创新重大战略平台,致力于打造全球领先的信息经济科创中心,建设具有国际水准的创新共同体、国家级科技创新策源地和浙江创新发展的主引擎。[①]

3. 浙江杭州未来科技城

建设未来科技城是党中央国务院为强化国家自主创新能力,加快转变发展方式,配合国家的"千人战略"落地的重大战略部署。2011 年 4 月 14 日,中央企业集中建设人才基地筹建工作小组第三次会议明确将浙江海外高层次人才创新园(简称"海创园")与北京、天津、武汉等地未来科技城一

---

① 杭州城西科创大走廊区域范围[EB/OL].[2020-04-25]. http://cxkc. hangzhou. gov. cn/col/col1228936430/index. html.

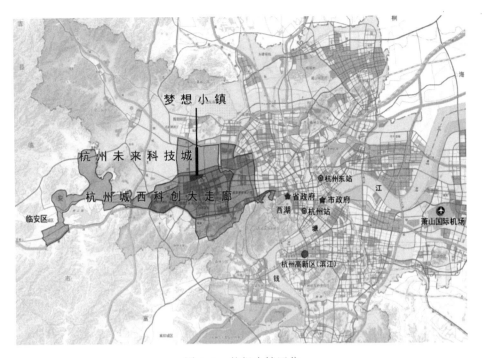

图 4.1　梦想小镇区位

说明:底图来自于杭州城西科创产业集聚区管理委员会官网,有较大修改。

起,列入中央企业集中建设的人才基地,4 个基地统称未来科技城。杭州未
来科技城成为中组部、国资委设立的全国 4 个未来科技城之一、国务院全国
首批双创示范基地(浙江唯一)、中央组织部第三批国家级海外高层次人才
创新创业基地。

　　未来科技城东毗浙江大学和西溪湿地,北邻良渚古城遗址世界遗产,整
体区域规划面积 113 平方公里,北至杭长高速公路,东至杭州绕城高速公
路,南至杭徽高速公路(02 省道),西至南湖。其中的重点建设区北至宣杭
铁路,东至杭州绕城高速公路,南至和睦水乡,西至东西大道(含永乐区块),
规划面积 35 平方公里(图 4.2)。

　　围绕电子信息产业、生物医药研发、新能源新材料研发、装备制造研发、
软件与创意设计、金融中介及生产性服务业等门类,未来科技城全力打造
二、三产融合发展的 2.5 产业集聚区,已形成涵盖人才、研发及产业化的全
方位的扶持政策体系,积极吸引和支持海外高层次人才创新创业,打造人才

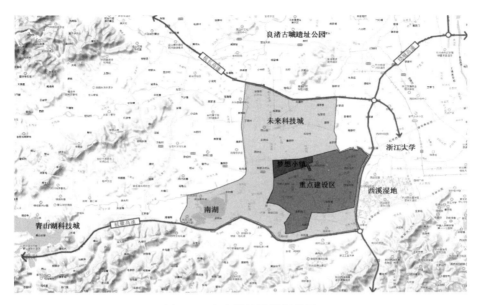

图 4.2　未来科技城规划范围

说明:底图为腾讯地图。

特区,建设产城融合发展的科技新城。2013 年 8 月,阿里巴巴的淘宝城搬迁入驻杭州未来科技城,其后之江实验室、阿里达摩院、菜鸟总部等"阿里三大巨头"入驻。2019 年 9 月 7 日,阿里巴巴在成立 20 周年时给杭州写了一封信:"谢谢你,杭州,读懂我们最初的梦想。"这成为诠释"产城融合"的好注脚。

　　相对于现有各类高新园区、科研平台,未来科技城始终坚持"人才引领、创新驱动、产城融合",呈现出强劲的发展势头,成为浙江大湾区建设重点打造的杭州城西科创产业集聚区的创新极核。一是以引进海外高层次人才为优先目标,尤其重视引进"带项目、带技术、带资金"的高端人才及创业团队,走内涵式发展道路;二是以浙江经济特色为核心支撑,支持研发项目与民企、民资合作,引导民间资本成为产业资本,形成"人才＋资本"的创业特色;三是以全新的引才用才机制为重要保障,通过创新政策和体制机制,引导中央企业、大型民企搭建平台,发挥引才用才的主体作用,构建人才吸收和开发利用体系。① 截至 2019 年年底,未来科技城已累计引进和培育海外高层次人才 3530 名;"两院"院士 13 名、海外院士 5 名;国家级海外高层次人才 148 名,省级海外高层次人才 196 名;浙江省领军型创新创业团队 11 支。2019 年,未来科技城全年重点建设区企业实现营收 6242 亿元,完成税收 303.2 亿元,同比增长 24.9% 和 6.5%,分别是启动建设初期的 2012 年的 18.2 倍和 9.5 倍,年均增幅分别达 53.4% 和 50.2%。2020 年 5 月 8 日,国务院办公厅发布《关于对 2019 年落实有关重大政策措施真抓实干成效明显地方予以督查激励的通报》。杭州未来科技城作为大胆探索、勇于尝试、成效明显的区域"双创"示范基地受到通报表扬。②

4.1.2　小镇架构

梦想小镇位于杭州市余杭区的仓前街道,处于未来科技城的中心地带、重点建设区块的西北端。未来科技城为梦想小镇的建设提供了良好的产业基础、人才资源及发展空间。依托未来科技城良好的产业、人才、空间优势,紧紧把握"大众创业、万众创新"发展机遇,梦想小镇秉承"产城融合、资智对接,有核无边、辐射带动,政府主推、市场主体,共生共荣、共享共治"的核心价值观,致力于打造众创空间的新样板、信息经济的新增长点、特色小镇的新范式、田园城市的升级版和世界级的互联网创业高地。

梦想小镇规划范围东至杭州师范大学,西至东西大道,南至余杭塘河,北至宣杭铁路。小镇规划总占地面积约 3 平方公里。小镇于 2014 年 10 月开工建设,项目总投资约 40 亿元,分三期推进(图 4.3)。

其中,一期由国有公司投资,包含互联网村、天使村和创业集市三个先导区块(基金小镇先导区块位于西溪湿地艺术家集合村),在物理空间上,选择已经搬迁完成原本计划作为商业用途的羊锅村房屋作为小镇初步启动的建筑基础,利用已经征收完成的国有粮库进行功能置换,并新建部分建筑,总占地约 230 亩,总建筑面积 17 万平方米,已于 2015 年 3 月建成投用;二期主要是基于仓前老街提升改造工程的创业大街,总计 4.3 万平方米的建

---

① 浙江杭州未来科技城(海创园)简介[EB/OL].[2020-03-19].http://www.zjwlkjc.com/content/content_106171.html.

② 喜报! 国务院办公厅点赞未来科技城双创示范基地![EB/OL].http://www.eyh.cn/yhsz/con/2020-05/11/content_117764.html.

图 4.3　梦想小镇红线范围与已建成项目分布

说明:底图为百度地图。

筑,已于 2016 年 10 月建成投用;三期主要规划重大项目储备用地(如浙江大学校友企业总部经济园项目)。

4.1.3　小镇素描

通过对梦想小镇地理位置(浙江杭州未来科技城)、建成主体(互联网村、天使村、创业集市、创业大街)、建设背景(大众创业、万众创新、信息经济)、建设目的(众创空间、信息经济、特色小镇、互联网创业高地)及运营成效(创业项目、孵化器、创业人才/"新四军"、创业资金)等核心内容的提炼,可形成梦想小镇的基本画像(图 4.4)。

1. 互联网村

互联网村重点鼓励和支持"泛大学生"群体创办电子商务、软件设计、信息服务、集成电路、大数据、云计算、网络安全、动漫设计等互联网相关领域产品的研发、生产、经营和技术(工程)服务的企业。

2. 天使小镇

天使小镇重点培育和引导发展科技金融、互联网金融,集聚天使投资基金、股权投资机构、财富管理机构,着力构建覆盖企业初创期、成长期、成熟期等不同发展阶段的金融服务体系。

图 4.4　梦想小镇基本画像

3.创业大街

创业大街是梦想小镇的旅游板块,也有部分创业企业入驻。建筑在原来仓前古街的基础上改造而成,既保留了古街风韵,又增加了现代感设计。整体色调以白色、灰色和黄棕色为主,新旧交错。

4.创业集市

创业集市靠近杭州地铁五号线良睦路站,主要提供餐饮、住宿、金融服务、健身等生活服务。

5.四无粮仓

仓前,原名灵源,地势西高东低,境内河流纵横,灌溉便利,粮源丰富,自古就是著名的稻米之乡,京杭大运河的支流余杭塘河横贯其中,运输十分便利。由于得天独厚的优势,南宋绍兴二年(1132 年)在灵源街之北建造粮仓,称之"临安便民仓"。临安便民仓有敖仓 60 间,仓厅 18 间,四周围墙250 丈,颇具规模。古以南为前,灵源街位于粮仓南面,于是百姓就习惯性地将灵源街称为"仓前"。清嘉庆年间的《余杭县志·仓敖》记载:"临安便民仓,在县东十里,今名其地曰仓前。"

随着历史变迁,临安便民仓早已不复存在,现在的仓前粮仓坐落于仓前老街最东端的余杭塘河边,坐北朝南,由四栋单体建筑组成,其中两栋老仓建于清道光九年(1829 年),距今已有近 200 年历史;两栋新仓分别建于 1957 年和 1963 年,为当时的余杭县第一批砖瓦结构沥青地坪的新式粮仓。1955 年,仓前粮库的 17 座粮仓全部达到"四无"(无虫、无霉、无鼠、无雀)标准,被粮食部评为全国粮食先进单位,开启了我国粮食仓储事业发展的新时代。从此,仓前的"四无粮仓"成为全国学习的榜样。四无粮仓现为国家重点文物保护单位。

6. 章太炎故居

章太炎故居建于明末清初,属中式宅院,位于仓前老街中段,包括故居本体、游客服务中心、国学研修中心、国学讲堂和临时展厅等部分。章太炎是我国近代民主主义革命家、思想家和国学大师。章太炎故居是至今保存完好且不可多得的集清代木雕之精华的所在,2006 年 5 月 25 日,被国务院批准列入第六批全国重点文物保护单位名单。

7. 浙江大学校友企业总部经济园

浙江大学校友企业总部经济园由浙江省人民政府授牌,旨在建设浙大校友企业"全球性、全国性或区域性功能总部",以"发展共同体"的共识汇聚全球泛浙大校友的创新创业力量,打造以高新技术为核心的研发、孵化、产业化高能空间和面向未来技术与创新产业的高质量平台。项目总用地规模约 343 亩,地上总建筑面积约 68 万平方米。其中,项目东侧功能一区启动区块总用地面积约 92 亩,建筑面积 13.2 万平方米,于 2018 年 11 月 15 日正式开工,2020 年 1 月 17 日主体结构结顶。

4.2 小镇心路

4.2.1 大众创业、万众创新

创新是民族之魂,是时代主题;创业是发展之基,是富民之本。随着我国经济进入新常态,党中央、国务院适时做出了"大众创业,万众创新"的重大战略部署。习近平总书记强调,创新是社会进步的灵魂,创业是推动经济社会发展、改善民生的重要途径。① 国务院总理李克强在天津举办的2014夏季达沃斯论坛上发表演讲时指出:"让每个有创业愿望的人都拥有自主创业的空间,让创新创造的血液在全社会自由流动,让自主发展的精神在全体人民中蔚然成风。借改革创新的'东风',在960万平方公里的土地上掀起一个'大众创业''草根创业'的新浪潮。"②2014年被锚定为中国的互联网创业元年,创业已然成为一代中国青年人的集体梦想。2015年6月,国务院颁布《关于大力推进大众创业万众创新若干政策措施的意见》(国发〔2015〕32号),进一步做出"大众创业、万众创新"、培育和催生经济社会发展新动力的具体部署,一个新的国家发展战略布局基本形成。

奋进新时代,浙江自觉践行习近平总书记赋予的"干在实处永无止境,走在前列要谋新篇,勇立潮头方显担当"的新期望,以"最多跑一次"改革为牵引,撬动政务服务、商事制度、人才引育、技术交易、金融支撑等各领域改革,大力实施创新驱动发展战略,加快推动新旧动能转换,最大限度释放大众创业万众创新活力,加速各类高端创业创新要素集聚,促进高质量发展乘风破浪、行稳致远。2018年,浙江区域创新能力居全国第5位,企业技术创新能力居第3位,知识产权和专利综合实力均居第4位,科技进步贡献率达61.8%。星罗棋布的特色小镇成为浙江重要的"双创"基地,集聚以大学生创业者、大企业高管及其他连续创业者、科技人员创业者、留学归国人员创业者为主的"新四军"创业人员17726人,创业创新基地311个。拥有各类科技企业孵化器和众创空间967家,建成省级及以上"双创"示范基地25家,其中国家级"双创"示范基地8家,数量居全国各省区第二。③

4.2.2 小镇落子,梦想跃然

特色小镇的建设发展离不开特色产业的支撑。"互联网+"时代的到来促使产业门类之间能够通过虚拟互联网进行联系,融入绿色和生态模式的

---

① 广泛开展大众创业、万众创新[EB/OL]. http://theory.people.com.cn/n1/2017/0221/c410789-29096259.html.

② 李克强在2014夏季达沃斯论坛开幕式发表致辞(全文)[EB/OL]. http://www.chinanews.com/gn/2014/09-10/6578895.shtml.

③ 叶慧. 激发经济行稳致远的活力之源——浙江深入推进大众创业万众创新工作综述[J]. 今日浙江,2019(11):12—17.

产业自由式布局也随之成为可能。① 2014 年 9 月,阿里巴巴在美国纽约证券交易所正式挂牌上市。2014 年 11 月,以"互联互通 共享共治"为主题的首届世界互联网大会在浙江嘉善举办。浙江敏锐地觉察到,在互联网领域,发展是平的,不需要更多的自然资源,信息经济崛起是一个时间窗口,抓住了就有机会成为超越者甚至引领者。加快发展"互联网＋"创业网络体系,构建创业与创新、创业与就业、线上与线下相结合的创业生态系统显得急迫而重要。"更有活力的创业创新生态系统",作为全省要着力打造的四大生态系统之一,也写入了《浙江省 2015 年政府工作报告》。②

互联网带来了前所未有的创新和创业机会。线上社交、电子商务、互联网金融的成熟普及,大数据、云计算、人工智能等新兴工具的飞速更新,在为产业创新带来巨大机遇的同时,也带来了大量的创新创业资源,并且改变了资源的获取方式。日益发达的 PC 端、移动智能设备替代实体场景成为获取产业创新资源的主要渠道。而作为同时期的新生事物,"互联网＋"和"大众创业、万众创新"两大主题叠加所需的创业创新生态系统,在浙江提出的特色小镇发展创新平台上产生了灵感碰撞的火花。阿里巴巴赴美上市,在造就一大批千万富翁的同时也必将点燃一代年轻人的创业梦想。在未来科技城阿里巴巴的总部——淘宝城,互联网产业聚集度高,商业氛围浓厚,辐射带动作用明显,完全可以为互联网产业集聚和"大众创业、万众创新"提供一个良好的商业机遇和产业氛围。按照这一思路,浙江省政府随即谋划在阿里巴巴总部周边规划一处建设用地,由未来科技城管委会牵头成立规模 1 亿元的天使投资引导基金和规模 2500 万元的大学生创业贷风险池基金,由合作银行安排规模 2 亿元的大学生创业专项信贷,专门承接与集聚阿里巴巴溢出的互联网创业创新人才,同时吸引一批风险投资机构,着手筹备与打造一个低成本的互联网创业小镇,即今天的梦想小镇。

以梦想小镇为代表的系列特色小镇,承载的是浙江新一轮创新创业的梦想。梦想小镇由时任浙江省长李强亲自命名,并得到党和国家各级领导同志的重视关心与持续关注。梦想小镇于 2014 年 10 月开工建设。2015 年 2 月,李强在调研梦想小镇建设时发表即兴讲话,谈及梦想小镇的创建心

---

① 贺炜,李露,许兰. 中国特色小镇之特色产业思考——杭州梦想小镇和云栖小镇规划设计的启发[J]. 园林,2017 (1):12—17.

② 政府工作报告摘要[N]. 浙江日报,2015-01-22.

路和创建要求。当时之所以取梦想小镇这个名字,是希望这里成为天下有创业梦想的年轻人起步的摇篮,让梦想变成财富,梦想成真。梦想小镇"应该是一个新型的'众创空间'、一个巨型的孵化器、一个创业青年的社区、一个信息经济的新马达、一个互联网创业的生态圈……其实,梦想小镇刚出生,不用给她太多的定义,长起来后创业青年们自然会用他们的方式描述的。我们政府最要紧的就是要做好我们的'制度供给',让资本、技术和信息更好地弥漫在这个空间的空气里就好了"[①]。同年 3 月 28 日,梦想小镇正式对外开园,迎来第一批"创客"。2016 年 3 月,李强在第 9 次调研梦想小镇时强调,梦想小镇要充分发挥起步早、创客多、融资融智支撑力强等优势,强化创新,持久发力,成为全省特色小镇的标杆,成为供给侧结构性改革的试验场。[②] 6 月,李强同志履新江苏省委书记。在履新不到 3 个月时,2016年 9 月,李强率江苏省党政代表团一行 50 余人,来到梦想小镇考察。此行是李强第 12 次来到梦想小镇。

梦想小镇基于对"互联网+"时代的发展特征及互联网创业者需求的分析,充分依托杭州未来科技城蓬勃发展的数字经济、科技金融、智能制造等产业集群优势,完成了互联网创业、金融基金、文化旅游、商业等功能的耦合,迅速成为全国互联网创新创业的发展高地。截至 2020 年 2 月,梦想小镇 5 年来累计共集聚创业项目 2203 个、创业人才 18800 名,形成了一支以"阿里系、浙大系、海归系、浙商系"为代表的创业"新四军"队伍;166 个项目获得百万元以上的融资,融资总额达 110.25 亿元;累计集聚各类资本管理机构 1423 家,管理资本 3059 亿元;累计引进深圳紫金港创客、良仓孵化器等知名孵化器以及 500Startups、Plug&Play 等 2 家美国硅谷平台落户,浙商成长基金、物产基金、龙旗科技、海邦基金、暾澜基金等一大批 PE、VC、天使投资机构快速集聚;相继举办中国(杭州)财富管理论坛、中国青年互联网创业大赛、中国互联网品牌盛典、中国研究生电子设计大赛等活动 1671 场,共计 22.2 万人次参与,吸引国内外众多等媒体密集报道;首批命名省级特色小镇、国家 4A 级旅游景区、省级数字化示范园区、连续两年省级特色小

---

① 李强省长眼中的"梦想小镇"是什么?[EB/OL].[2015-02-26]. https://zj.zjol.com.cn/news/71562.html.

② 李强在杭州调研梦想小镇[EB/OL]. http://www.hangzhou.gov.cn/art/2016/3/19/art_1085800_660416.html.

镇"亩均效益"领跑者、最美特色小镇 50 强等荣誉等身,梦想小镇的创业氛围和品牌形象不断提升。① 2019 年 4 月 19 日,梦想小镇在打造新兴产业集聚发展新引擎上的成功经验,顺利入选国家发改委"第一轮全国特色小镇典型经验"进行全国推广(全国 16 个,浙江仅 3 个),成为名副其实的特色小镇领军者。6 月 13 日,以"汇聚双创活力,澎湃发展动力"为主题的 2019 年全国大众创业万众创新活动周在杭州余杭梦想小镇启动,李克强总理出席并发表重要讲话,对梦想小镇的发展给予充分肯定与高度评价。他表示:"这次出席'双创'活动周,欣喜看到一群群意气风发的创业者、一批批奇思妙想的创新产品,真切感受到扑面而来的'双创'活力。宋代诗人描绘六月西湖'接天莲叶无穷碧,映日荷花别样红',这也可以说是今天大众创业万众创新铺天盖地、异彩纷呈、展现无限生机的生动写照。"②

4.3　小镇脉络

梦想小镇的孕育与诞生,是对发展中不确定外部环境的适应,也是对自身资源的合理配置。区位条件奠定了小镇的建设基础,政策红利提供了小镇发展所需保障,经济基础决定小镇的变革载体及产业定位,科技、商创环境推进小镇的健康运营,历史积淀增强小镇人文魅力。

为了便于脉络梳理,本课题引用美国管理学家伊查克·爱迪思提出的企业生命周期理论,将梦想小镇的发展脉络整体划分为孕育、诞生、成长、绽放等 4 个阶段。企业生命周期理论将某一企业的发展比作生物体的成长与消亡,探讨了组织在成长过程中的阶段特征与规律性,并明确其对应的关键问题与管理重点。③ 组织只有把握各生命周期的特征与规律,抓住关键与要害,才更容易实现持续发展。梦想小镇本身其实就是一个互联网产品。④

---

① 费彪,梁洁.追梦人云集! 杭州梦想小镇五周年,这里已成为创业圣地[EB/OL].[2020-03-28]. https://appm.hangzhou.com.cn/article_pc.php? id=311172.

② 李克强:进一步提升"双创"水平　更好发挥稳就业促创新增强新动能作用[EB/OL]. http://www.xinhuanet.com/2019-06/13/c_1124620329.htm.

③ 伊查克·艾迪思.企业生命周期[M].赵睿,译.北京:华夏出版社,2004.

④ 梦想小镇:一个互联网产品的实验路径[EB/OL].[2017-02-18]. https://www.sohu.com/a/126595640_481877.

企业生命周期理论的引入,为识别与诊断梦想小镇的成长脉络提供了一个理论基础与切实可行的工具(图 4.5)。

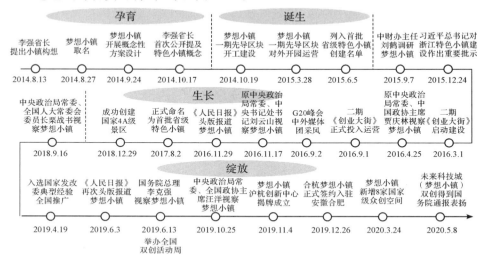

图 4.5　梦想小镇发展脉络

4.3.1　孕育期

一个组织的生命源于孕育期,它往往先于组织出现。在这一阶段,组织只是作为"概念"存在,尚未正式诞生。该阶段强调的是创建组织这一行动的意愿、目标及其实现的可能性。

梦想小镇的诞生也始于孕育期"概念"的逐渐清晰、成形与提出。早在2014 年 5 月,时任浙江省委副书记、省长李强就高瞻远瞩,谋划在未来科技城建设一个有特色的、生态的且富有生活气息的产业园区,该园区要有别于浙江省原有的块状经济园区,能够为解决浙江经济发展中面临的层级低、结构散、创新弱、品牌小等一系列问题,实现产业结构调整与优化升级提供典型经验。在这一战略方向的指引下,杭州市迅速组织力量开展前期论证研究、项目落地等工作,明确由余杭区委主要领导同志负责组织协调项目任务的具体推进。

经过对浙江省块状产业经济传统发展模式的深入分析与思考,这一特殊的产业园区的概念开始慢慢浮出水面,并最终确定为一个以创新创业为主要方向,以"互联网+"为主要内容的,以产城融合、生态为先为核心的平台型创新发展空间。依托阿里巴巴总部——淘宝城的搬迁契机和未来以互联网创新创业为主流的产业外溢，余杭区委区政府在开展大量现场调研与摸底排查的基础上，综合考量交通、产业、生态、文化等因素，经报请上级领导同意后，决定选址仓前街道的灵源村。该村紧邻杭州师范大学，与阿里巴巴的淘宝城直线距离 2.5 公里，规划有地铁 5 号线良睦路站，拥有四无粮仓和章太炎故居两处国家文物保护单位，且京杭大运河支流余杭塘河穿村而过，保留有浓郁的江南水乡文化。无论从生态、产业、交通还是文化等因素来看，这里都是很好的项目选址区域。

　　然而在当时，就具体采取何种开发建设模式，政府部门也是"摸着石头过河"，没有其他类似经验可以依循借鉴。在内部也曾一度出现两种截然不同的观点：一种观点认为按照未来科技城已经有的招商引资相关政策，直接引导创新创业类的公司在这里落户，这种方式简单、安全、快速、有效；另一种观点则认为既要延续未来科技城的产业，又要有别于未来科技城的其他园区，要建设一个全新的小镇型的发展空间，这与省里主要领导的构想可能更加契合。在经过多次头脑风暴和研究讨论后，全新小镇型空间的观点开始占上风，并最终从省到市到区到街道，各级政府部门共同形成了认识上的统一，即按照"三生融合、四宜兼具"的开发理念，开始着手推进这一"新生事物"从概念生成到最终落地的各项工作。时任浙江省省长李强在 2014 年 8 月 27 日亲自给这一"新生事物"取名为"梦想小镇"，"希望这里成为天下有创业梦想的年轻人起步的摇篮，让梦想变成财富，梦想成真"。梦想小镇作为浙江特色小镇建设的原始雏形，为浙江特色小镇概念的明确提出和蓬勃发展奠定了基础。从那时起，特色小镇开始被浙江省政府主要领导公开提及，包括梦想小镇在内的几百个特色小镇随即在浙江广袤的土地上如雨后春笋般崛起。

　　与此同时，在距离梦想小镇取名不到 1 个月的时间里，负责小镇具体筹建工作的杭州未来科技城管理委员会在广泛调研的基础上，于 2014 年 9 月 24 日启动梦想小镇总体概念设计工作。在深圳市城市规划设计研究院有限公司、浙江工业大学建筑规划设计研究院有限公司、百殿建筑设计咨询（上海）有限公司、荷兰 NITA 设计集团、伍兹贝格建筑设计咨询（北京）有限公司等 5 家入围竞标方案中，最终确定荷兰 NITA 设计集团提交的"梦想'O'镇，希望田野"方案中标。这也标志着梦想小镇由概念到蓝图，由远景到近景，其架构、形态开始变得逐渐聚焦物化、清晰可见。

不难看出,处于孕育期的梦想小镇有着属于新生事物的特点。其一,追求创新的浙江精神推动。梦想小镇的孕育充分彰显了浙江人敢于创新、敢为人先的精神韧性。云南其实早在 2011 年就已经提出建设特色小镇,包括现代农业小镇、工业小镇、旅游小镇、商贸小镇、边境口岸小镇、生态团林小镇等 6 种类型。但其建设的对象为有资源、有基础、有规模、有带动力的建制镇、乡集镇或中心村,也未能在产业引导和政策操作上有所突破。^①由浙江提出的特色小镇,是浙江在经济新常态下,加快区域创新发展、协调发展、生态发展的新探索、新实践。梦想小镇是浙江特色小镇首个试验田,它不同于浙江的传统产业园区,是一个全新的事物。其二,各级党委政府的大局意识、担当意识、危机意识和责任意识是持续推动梦想小镇的关键。时任浙江省省长李强不但提出了建设小镇的构想,而且亲自为小镇命名,多次到现场调研。市、区、管委会(街道)各级部门积极行动,充分展现了浙江当地党政干部的大局意识、担当意识、危机意识,以及"主政一方、谋福四方"的责任感,有效推动了梦想小镇的构想、资金与市场的融合,为小镇的孕育创造了良好环境。其三,梦想小镇的孕育是以市场需求与产品价值为导向的。梦想小镇在孕育期注重创新,而不局限于满足眼前利益;注重实事求是分析现实市场需求与发展潜力,帮助创业者实现梦想,经得住现实考验,而不流于空想。

4.3.2　诞生期

诞生期指的是组织成立并为生存而奋斗的阶段。从这一阶段开始,组织开始承担实实在在的风险,其基本特征表现在:行动导向,对资金来源极为关注,组织制度与规范体系尚未建立,创业者忘我的工作投入是成功的驱动力,等等。其中"必要的资金获得"和"创业者的持续投入"是组织在这一时期存活的关键所在。

在明确和深化梦想小镇的概念规划设计基础上,2014 年 10 月 19 日,占地 230 亩,总建筑面积 17 万平方米的梦想小镇先导区块(互联网村、天使村、创业集市)正式开工建设,标志着小镇进入由图纸到施工的实质性的"已经看得见"的关键阶段,即诞生阶段。鉴于"创新+互联网"是当时的主要投

---

①　云南省人民政府关于加快推进特色小镇发展的意见[EB/OL]. http://www.yn.gov.cn/zwgk/zcwj/yzf/201910/t20191031_183842.html.

资模式,小镇一期的主题也因此确定为"互联网＋",并赋予"互联网村"之名,重点鼓励和支持"泛大学生"群体创办电子商务、软件设计、信息服务、集成电路、大数据、云计算、网络安全、动漫设计等互联网相关领域产品研发、生产、经营和技术(工程)服务的企业。这也是对孕育阶段强调对"互联网"概念规划的落地呼应。天使村主要负责对接孵化资本,提供一种全大类的服务,重点培育和发展科技金融、互联网金融,集聚天使投资基金、股权投资机构、财富管理机构,着力构建覆盖企业初创期、成长期、成熟期等各个不同发展阶段的金融服务体系。创业集市的建设主要是为了完善孵化资源的商业配套服务,提供餐饮、人才公寓等需求服务。① 仓前古镇旅游区则沿循余杭塘河,在保护运河文化、粮仓文化、章太炎故居的基础上,开展休闲旅游活动。

　　2015 年,余杭区政府及有关部门专门制定《关于加快推进梦想小镇——天使小镇建设的若干意见》《关于加快推进梦想小镇——大学生互联网创业小镇建设的若干意见》等一揽子扶持政策,力求优化政策服务,降低创业门槛,降低创业成本,降低创业风险,提升创业成功率,实现乘数效应,对于办公场所租金、创业融资、云服务、中介服务、创业者公寓、人才租房、办公用房、税收等给予不同程度的补助或优惠,对于云服务、规模发展、投资追加、财政贡献、人才等多个层面则给予不同程度的奖励,为小镇前期阶段企业的生存提供了纾困之策。如小镇内增值税按照 17% 缴纳的软件企业能享受超税赋退税,企业所得税还能享受"两年免税、三年减半"的优惠。又如进入孵化器的创业企业可以享受 3~6 个月的零成本办公,政府给予免费办公空间并配备基础设施。值得一提的是,梦想小镇还设置"金钥匙"项目,即只要是参加梦想小镇每月组织的"创业先锋营"选拔赛胜出的创业项目即可获得入驻小镇的"金钥匙"。对于获得小镇入驻权的创业项目,将享受到最长 3 年的免租办公场地、最高 100 万元的风险池贷款、30 万元商业贴息贷款等多项优惠政策。为了吸纳广泛的大学生群体(毕业 10 年内的大学生)来此创业,梦想小镇实现"万兆进区域、千兆进楼宇、百兆到桌面、WiFi 全覆盖"的网络配套,居住、商业、社交配套协同推进,满足创业者拎包入住即时办公的要求。创新服务与硬件配套同步,引进新型创业服务机构,建立天使

---

　　① 梦想小镇　产业小镇之建设模式[EB/OL].[2017-06-06]. https://www.sohu.com/a/146592562_807161.

引导基金,组建创业贷风险池,开发云服务平台,不断完善政策体系和服务链条。

至此,梦想小镇明确了"互联网创业小镇"和"天使小镇"双镇联合发展的新思路,主要培育以互联网产业为特色的新一代信息技术产业和以科技金融为重点的现代科技服务业,政府负责搭台,创业者负责实现梦想。经过前期的紧张筹备与精心打造,梦想小镇从一片农田出落成一座独具江南水乡韵味的以"互联网+"思维打造的"众创高地"。经过创业先锋营选拔赛的激烈角逐,获得首批入驻资格的项目共有 12 个,以 3D 打印、移动互联网、创业服务平台等互联网新兴领域的创业项目为主,如杭州妥妥网络科技有限公司、杭州联线电子商务有限公司、杭州杉帝科技有限公司等。① 梦想小镇于 2015 年 3 月 28 日正式开始运营,时任浙江省委副书记、省长李强和杭州市委书记龚正等省市领导在梦想小镇服务大厅与首批入驻创业项目的代表张桐(杭州妥妥网络科技有限公司创始人)、李立恒(杭州联线电子商务有限公司总经理)、虞洋(杭州杉帝科技有限公司 CEO)等一起按下手印,标志着梦想小镇的正式启用和投入运行。② 6 月 2 日,时任浙江省委书记夏宝龙调研梦想小镇。在听取小镇概况及建设情况介绍后,他说,习近平总书记在浙江考察时强调,"企业持续发展之基、市场制胜之道在于创新""人才是最为宝贵的资源"。各地各部门必须以最优的服务营造富有活力的创业创新生态系统,吸引海内外优秀人才纷至沓来,以人才引领大众创业和市场主体创新,使梦想小镇真正成为我省众创空间的新榜样、特色小镇的新范式、信息经济的新增长点。他要求努力将小镇打造成生态、生活、生产高度融合的田园城市新样板,让创业者在这里既能享受都市的快捷,又能够留得住青山绿水、记得住乡愁。③ 6 月 5 日,浙江公布首批省级特色小镇创建名单,包括梦想小镇等 37 个小镇入围名单,梦想小镇作为特色小镇在官方层面得到了正式认可。

习近平总书记在《之江新语》中论述道:"浙江土地面积小、自然资源相对贫乏,要有效解决浙江发展中的资源要素问题,在新一轮竞争中占据主

① 傅永恒. 梦想小镇:创业的 5 个样本[J]. 浙商,2015 (9):58—61.

② 中国的"达沃斯"梦想小镇今天启用啦! 附小镇说明书[EB/OL]. http://zjnews. zjol. com. cn/05zjnews/system/2015/03/28/020576282. shtml.

③ 应建勇. 夏宝龙在余杭安吉调研时强调以实干推动习近平重要讲话精神落地生根[N]. 浙江日报,2015-06-03.

动,不能仅仅局限在十万一千八百平方公里区域面积上做文章,必须跳出浙江发展浙江,在大力引进各种要素的同时,打到省外去、国外去,利用外部资源、外部市场实现更大的发展。有人提出一种'地瓜理论',非常生动形象地描述了'跳出浙江发展浙江'的现象。地瓜的藤蔓向四面八方延伸,为的是汲取更多的阳光、雨露和养分,但它的块茎始终是在根基部,藤蔓的延伸扩张最终为的是块茎能长得更加粗壮硕大。"①梦想小镇在短短一年不到的时间内,诠释了从概念,到蓝图,再到运营的完美蝶变。这与省、市、区、管委会(街道)各级领导干部务实勤奋和脚踏实地的工作作风密不可分,与主动拥抱互联网时代的创新思路紧密相关,与创新人才与社会资本等持续青睐融为一体。这也确保了梦想小镇犹如"地瓜"一般,可以吸收外界的丰富养分,在浙江的土壤中茁壮成长。

4.3.3　成长期

诞生阶段将孕育期的构想付诸实践,如若新生组织在诞生阶段存活下来,且创业者持续投入热情与关爱,强化实施,一般会顺利步入成长阶段。在该阶段,组织发展较快,规模经济效应日益明显,投资机会、员工人数均有所增加,主业逐渐凸显,风险抵御能力也逐步提升。在创业者经历了前期艰辛,取得了成绩与资金且经营活动稳定后,其信心会明显增强。员工充满活力,创业者还常会有新的设想,致力于发展新业务与投资新项目,并逐渐形成经营方针与规章制度,追求规范化管理。这一时期的基本特征是:组织拥有一定的市场地位;在创业者眼中,机会随处可寻。

处于成长阶段的梦想小镇,充分利用国家、省、市各级出台的制度优势吸纳人才、规范管理、发展壮大。国家政策的指导和小镇内部管理的规范创新,共同推动了梦想小镇的人才集聚与快速成长。国务院及其组成部门先后颁发了《关于发展众创空间推进大众创新创业的指导意见》《关于大力推进大众创业万众创新若干政策措施的意见》《关于加快构建大众创业万众创新支撑平台的指导意见》等指导文件,指出要构建一批低成本、便利化、全要素、开放式的众创空间,推动大众创业万众创新发展及其成果转化。梦想小镇所属的未来科技城管理委员会自身内部也在不断完善各项管理制度规范,制订出台《梦想小镇创新券使用管理办法》《梦想小镇创新创业类活动经

---

① 习近平. 之江新语[M]. 杭州:浙江人民出版社,2007:72.

费补助实施细则(试行)》《梦想小镇、人工智能小镇、海创园项目创新券使用管理办法》等系列操作性的政策制度,规范创新管理。

　　梦想小镇全新的理念和模式,也为未来科技城周边区块及产业带来了新的驱动力,带动一批重资产的传统孵化器向重服务的新型孵化器转变和一批优质项目的相继入驻,并向更大范围、更深层次拓展,人才流、创新流、资金流加快集聚,高新产业蓬勃发展。2015 年 9 月 7 日,时任中央财经领导小组办公室主任、国家发改委副主任刘鹤率队到浙江调研宏观经济运行和特色小镇建设情况。据《浙江日报》报道,在考察杭州市余杭区梦想小镇、上城区山南基金小镇后,刘鹤指出,对特色小镇印象最深的是处理好了政府与市场的关系,政府为企业创业提供条件,大胆"放水养鱼",让企业家的才能得到充分发挥,这对中国经济结构升级具有重要借鉴意义。① 在浙江的实践创新基础上,中财办形成《浙江特色小镇调研报告》并呈送习近平总书记阅示。2015 年 12 月 24 日,习近平总书记在《浙江特色小镇调研报告》上作出重要批示:"从浙江和其他一些地方的探索实践看,抓特色小镇、小城镇建设大有可为,对经济转型升级、新型城镇化建设,都大有重要意义。浙江着眼供给侧培育小镇经济的思路,对做好新常态下的经济工作也有启发。"源于梦想小镇的实践经验得到了党中央的肯定,也给梦想小镇的未来发展注入了最强信心。

　　2016 年 3 月 1 日,梦想小镇二期(创业大街)开始启动建设,同年 9 月 1 日正式投入运行。2016 年 9 月 2 日,G20 峰会官方采访团 70 名中外记者的到来,标志着梦想小镇的影响力与知名度的范围从国内扩大到了国外。2016 年 11 月 29 日,《人民日报》头版以优美的辞汇描绘了位于杭州西部的梦想小镇:"粉墙黛瓦的江南民居和美轮美奂的现代建筑交相辉映,12 个旧时粮仓被改建成孕育梦想的'种子基地'。"梦想小镇在成长过程中向世人展示了丰硕的成果。2017 年 8 月 2 日,余杭梦想小镇和上城玉皇山南基金小镇一起被浙江省政府正式命名为首批省级特色小镇。这是对梦想小镇在浙江乃至全国特色小镇创建和培育中示范引领作用的极大肯定。

4.3.4　绽放期

　　组织绽放期是其生命周期中最理想的状态。在这个阶段组织追求内部

---

① 徐豪. 新型城镇化的新探索特色小镇火了[J]. 中国经济周刊,2017(9):16—29.

规范运作、提升效率、收入与利润的增长。其基本特征表现为：管理成熟而规范，业务计划与预算体系科学，市场地位显著，品牌知名度高，竞争力强。而对组织而言，最为关键的问题是如何保持创新。因此，组织应特别重视业务组合管理，提升创新精神。

梦想小镇在成长阶段构建的系列创新管理制度促进了小镇进入绽放阶段。同时，梦想小镇在成长阶段中的良好势头和丰硕成果，也预示着小镇即将迈入全面绽放阶段。梦想小镇通过采取合适的战略措施、建设良好的企业文化等多种方式，成为我国新时代创新创业的一个缩影。2018 年 12 月 29 日，梦想小镇成功创建国家 4A 级旅游景区，表明小镇在产业主线之外文旅融合的成功，标志着小镇软环境建设及其配套服务的又一次升级。2019 年 4 月 19 日，国家发改委在浙江德清地理信息小镇召开"第一轮全国特色小镇典型经验"现场会。梦想小镇作为全国典型案例（全国 16 个，浙江 3 个），向全国推广其打造新兴产业集聚发展新引擎的成功经验，成为名副其实的特色小镇领军者。2019 年 6 月 3 日，《人民日报》再度在头版以较大篇幅报道梦想小镇的创业故事和梦想小镇的孵化器。① 经过一段时期的沉淀后，梦想小镇被选定为 2019 年 6 月 13 日举行的全国大众创业万众创新活动周主会场。国务院总理李克强视察梦想小镇并在活动周开幕式上发表重要讲话。活动周包含主题展示、筑梦服务站、小镇创客厅、天天"新物种"、特色小镇体验行等重点活动，相关创新企业覆盖全国 30 个省份，累计对接项目 300 余个，吸引了全球创客与观众的眼光。至此，梦想小镇便进入"后双创"时代。梦想小镇如同习近平总书记提出的"地瓜理论"所描述的外向型经济体一样，开始将藤蔓伸向省外，在吸引要素的同时输出品牌。在长三角一体化战略背景下，2019 年 11 月 4 日在上海成立了梦想小镇沪杭创新中心（图 4.6），充分发挥异地研发、资本互动、协同聚才、国际合作的纽带作用，推动项目"上海孵化，杭州加速产业化"，打造在沪大学生创新创业的新平台、杭企在沪研发的离岸孵化器。2019 年 12 月 26 日，合杭梦想小镇在安徽合肥市包河区正式签约（图 4.7），致力于聚焦科技创新、创意文化、现代金融三大产业领域，努力形成 2～3 个"百亿"级产业集群，打造长三角一体化高质量发展的示范样板区。

---

① 李中文，江南. 平均每天诞生六百余家企业、一百余个有效发明专利——西子湖激荡"双创"潮[N]. 人民日报，2019-06-03.

图 4.6　梦想小镇沪杭创新中心实景

来源:未来科技城管委会供图。

图 4.7　合杭梦想小镇展厅效果

来源:未来科技城管委会供图。

通过 5 年多的发展,梦想小镇现已成为国内知名的创客聚集区(表 4.1),小镇的市场地位、品牌知名度、竞争力均已达到一定高度,多地、多部门到此考察学习。未来科技城以梦想小镇为标杆,又先后建造了人工智能小镇、南湖创新小镇、金融小镇等系列特色小镇。可以说,当下的梦想小镇体现的就是一种生命力饱满绽放的最佳状态。2020 年 5 月 8 日,国务院办公厅发布《关于对 2019 年落实有关重大政策措施真抓实干成效明显地方予以督查激励的通报》(国办发〔2020〕9 号)。以梦想小镇为"双创"主平台的未来科技城被评为"在推动'双创'政策落地、促进创业带动就业、加强融通创新、扶持'双创'支撑平台、构建'双创'发展生态、打造'双创'升级版等方面大胆探索、勇于尝试、成效明显的区域'双创'示范基地"(全国仅 15 家)。①梦想小镇正如浙江特色小镇星罗棋布中的一粒关键棋子,让未来的创新创业大生态更加稳定繁荣。

表 4.1　梦想小镇近年来投资运营概况

年份	固定资产投资/万元	企业数量/个	营业性收入/万元	实现税收/万元
2018	26547	1431	691000	27000
2017	17187	1303	391558	37607
2016	147688	1306	241442.03	21518.73
2015	216380	551	60145.5	5048.59

数据来源:杭州未来科技城管委会提供。

4.4　小镇评价

近年来,特色小镇在全国的发展如火如荼。但由于部分特色小镇缺乏概念主题、缺少定位研究、缺失产业支持、缺少策划或者包装过度,成功运营的特色小镇案例并不多见。部分小镇由于急于求成导致毫无特色、亮点不足,或因为简单复制导致题材单一,缺乏产业支撑和长期的运营资金,最终

---

① 国务院办公厅关于对 2019 年落实有关重大政策措施真抓实干成效明显地方予以督查激励的通报[EB/OL]. http://www.gov.cn/zhengce/content/2020-05/08/content_5509889.htm.

走向失败。① 就特色小镇创建审核非常严格的浙江省而言,每年也会有一批特色小镇"落榜生"未通过考核指标而引起一定关注。

梦想小镇自 2015 年度开始,连续 3 年以高分获得优秀的评价。大量政府考察、社会舆论关注、新闻媒体密集报道,均从不同侧面说明梦想小镇在浙江乃至全国范围内的特色小镇发展中处于前列,得到社会各界的广泛好评。社会评价是社会公众基于对某一组织的感知而做出的评价。② 社会认可是社会公众对社会性决策或事件的肯定和接纳。组织所得到社会公众关注、评价、认可、支持或赞誉的程度,往往影响甚至决定一个组织能否实现长远发展。因此,较高的社会评价和社会认可是检验特色小镇典型意义的关键指标之一,是特色小镇运行所取得的经济效益、社会效益、环境效益、竞争优势等多方面综合水平的体现。

在获取有关梦想小镇的社会评价和社会认可内容方面,课题组采用网络平台的形式抓取所需原始数据。互联网显著提高了社会公众获取信息、发布观点和传播意见的便利性,也提供了许多统计分析平台,其中,百度指数是应用较多的统计分析平台之一。百度指数是以大量百度网民搜索行为数据为基础的数据分析平台,通过该平台可以分析关键词搜索趋势,深度挖掘舆情动态、市场需求和用户特征等信息。其中,搜索趋势是百度指数最核心与最基本的功能,它是对关键词在某段时间内的关注热度的判断。本课题通过百度指数平台对"梦想小镇"这一关键词在 2014 年 8 月 13 日(概念首次被公开提及)至 2019 年 6 月 13 日(双创周活动)的关注趋势的分析发现,梦想小镇受到社会的广泛关注并呈现出稳定的趋势(图 4.8)。这与梦想小镇自身的品牌效应密不可分,也是梦想小镇具有较高社会评价和认可度的反映。

具体而言,有关梦想小镇的社会评价和社会认可度主要表现在以下两个方面。

一是各级领导和党政代表团的广泛关注。作为全国特色小镇的先行者和浙江省首批 37 个特色小镇"头牌"的梦想小镇,备受党和国家各级领导以

---

① 许正,于珊. 打造特色小镇,"融合"是关键[J]. 人民论坛,2018 (12):106—107.

② George G, Dahlander L, Graffin S D, et al. Reputation and status: expanding the role of social evaluations in management research[J]. Academy of Management Journal,2016,59(1):1—13.

图 4.8　梦想小镇关键词搜索指数

数据来源:百度指数。

及上海、山东等十余个兄弟省(区、市)党政代表团的重视。自 2015 年建成运营以来至 2020 年 6 月,中央政治局常委、国务院总理李克强,中央政治局常委、全国人大常委会委员长栗战书,中央政治局常委、全国政协主席汪洋,中央政治局委员,国务院副总理、党组成员,中央财经领导小组办公室主任刘鹤,中央政治局委员、上海市委书记李强,原中央政治局常委、全国政协主席贾庆林,原中央政治局常委、中央书记处书记刘云山,中央书记处书记、中央统战部部长尤权,国务委员、国务院秘书长肖捷,全国政协副主席万钢,全国政协副主席何厚铧,国务院港澳事务办公室主任、党组书记夏宝龙,原中央政治局委员、国务院副总理吴仪,原中央政治局委员、国家副主席李源潮,全国政协副主席、九三学社中央主席韩启德,全国政协副主席马培华等党和国家领导人,塞尔维亚总理布尔纳比奇等外国领导人,山东、江西、四川、福建、吉林、青海、内蒙古自治区、云南等省(自治区)党政考察团,均莅临梦想小镇调研并高度肯定梦想小镇的发展成效。

二是综合效益显著,示范作用明显。经过五年多的不懈努力,梦想小镇的发展取得了显著成效。截至 2020 年 2 月,梦想小镇五年期间累计集聚创业项目 2203 个、创业人才 18800 名,形成了一支以"阿里系、浙大系、海归系、浙商系"为代表的创业"新四军"队伍;166 个项目获得百万元以上融资,融资总额达 110.25 亿元;累计集聚各类资本管理机构 1423 家,管理资本

3059 亿元；累计引进深圳紫金港创客、良仓孵化器等知名孵化器以及500Startups、Plug&Play 等 2 家美国硅谷平台落户，浙商成长基金、物产基金、龙旗科技、海邦基金、暾澜基金等一大批 PE、VC、天使投资机构快速集聚；相继举办中国（杭州）财富管理论坛、中国青年互联网创业大赛、中国互联网品牌盛典、中国研究生电子设计大赛等活动 1671 场、共计 22.2 万人次参与，吸引国内外众多媒体密集报道。在 2018 年浙江特色小镇网络影响力指数半年榜中，梦想小镇以 87.67 分高居榜首，并实现蝉联；①在 2018 年浙江特色小镇发展综合指数半年榜中，梦想小镇在所有信息经济产业特色小镇中排名第一。此外，在发展过程中，梦想小镇还得到了省级、国家级的各项殊荣——2016 年被评为全省首批特色小镇文化建设示范点，2017 年荣获全国"最具影响力特色小镇"奖项，2018 年被评为全国特色小镇示范案例，并入选最美特色小镇 50 强。梦想小镇多次在《新闻联播》《人民日报》《新华网》亮相，承办各类大型活动，社会知名度和影响力进一步提升。

---

① 庞舒青. 2018 浙江特色小镇网络影响力指数半年榜：谁最具魅力［EB/OL］.［2018-07-30］. http://tsxz.zjol.com.cn/ycnews/201807/t20180718_7807110.shtml.

第5章 勾勒梦想:有核心,无边界

谢谢你,杭州,读懂我们最初的梦想。

——阿里巴巴,2019 年

5.1 战略谋篇

"经武之略,在于贵谋。"战略源于军事,指的是作战谋略,也泛指重大的、带有全局性和决定全局的计谋。战略构想是在制定战略目标过程中所运用的知识结构,是战略制定者通过编译组织内外部环境的各种信息并将这些信息转化为组织行为的一个过程。战略构想为一个组织指明目标和方向,决定组织的战略柔性水平、行动走向和生存方式,确保组织活动落到实处,为组织活动在外界持续变化的干扰中有序发展、持续进行提供保障。

5.1.1 构建要素

战略构想是一个组织的战略认知,它在一定程度上反映了组织结合其所在的内外部环境,以价值观为基础对组织的战略使命、愿景、核心价值观、目标等方面的确定。[1] 一个规范的、全面的战略构想至少应包含下述 4 项基本内容。[2]

---

[1] 谢佩洪. 战略管理[M]. 上海:复旦大学出版社,2014.

[2] 刘平. 企业战略管理——规划理论、流程、方法与实践[M]. 北京:清华大学出版社,2015.

1．使命

使命又称战略展望或宗旨，根据组织服务的对象及其需求而确定，是组织最根本、最崇高的责任和任务，也是对组织目标的构想。战略使命是组织存在的根本理由和价值追求的体现，是战略构想最基本的问题。战略使命主要回答"我是谁"或"为何追寻"的问题，它决定了组织做什么或者不做什么。从某种意义而言，战略使命是一个组织生存的基石。

2．愿景

愿景指组织所希望实现的未来景象，是组织期望将来达到的一种状态，主要回答"我要到哪里去"或"追寻什么"的问题，其通常包含组织成员愿意看到的（期望的）并愿意为之努力的（主动的）且通过努力能够接近的（可接受的）梦想。愿景表达了组织通过努力想要实现的目标或追求，体现了组织的战略使命，并为组织提供发展动力。

3．核心价值观

价值观是组织对好坏、善恶、成败、是非、对错等方面的基本价值信仰，是组织所遵循、提倡、反对、弘扬、抑制内容的价值态度的反映。价值观是组织必须面临的问题，主要回答如何及靠什么实现使命和愿景，即"我该怎么做"或"如何追寻"的问题。组织需要核心价值观来引导其决策的方向，以确保实现战略使命和战略愿景。

4．战略目标

战略构想仅有使命和愿景是不完整的，还应包括将使命和愿景转化为具体的战略目标。组织战略目标需要根据使命和愿景要求，选定目标参数，主要回答"需要在某段时间内，由哪些人员完成哪些工作并取得什么样的成果"的问题。此外还应强调的是，所有的目标应是一致的，同时有主次轻重之分，并提供评估绩效的方法。战略目标为组织活动设计提供基础，明确其发展方向。

战略构想的有效构建应建立在对上述 4 项基本内容及组织内外部环境条件的综合性认知基础之上，战略构想的形成过程如图 5.1 所示。使命、愿景、价值观共同构成组织的基本理念。使命描述组织的目的，愿景使目的更明确、具体，价值观则引导决策方向，以确保使命完成和愿景实现。战略目标是使命和愿景的具体体现，是战略构想的关键所在，是综合分析组织内外部环境，在一定时期内拟实现的一种理想成效。因此，组织有必要对其内部因素、外部形势变化环境及组织使命、愿景、价值观和战略目标进行综合分析，构建战略构想。

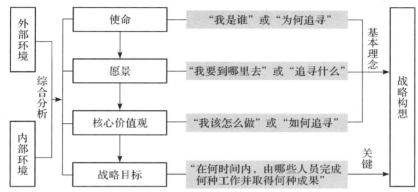

图 5.1　战略构想的形成过程与关键点

5.基本原则

（1）可行性原则

战略构想应基于组织的实际情况和发展需求，而非毫无事实根据的不切实际的空想，确保"只要跳一跳，就可以摘到葡萄"。

（2）挑战性原则

战略构想在可行性的基础上应具有一定的挑战性，需要组织成员付出一定努力后能够实现，确保"必须跳到多少高，才可以摘到葡萄"。

（3）清晰性原则

战略构想应清晰，应明确表述，确保每一位组织成员均能够正确理解，确保"必须跳到多少高，摘的才是成熟的葡萄"。

（4）长期性原则

战略构想要以现实为依据，结合客观实际条件，立足长远，为组织发展提供一个可持续的方向，确保"每天可以跳多少次，每次可以摘多少成熟的葡萄"。

5.1.2　梦想小镇的战略观

1.使命

梦想小镇的使命是要成为天下有创业梦想的年轻人起步的摇篮。

2.愿景

梦想小镇的愿景是打造以融合高端人才、科技创新、技术研发、金融创新的最具活力、最具优势和最具特色的浙江特色小镇标杆、中国供给侧结构性改革试验场、世界级互联网创新创业高地。

3.核心价值观

梦想小镇的核心价值观是开放、创新、人文、活力。

4.战略目标

梦想小镇的战略目标是锁定互联网产业和科技金融两大产业门类,集中培育一批具有全球影响力的互联网企业和互联网产业,创建省级特色小镇。

梦想小镇根据自身具有的综合优势和独特优势、所处的经济发展阶段以及运行特点,合理进行发展规划和布局,确定主导产业、支柱产业以及基础产业。在 2015 年正式对外运营之初,梦想小镇提出了一个为期 3 年的阶段性的战略目标(表 5.1),并以此作为各项工作的一个对标与鞭策。经过 3 年左右的发展,梦想小镇根据实际情况,又将一些反映新环境变化的指标纳入战略目标量化指标体系中,对战略目标进行了及时动态调整,基本实现了既定的目标(表 5.2)。

表 5.1 梦想小镇 3 年阶段性战略量化目标

序号	指标内容	指标值	序号	指标内容	指标值
01	大学生创业者	10000 名	04	实际资产管理规模	1000 亿元
02	大学生创业项目	2000 个	05	金融资产总额	3000 亿元
03	基金(管理)及相关机构	300 家			

表 5.2 梦想小镇战略量化目标完成情况

序号	指标内容	指标值	序号	指标内容	指标值
01	泛大学生创业者	14900 名	05	获得百万以上融资项目	166 个
02	创业项目	1645 个	06	融资总额	110.25 亿元
03	基金管理及相关机构	1386 家	08	举办创业活动	1316 场
04	管理资本	2941 亿元	09	创业活动参与人数	18.8 万人次
05	孵化器	4 个			

5.2　筑梦师们的思考

梦想小镇是一张白纸,如何设计在某种意义上决定了小镇建成后的使用舒适度和未来成长性。规划设计犹如筑梦师一般,通过其娴熟的线条与色块将其灵感描绘在梦想小镇的白纸上。杭州未来科技城管委会于 2014 年 9 月 24 日邀请了荷兰 NITA、浙江工业大学建筑规划设计研究院、深圳市城市规划设计研究院、上海百殿建筑设计咨询、北京伍兹贝格建筑设计咨询等 5 家境内外设计机构开展梦想小镇的总体概念设计,经过发布征集文件、现场踏勘交流、中期成果汇报、设计成果递交、专家评审确定名次、公示无异议,于 2015 年 1 月 9 日确定荷兰 NITA 为最终编制单位进行梦想小镇的总体概念设计工作。

5.2.1　小镇的型与质

1. 小镇规划的"型"

特色小镇是一种独特类型的实体地域,不仅具有特定规模、结构与功能,而且是一个具有特定主体、产业和业态的社会经济综合体;不仅是一种产业空间组织形式,而且是一个具有复杂性、动态性和生命周期的小型城镇地域系统。[①] 尽管不同类型的特色小镇在区位选址、开发模式、空间功能、业态布局等方面存在显著差异,但作为小型城镇地域系统或小尺度的产业空间组织形式的一个共同特征,特色小镇都是通过基础设施网络共享和公共配套设施的集约利用以实现生产、生活、生态融合的发展平台。根据特色小镇已有产业、资源禀赋的依托程度和发展主题,可以将特色小镇的规划划分为 3 种类型。

一是新植型规划。由政府决策部门确定特色小镇的宏观区位和产业主题,划拨某一未开发地块进行产业植入。植入的一般是政府重点引导的新兴产业。

二是嫁接型规划。依托已有工厂、景区、产业园区,保持原有功能基本

---

① 石忆邵,任浩然. 关于特色小镇规划与发展中若干问题的思考[J]. 上海国土资源,2019,40(3):1—6.

不变的前提下,引导并增加其他功能,典型的例子如嘉兴巧克力甜蜜小镇,它就是在原有巧克力生产的功能上引导发展以亲子、婚纱摄影为主的休闲旅游业。

三是修枝型规划。保持原有产业功能基本不变,按照特色小镇创建的要求,增加公共空间、生活服务配套、休闲旅游设施等,以符合特色小镇的验收标准。

本课题所涉及的梦想小镇,属于前述第一种类型的规划。

2. 小镇规划的"质"

规划,意即比较全面长远的发展计划,是组织对未来整体性、长期性、基本性问题的思考和考量,设计的是未来整套行动的方案。一般而言,规划是在对一定时期内的社会经济发展现状分析的基础上,结合战略构想,制定建设的行动纲领,提出某一空间发展目标,并就其功能、定位、项目、文化、交通等诸多因素进行统筹设计与综合部署,并引导将各类政策或战略构想转化为社会实际行动等。相较于战略构想而言,规划对未来发展做出的预见和安排更为具体和落地,也更富有操作性。

在特色小镇的创建过程中,规划编制具有承上启下的关键作用。它不仅将政府决策层的主要意志通过专业技术得以表现与物化,有效促进资源的合理利用,而且能够为特色小镇建设运营的有序协调发展提供支持,并将建设运营的可预估成本控制在一个较低水平。具体而言,特色小镇的规划编制主要包括战略定位、规划目标与指标体系、总体空间布局、特色产业发展策略、历史文化保护与发展、旅游发展策划、生态环境保护、城市设计、基础设施建设、公共服务和社会治理、体制机制创新、开发时序安排、年度实施计划和实施保障机制等内容。

5.2.2 小镇的选址

要保障项目的示范作用和发挥积极的成效,科学合理的选址是关键。在经济发展新常态下,传统城镇化开发已从粗放式的野蛮生长逐步过渡到依靠科学化管理的平稳发展阶段。特色小镇的选址、与周边区域的关系是保障特色小镇可持续发展的基本前提。① 选址好等于项目成功了一半,选

---

① 王吉勇,朱骏,张晖. 特色小镇的全流程规划与实施探索——以杭州梦想小镇为例[J]. 规划师,2018,34(1),24−29.

址不好则犹如挖了一个坑,后期规划设计、运营管理都在往坑里填。按照特色小镇创建标准,梦想小镇的规划选址应具备良好的产业基础、交通条件、文化底蕴和生态环境。

1. 良好的产业基础

梦想小镇的规划地块作为杭州市未来科技城规划中的一个重要组成部分,毗邻浙江大学、杭州师范大学等高校院所,以及全球知名的阿里巴巴总部。杭州未来科技城是中组部、国资委确定的全国 4 个未来科技城之一,是第三批国家级海外高层次人才创新创业基地,其产业定位为电子信息产业、生物医药研发等,集聚了阿里系、浙大系、浙商系、海归系四大派系人才,而且创业氛围浓郁,金融配套、生活配套完整。因此,规划选址地块在产业发展、人才输入、政策优惠方面优势显著。

2. 便利的交通优势

梦想小镇的规划地块距离杭州市区直线距离 17km,与规划中的杭州高铁西站无缝对接。杭州西站是继萧山国际机场与杭州东站后的杭州第三大综合交通枢纽,集铁路、公路、地铁、水运等多种交通方式于一身。杭州西站枢纽规划引入商合杭、沪乍杭(沪杭城际)、杭温、杭武(杭临绩)及杭黄 5 条高铁;引入机场轨道快线、地铁 3 号线 2 条城市轨道交通线路,远期预留 2 条城市轨道交通线路的接入条件;在北部区域拟规划一条加密线,以南区域有地铁 5 号线、杭临 16 号线。这些现代交通设施建设将加速梦想小镇融入长三角一体化的进程,使区域人才、资本和技术等创新要素更自由地与梦想小镇形成流动(图 5.2)。

3. 深厚的文化沉淀

仓前老街具有 800 多年历史(图 5.3)。老街范围内有 2 处国宝:清末民初民主革命家、思想家、著名学者章太炎(章炳麟)故居(图 5.4、图 5.5);新中国第一代粮食人创建的最早的"四无粮仓"(无虫(蛀)、无霉(变)、无鼠(害)、无雀(扰)),深藏着"牢牢端稳中国人自己的饭碗"的动人故事。创建于 1843 年的深受当地老百姓爱戴的老字号钱爱仁堂,以及流传当地的乾隆下江南念念不忘的仓前掏羊锅、杨乃武与小白菜等民间传说,彰显了项目地块富有特色的地方文化。

4. 优美的运河水乡

世界遗产大运河的支流余杭塘河在梦想小镇穿境而过,南北贯通,其支

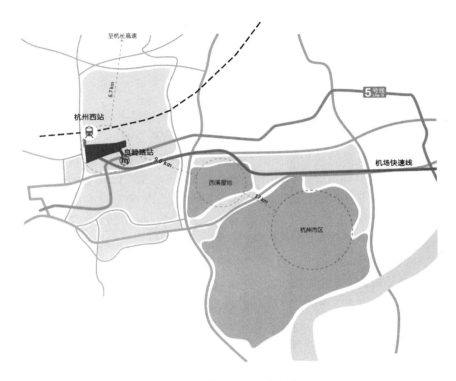

图 5.2　梦想小镇交通区位

说明:底图源自荷兰 NITA 设计集团 2015 年所作的《杭州梦想小镇概念方案
设计深化》报告。在此基础上有较大修改。

流延伸至村落,水系发达,水网密布(图 5.6)。余杭塘河古称"运粮河",又
名"官塘河",在历史上商船云集、航运发达,反映了以漕运文化为中心,并随
其发展而来的生活文化、商贸文化乃至建筑文化,是记载杭州历史变迁的重
要组成部分。《徐霞客游记·浙游日记》中曾有这样一段描述:"二十八日南
行二十五里,至唐栖,风甚利。五十里,入北新关。……又五里,仓前。又十
里,宿于余杭之溪南。访何孝廉朴庵,先一日已入杭城矣。"当年徐霞客走的
就是这条仓前塘河。① 项目地块存有大面积生态农田,农田环绕,沿村庄和
河道存在集中林地,保持有典型的运河水乡生态环境(图 5.7)。

――――――――――

　① 王天玉. 仓前老街[EB/OL]. [2013-11-29]. http://www.yhsz.gov.cn/newsshow.aspx?
artid=11662.

图 5.3　古朴的仓前老街

来源：未来科技城管委会供图，拍摄于 2007 年。

图 5.4　章太炎（1869—1936 年）　　　图 5.5　章太炎故居（拍摄于 2007 年）

以上两图来源：未来科技城管委会供图。

图 5.6　梦想小镇项目规划范围内水系

来源:荷兰 NITA 设计集团 2015 年所作的《杭州梦想小镇概念方案设计深化》报告。

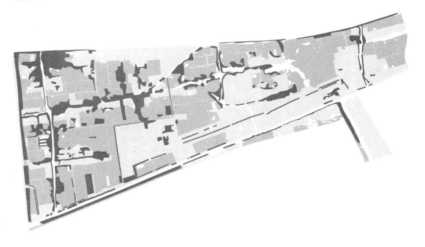

图 5.7　梦想小镇项目规划范围内农田与林地分布

来源:荷兰 NITA 设计集团 2015 年所作的《杭州梦想小镇概念方案设计深化》报告。

5.2.3　从 3R 到 3O

在泛大学生群体创业和互联网创业的双重驱动下,灵源村所在的仓前
街道自然而然成为梦想小镇的现实载体,也成为未来科技城概念内涵的重
要外延与补充。梦想小镇的规划理念可归纳为"3R"(图 5.8)。

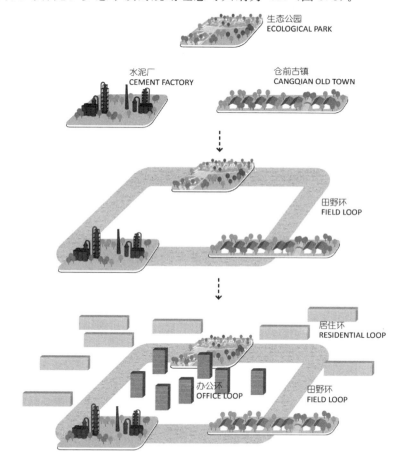

图 5.8　梦想小镇规划的"3R"理念
来源:荷兰 NITA 设计集团 2015 年所作的《杭州梦想小镇概念方案设计深化》报告。

一是保留,即 remain。保留地块内 3 个最具特点的区块,即生态公园
(良好的生态自然环境)、仓前古镇(悠久的人文历史)、水泥厂房(工业时代

的象征),作为梦想小镇规划的主要亮点。

二是连接,即 reconnect。运用最具江南特色的田野环路连接生态公园、仓前古镇、水泥厂房三大区块。

三是重生,即 reborn。以田野生态环路为主纽带,重构生活居住环、生产办公环,形成梦想小镇主体空间的圈层结构。

在保留、连接、重生"3R"的规划理念下,规划筑梦师们用"3O"描绘了梦想小镇的未来愿景。

O—open town,开放小镇,即开放的创业体验,开放的田园,连续性的开敞空间,开放宽容的创业环境和创新氛围。

O—opportunity town,机遇小镇。互联网面前人人平等,大众创业、万众创新的时代让每一位人的价值凸显。在小镇这里,不仅仅是创业,更是创造生活,创造自我,创造未来。

O—organic town,有机小镇。有机的新型城镇化发展模式,有机的创业生态系统,有机的田园城市范式,有机的文化旅游融合,有机的绿色生态系统。

5.2.4 小镇的设计哲学

粮食是人类生存和发展的基础,耕地是提供粮食的源泉,水田是江南耕地的特有形态。从空中俯瞰仓前一带的大地,阡陌纵横,沟浍四通,一个个"田"字,可以说是大自然与人类携手共创的一幅完美作品(图 5.9)。

图 5.9 小镇周边随处可见的"田"
来源:百度地图。

仓前之名，源于"米仓"，米仓之兴，其本在田。受此灵感启发，在梦想小镇的规划设计中，筑梦师们将"田"元素充分吸收到梦想小镇的规划设计哲学之中（图 5.10）。

阡陌不语，上自成蹊：田是仓前的，田是小镇的；田是生活的，田是希望的；田是历史的，田是未来的。

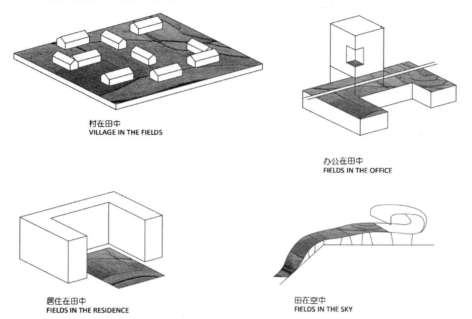

村在田中
VILLAGE IN THE FIELDS

办公在田中
FIELDS IN THE OFFICE

居住在田中
FIELDS IN THE RESIDENCE

田在空中
FIELDS IN THE SKY

图 5.10　田元素的解构与重构

来源：荷兰 NITA 设计集团 2015 年所作的《杭州梦想小镇概念方案设计深化》报告。

对"田"的观察、思考、启发、提炼与设计，构建起梦想小镇的空间骨架。在"O"环中融入生态环，形成串联绿环，嵌入梦想小镇脚下这片土地最原始的肌理与本初的味道，凸显田野、村庄、工业遗存和水系的关键镜像，也为我们描绘了一幅"土地平旷，屋舍俨然有良田美池桑竹之属"之似曾相识又充满想象的郊野画面（图 5.11、图 5.12）。

为强化规划设计的科学性与操作性，规划设计单位根据项目内容，对梦想小镇的分期项目建设时序（表 5.3）和投资概算（表 5.4）进行了研究。本课题从规划方案中对这部分内容作了摘录，供特色小镇政府决策部门、规划设计行业、相关专业学者与学习者等群体参考。

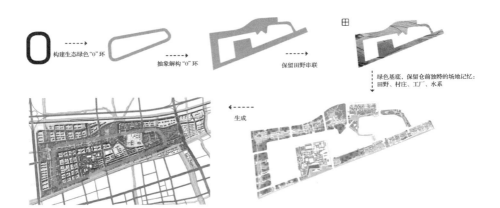

图 5.11 小镇蓝图的生成

来源:荷兰 NITA 设计集团 2015 年所作的《杭州梦想小镇概念方案设计深化》报告。

表 5.3 梦想小镇规划设计分期项目建设时间与任务

项目分期	建设时序	主要任务
第一期	2015—2017	1.重点打造一个亮点——"仓前古镇"旅游区 2.解决后期建设中动迁安置房的问题 3.解决基地内基础道路的问题
第二期	2017—2022	实现"一心一环七村"的规划建设: 1.城市中央公园(一心)打造城市的绿肺,居民休闲、思考、追梦的理想之地 2.都市农业环(一环),现代化城市农业的发展示范区,同时也是城市别样的景观 3.梦想小镇七村(一村、二村、三村、四村、五村、六村、七村)承托来此追梦的人的梦想,为梦想人提供必要的支持平台
第三期	2022—2027	实现"一轴一梦两园"的规划建设: 1.(一轴)梦想大道连接北面未来的高铁站,及南面筑梦工厂,成为最为重要的城市轴线 2.(一梦)筑梦工厂,改造老水泥厂,作为城市中心体,承载商业、办公、休闲、娱乐多种功能,为未来城市的中心 3.(两园)绿色产业园和绿色居住园,采用最新的建筑技术,将绿色引入园区,引入室内,打造不一样的未来体验

来源:荷兰 NITA 设计集团 2015 年所作的《杭州梦想小镇概念方案设计深化》报告。

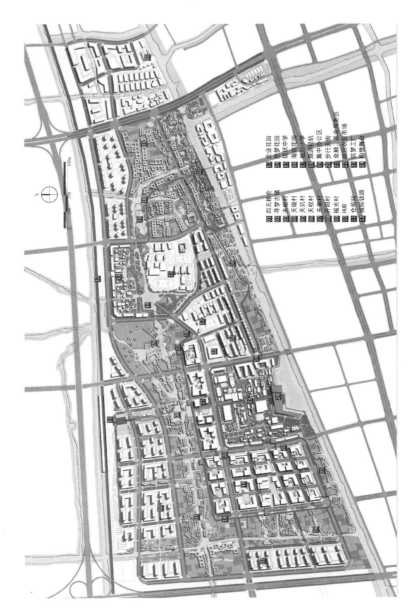

图 5.12 梦想 O 镇 希望田野

来源:荷兰 NITA 设计集团 2015 年所作的《杭州梦想小镇概念方案设计深化》
报告。

表 5.4　梦想小镇规划设计建设项目预算与资金平衡

序号	工程或费用名称	估算指标/万元			资金平衡/亿元		
		建设面积/m²	单位面积价格	预计投资额	土地出让收入	建设投资	资金结余
一	一期建设						
1	仓前古镇保护建筑	8263.30	0.20	1652.66	24.9	17.9	7
2	仓前古镇新建建筑	24680.90	0.50	12340.45			
3	安置房建设	276601.70	0.50	138300.85			
4	老建筑拆除	25000.00	0.00	0.00			
5	梦想小镇(基地内)基础设施建设	384000.00	0.07	26880.00			
	小计	—	—	179173.96			
二	二期建设						
1	城市中央公园	151021.70	0.06	9061.30			
2	中央公园配套建筑群	11922.90	0.50	5961.45			
3	梦想小镇——一村	110273.00	0.57	62855.61			
4	梦想小镇——二村	87903.00	0.57	50104.71			
5	梦想小镇——三村	111228.60	0.57	63400.30			
6	梦想小镇——四村	104627.90	0.57	59637.90			
7	梦想小镇——五村	42984.40	0.57	24501.11	36.3	53	−16.7
8	梦想小镇——六村	105535.10	0.57	60155.01			
9	梦想小镇——七村	153766.40	0.57	87646.85			
10	梦想小镇及中央公园内水系疏通	118610.50	0.08	9488.84			
11	HUB 站点建设	8400.00	0.50	4200.00			
12	轻轨线建设	6100.00	15.00	91500.00			
	小计	—	—	528513.08			

续表

序号	工程或费用名称	估算指标/万元			资金平衡/亿元		
		建设面积 /m²	单位面积 价格	预计 投资额	土地出 让收入	建设 投资	资金 结余
三	三期建设						
1	筑梦工厂——建筑改造	33421.40	0.20	6684.28			
2	筑梦工厂——新建筑	14693.00	0.50	7346.50			
3	梦想大道	15578.00	0.20	3115.60			
4	绿色产业园	233329.30	0.75	174996.98			
5	绿色居住园	279077.50	0.60	167446.50	32.2	39	−6.8
6	筑梦工厂——城市核心 建筑	10609.70	0.90	9548.73			
7	筑梦工厂景观建设	150576.80	0.15	22586.52			
	小计	—	—	391725.11			
四	基本预备费(5%)	—	—	54970.61			
五	合　计	—	—	1099412.15	93.4	109.9	−23.5

说明：1.本估算以规划图纸为依据，价格根据梦想提供投标文件等文件作为依据。

　　　2.本估算不考虑土地征用拆迁补偿费、银行贷款利息等费用。

来源：荷兰 NITA 设计集团 2015 年所作的《杭州梦想小镇概念方案设计深化》报告。

5.3　几个有趣的话题

5.3.1　创客们需要什么样的空间

21 世纪的高技能工人正在不断寻求能激发他们创造力的组织和环境，出现所谓"城兴人，人兴业"（people follow city，business follow people）的现象，一改工业或服务经济时代传统意义上的"业兴人，人兴城"（people follow business，city follow people）。工作场所、个人生活和企业行业等，都将依赖于这些拥有创造力的人之间的丰富多元的互动。这种对增加社会互动的愿望,正在改变传统上被视为工作场所的地理边界。[①]

　　空间是人类进行各种社会经济活动的场所,空间配置是人类进行各种生产生活活动的产物,特色小镇的发展与其空间及空间配置密不可分。泛大学生创业者(青年创业者)和互联网创新是梦想小镇前期规划设计的两大基本立足点。考虑到梦想小镇未来潜在的业主和使用者的多样性,常规单一的空间设计与空间配置模式并不能完美地适应梦想小镇的整体开发与未来运营。因此,梦想小镇通过对泛大学生创业者、互联网创业者这两大创业群体的日常生活与创业空间需求类型以及不同创业空间的配套组织模式进行分析研究,构建了更加扁平而富有弹性的空间氛围、更加多元的微社区生态和更加个性化的服务需求,来打造日常生活与创业场景,形成差异化微社区环境。梦想小镇概念性总体规划的应标单位之一深圳市城市规划设计研究院开展的前期调研,可以帮助较好地了解和比较不同创业群体的日常生活与创业需求类型(图 5.13、图 5.14)。[②]

　　其中,20～29 岁的创业者主要关注中小学、综合医院、体育文化设施和综合商业设施等,30～49 岁的科研人员则更加关注教育和综合医院两类设施。这一点,在本课题组的访谈中也得到了印证。如某海归受访者谈道:"小孩子上学的问题,是我最关心的。"

5.3.2　1/4,1/4,1/4,1/4

　　空间形态是空间的深层结构和发展规律的显相特征[③],其内涵包括各区域的边界、形态、地理分布情况以及空间功能的分布和实现。在传统农耕时代,社会生产力高度依赖于自然环境,生态、生产和生活 3 种空间形态出于交通便利性和实用成本考虑,往往在空间上趋于相互集聚融合,村庄(生活空间)无规则自然散落在田园(生态空间兼生产空间)之中成为一种普遍的空间形态表达方式(图 5.15)。到了工业时代,伴随着火车、公路、航空等近代交通业的发达繁荣,一批批一味追求区位、追求高效率的生产组织方式的城市先后在交通枢纽或资源中转地崛起并壮大,并将原来那些低产出效

　　①　邓智团. 第三空间激活城市创新街区活力——美国剑桥肯戴尔广场经验[J]. 北京规划建设,2018(1):178-181.

　　②　王吉勇,朱骏,张晖. 特色小镇的全流程规划与实施探索——以杭州梦想小镇为例[J]. 规划师,2018,34(1):24-29.

　　③　段进. 城市形态研究与空间战略规划[J]. 城市规划,2003,27(2):45-48.

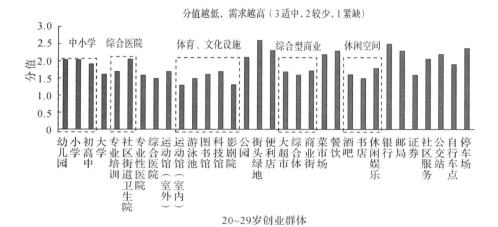

20~29岁创业群体

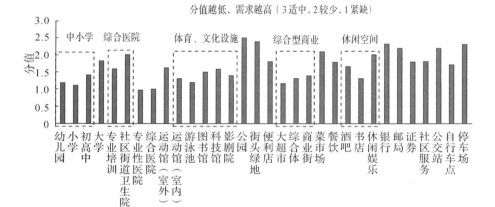

30~49岁创业群体

图 5.13　不同创业群体的公共服务设施需求调查分析①

率的农业生产空间逐渐排挤到城市边缘，而且严重忽视了生产空间和生态空间、生活空间的彼此平衡。城市被田园包围形成一种高密度的空间聚集形态（图 5.16）。

————————

① 王吉勇，朱骏，张晖. 特色小镇的全流程规划与实施探索——以杭州梦想小镇为例[J]. 规划师，2018，34(1)：24－29.

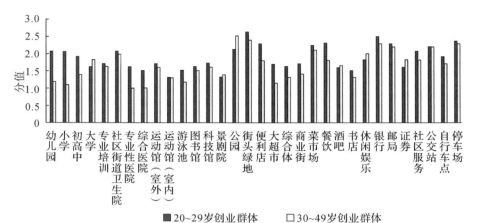

■20~29岁创业群体　　□30~49岁创业群体

分值越低,需求越高(3 适中,2 较少,1 紧缺)

图 5.14　不同创业群体的公共服务设施需求比较

数据来源:在王吉勇,朱骏,张晖(2018)①的原始数据上本研究进行整理。

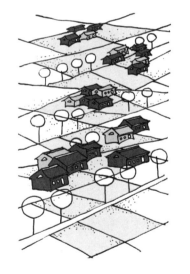

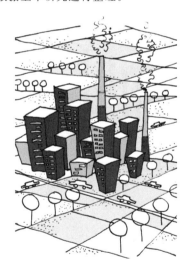

图 5.15　农业时代的村散落在田中场景　　图 5.16　工业时代的城被田包围场景

来源:荷兰 NITA 设计集团 2015 年所作的《杭州梦想小镇概念方案设计深化》报告。

———————————

① 王吉勇,朱骏,张晖. 特色小镇的全流程规划与实施探索——以杭州梦想小镇为例[J]. 规划师, 2018, 34(1): 24—29.

　　进入信息化时代后，城市原有的"劳动力集聚等于高效"的传统生产范式被"信息集聚等于高效"所替代，生态空间的缺失和生活空间的乏味在以往只追求高效率生产的城市空间形态中被认真审视，传统农业通过信息化改造提升形成的农田高效循环生态系统被发现有助于改善城市生态环境，使城市景观富有特色，也能够为城市生活提供绿色有机健康食物，在创造经济价值的同时为城镇化迁移人口创造宝贵的就业机会。"城田共融"的生产生活生态空间的融合形态，让在半公共空间中享受美丽生态自然田园风光、在办公空间中享用信息高速服务和云数据的便捷的田园式办公成为一种人与自然和谐相融的理想空间境界(图 5.17)。

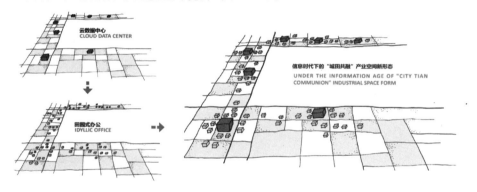

图 5.17　信息化时代的城田共融场景

来源：荷兰 NITA 设计集团 2015 年所作的《杭州梦想小镇概念方案设计深化》报告。

　　2015 年，中央城市工作会议提出："城市发展要把握好生产空间、生活空间、生态空间的内在联系，实现生产空间集约高效、生活空间宜居适度、生态空间山清水秀。城市工作要把创造优良人居环境作为中心目标，努力把城市建设成为人与人、人与自然和谐共处的美丽家园。"[①]在此指导下，梦想小镇以仓前地域文化为基底，以传统建筑与人文建筑相融合为主题，以水系、植物、街道、组团、聚落为格局元素，以保护传承利用历史文脉和生态水脉为两大主线，按照 1/4 生态、1/4 办公、1/4 商业、1/4 公共空间的总体布局进行规划，形成居住区、农田村庄区、创意办公区、教育区和公共中心区等

---

　　① 　中央城市工作会议在北京举行[EB/OL]. http://www.xinhuanet.com/politics/2015-12/22/c_1117545528.htm.

5 个功能组团和诗意居住带、生态景观带、创意办公带等 3 条连续空间主题带,充分彰显了因地制宜、张弛有度的空间精神(图 5.18)。

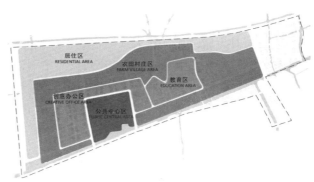

图 5.18　梦想小镇的空间功能结构规划

来源:荷兰 NITA 设计集团 2015 年所作的《杭州梦想小镇概念方案设计深化》报告,有修改。

5.3.3　价值 1350 万元的"乡愁"

特色小镇被人们寄予"记得住乡愁"的遐想。[①] 梦想小镇对"田"元素的诠释不仅体现在概念策划和空间设计阶段,在规划后期深化与实际建设过程中,"田"元素被应用在小镇的各个场景之中。其中,点睛之笔即位于创业大街梦想长廊西侧的景观体验项目"希望的田野"。

"希望的田野"一改城市化园林的造景思路,在周边密集的商业用地中单独"抠"出一块不规则的留白地,原汁原味地保留以前的阡陌水田肌理,以田入镇,以田为景,成为梦想小镇的 IP 级景观,潜移默化地形成了小镇"居民"精神上的一个群己边界符号。如果按照 2020 年梦想小镇最新出让的三期三区块商务用地(余政储出〔2020〕1 号)每平方米 1.125 万元的楼面价匡

---

① 央视网评:没有文化的特色小镇是没有灵魂的[EB/OL]. http://www.ce.cn/culture/gd/201909/11/t20190911_33135615. shtml.

算，①占地 0.12 公顷的"希望的田野"地块的原本可出让的总价为 1350 万元，相当于用 1350 万元的商业用地成本保留了一块原生态的农田（图 5.19）。通过在田里按照不同季节更替种植油菜花、小麦、水稻等江南特有的农作物，让大自然成为梦想小镇最美的化妆师，为小镇四季营造不同的美丽景象。这样一种中国山水画般的"留白"设计手法，以江南水田的形式唤起与勾留住来往梦想小镇都市人的乡愁记忆，是根本无法通过货币上的阿拉伯数字来衡量的。这也成为梦想小镇"无声胜有声"的精良考究所在。2016 年 9 月 19 日，梦想小镇当年的赋名者、时任江苏省委书记李强带领江苏党政代表团一行 50 余人考察梦想小镇（此行也是李强第 12 次来到梦想小镇），当他看到"希望的田野"上长满了即将成熟的水稻，笑着说："梦想小镇，'水稻渠成'。"这成为梦想小镇人人传颂的一段佳话。

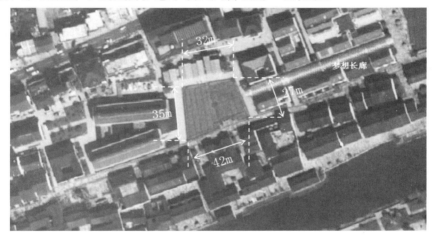

图 5.19　希望的田野

说明：底图为百度地图。

5.3.4　仓前的"仓"

仓，即贮藏粮食之场所。《诗·小雅·甫田》记载："乃求千斯仓，乃求万斯箱。"清代陈昌治刻本《说文解字》曰："仓谷藏也。"自古以来，依托水陆运

---

　　① 余政储出〔2020〕1—4 号地块挂牌结果公示［EB/OL］. http://www.yuhang.gov.cn/art/2020/3/13/art_1601756_42272811.html.

输而形成沿岸大小不一的仓储设施,分布在城乡的各个角落,如位于京杭运河杭州拱墅区境内的富义仓、隋唐运河洛阳境内的含嘉仓等,都是知名的"天下粮仓"。

从南宋时期开始,仓前一带就是天下闻名的"江南粮仓"。在紧邻仓前四无粮仓的西北方向,分布有 12 幢昔日用来储存粮食的粮仓。在计划经济时代,类似于这样的粮仓基本上每个位于郊区的乡镇街道都会有设点,即粮食收购站,与位于城区的粮食供应站一道,构成当时粮食集中供应的供销体系的网络节点。这些粮食收购站的主要作用有两个:一是收购、中转和临时存储农民生产种植的粮食;二是供应城市居民的日常口粮。改革开放后,随着粮食市场的进一步放开,粮食的销售与购买开始演变成为一种市场行为,直接从批发市场进入各个销售终端。粮食市场的放开、线下超市的兴起、网络电商的出现,极大改变了市民的口粮购买消费习惯。城市的扩大和人口的激增也使得粮食供给从依赖小农经济的自给自足生产逐步向依靠从规模化、现代化、机械化生产的粮食主产区、主产国输入转变,原有的分散式布局的粮食仓储设施开始向集约化、机械化、数字化的粮库建设转型。很多老粮仓的粮食仓储功能逐渐退去,建筑出现老化现象,开始慢慢退出历史舞台,或成为文物考古遗迹保存着的城市的文化符号,或得以重新修复完成功能的蜕变。

四无粮仓和 12 幢原有粮仓的功能蜕变则属于后者。2008 年,余杭区粮食局主导对仓前四无粮仓进行修缮,按照修旧如旧原则,在不改变粮仓空间结构和整体布局的前提下,保持原来面貌(图 5.20、图 5.21),修缮完成"余杭四无粮仓陈列馆"。① 2009 年,仓前粮仓作为"余杭四无粮仓陈列馆"正式开放。

仓前老街区域内其他布局散乱、不符合规划要求、有安全隐患的房屋被规划拆除,富有时代感的原有 12 幢粮仓则被加以保护利用,改造成为"泛大学生"群体创业的办公场地和会议场地,称为"种子仓"(图 5.22),作为其后打造的互联网村的主体。粮仓内部原有大体量、大层高的建筑空间得以延续保留。新改造后的办公空间内部采用大开间形式,刻意打破行业间、企业间和企业内的各种物理边界,同时留有部分配套空间。在粮仓西面新建服务性功能建筑群,主要包含公寓、食堂、便利店、服务中心、物业以及部分众

---

① 詹程开. 旧粮仓里的光影流转是那些关于粮食的记忆[N],钱江晚报,2016-12-13.

图 5.20 12 幢粮仓建筑   图 5.21 "种子仓"粉刷内墙以保留粮仓风貌
来源:杭州未来科技管委会供图。

图 5.22 良仓孵化器
来源:黄浏英摄,2019。

创空间等业态。内部水系经过生态化处理,采用曝氧机曝氧,两侧种植水生植物形成水生态,保证河水清澈。在与余杭塘河连接处采用水闸阻断,防止余杭塘河河水行洪倒灌。河岸两边设置休闲座椅、咖啡吧等,为创客提供休闲交流空间。就此,昔时储存"无虫、无霉、无鼠、无雀"粮食的四无粮仓,整体被改建成承载"无经验、无资金、无技术、无场地"的创客们的梦想、孕育创业"种子"的梦想孵化平台,使逐渐沉寂的老粮仓重发新芽,呈现勃勃生机(图 5.23)。

拍摄时间：2010.12.04

拍摄时间：2014.12.16

拍摄时间：2019.11.10

图 5.23　"仓"的保护与利用

来源：本研究自绘，底图为 Google Earth 地图。

5.4 几处漂亮的空间处理手法

乡村空间是自然空间、物理空间、观念空间、家族空间、资源空间、社会空间、政治空间、资本空间等不同种类空间的聚合形态,发生在其间的具有文化学意义的一切创造和存在行为均与文化空间的生产实践和再生产过程相联结。① 位于城郊接合部的特色小镇空间也是一个多元化、差异性和整体性的乡村空间,蕴含着丰富的建构性力量。

5.4.1 肌理重构和空间收放

在浙江工业大学建筑规划设计研究院有限公司承编的梦想小镇天使村区块深化设计方案中,设计团队采用江南特有的"街道＋院落"的形式进行办公空间的构建与组织。②

江南文化经历了几千年的历史,沉淀了浓郁的地域文化特色,清、简、雅是传统江南建筑的主要元素特点。③ 但一般江南古镇的街巷空间普遍紧凑,尺度相对较小,并不利于现代办公空间的功能植入与展开,且传统的江南中式民居建筑,空间布局多为封闭式院落,厢房围绕庭院或天井布局,立面大量使用砖木等建材,院墙上开漏窗以增加通风与采光。如何既满足现代办公的需求又体现小镇的风味,成为梦想小镇办公空间重构与创新首先需要解决的难题。

规划设计团队通过对天使村区块内各功能空间的梳理,依据地形现状,确定以围合庭院为主要形式组织空间。综合考虑空间张弛关系、采光通风、视线干扰等因素,合理确定建筑间距与区域位置,将相关单体组团后紧密联络、适度整合,做到分区明确、流线清晰。

为减轻街巷空间布局和传统建筑给人带来的压迫感,在空间营造设计中引入中国园林营建中常用的手法——收与放。部分广场从巷道进入,到

---

① 刘璐. 现代视阈中乡村文化空间的危机与再生产[J]. 民族艺术研究,2020(2):102—110.

② 丁坚红,张万斌. 梦想小镇建筑空间研究——大学生创业小镇和基金小镇二期一标段设计[J]. 建筑技艺,2015(6):109—111.

③ 杨彬. 传统江南建筑元素的现代视觉符号化研究[J]. 大众文艺,2016(2):87—87.

巷头或巷中段时广场才呈现在眼前,使得空间较小的广场显得宽阔许多,同时能够让人产生豁然开朗的空间感受,增加空间的趣味性。同时,在传统江南建筑韵味的基础上将其概括提炼成一种现代的建筑语言,凸显年轻人的活力,通过灵活的空间和中密度的建筑,以简洁的线条、流畅的空间、精巧的细部重新诠释江南建筑的意境。略窄的街廊比例、连续的街巷界面、简洁流畅的建筑色彩、以人为主的步行空间尺度与收放自如的广场空间,使人在天使村中能够感受梦想小镇的空间序列,也为创造一个具有传统韵味的现代建筑群提供了可能(图 5.24)。

图 5.24 梦想小镇天使村区块"院落+街道"布局
来源:本研究自绘,底图为百度地图。

　　天使村区块共由 13 栋建筑单体组成,每个单体均为小镇整体不可或缺的有机单元。建筑采用 3、4 层为主的独栋式单体设计。建筑单体之间通过连廊或平台互相连通。连廊、架空层及错落布置的平台或沿河,或沿街,或沿花园广场,与室外景观相互交融渗透,形成丰富多变的休憩空间,为年轻的创客们提供在节奏紧张的工作之外相互交流或独思冥想的场所,为创新灵感的迸发提供良好的土壤。

5.4.2　悬浮的裙楼和打碎的板式楼

　　传统的办公建筑群往往拥有相对沉闷的大立面,裙楼也容易直接入地,将田园景观与自然通风完全阻挡在办公建筑群之外。荷兰 NITA 设计集团提交的《杭州梦想小镇概念方案设计深化》对此提出了创造性的、大胆的解决方案。在该方案中,规划设计师将办公区建筑群的裙楼进行抬升,制造出悬浮的渗透空间(图 5.25、图 5.26),使得外部景观得以渗透入办公空间中,让小镇的办公环境更加亲自然,亲绿色,亲生态。

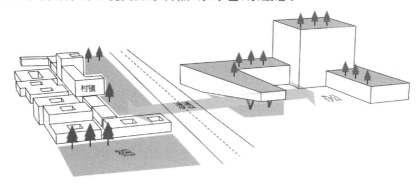

图 5.25　办公建筑空间设计分析

来源:荷兰 NITA 设计集团 2015 年所作的《杭州梦想小镇概念方案设计深化》报告。

　　除了在办公建筑区关注建筑与自然的关系之外,该方案还在居住区提出生态绿色的设计理念,将居住区的板式楼"打碎",以空出景观的渗透空间,将村镇农田的景观引入居住区,以增加人们与自然接触的机会(图5.27)。

　　如此一来,小镇的办公区、居住区和绿色景观区不仅能够在空间上毗邻和包合,还能在视觉上融合和渗透,真正做到能赏景、赏美景。

图 5.26 "抬起的裙楼"效果

来源:荷兰 NITA 设计集团 2015 年所作的《杭州梦想小镇概念方案设计深化》报告。

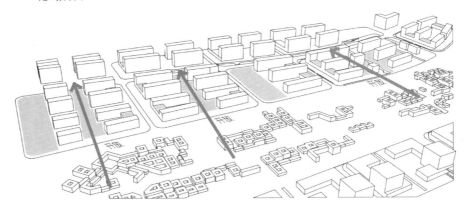

图 5.27 居住建筑空间设计分析

来源:荷兰 NITA 设计集团 2015 年所作的《杭州梦想小镇概念方案设计深化》报告。

5.4.3 古街空间的保留与打开

江南水乡地区的传统民居区普遍具有古建筑密集、人口密度高、公共空

间少的共同特征,而且多有建筑损坏并掺杂居民后期私自违章搭建的建筑,
其风格不一,建筑风貌极不协调(图 5.28)。

图 5.28　不协调的仓前古街建筑风貌(摄于 2014 年 10 月 13 日)
来源:未来科技城管委会供图。

梦想小镇的传统建筑风貌保护主要集中在仓前老街区块。针对这一区
块,梦想小镇的改造思路是:将具有历史意义和损坏不严重的建筑保留下
来,将后期违章搭建和损坏严重的建筑予以拆除,清除整理出来的空间作为
开放空间加以重新规划,同时加入重新设计的传统建筑和绿化空间,形成新
的开放的古街休闲游憩空间(图 5.29、图 5.30)。

5.4.4　工业建筑的旧瓶装"绿"酒

位于余杭塘河与绿汀路交叉口西北区域的仓前水泥厂占地面积
22.2ha(约合 333 亩),为本区块内规模最大的工业在生产项目。考虑到水
泥厂对小镇环境的污染和对景观环境的破坏,水泥厂已列入当地政府的搬
迁计划。对于搬迁后遗留下来的工业设施如何利用,景观化处理是目前较
为普遍的一种方法。在荷兰 NITA 设计集团提交的《杭州梦想小镇概念方
案设计深化》报告中也有相应章节专门对此进行分析描述。

规划设计师们根据不同工业设施的遗存现状与可利用的可能,提出针

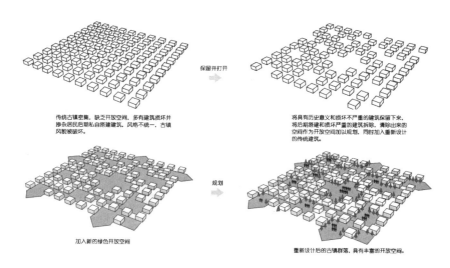

图 5.29　古街空间的保留与打开

来源:荷兰 NITA 设计集团 2015 年所作的《杭州梦想小镇概念方案设计深化》
报告。

图 5.30　古街空间的收放

来源:黄浏英摄,2019 年。

对性的解决方案(图 5.31)。(1)保留并突出建筑。如图中深色模块所示，将当前仓前水泥厂内最具有工业风格的建筑或构筑物完整保留并以最新的绿色科技加以改造，使其成为区域的突出标志。(2)新建建筑。如图中灰色模块所示，保持工业肌理风格，在外围构成商业带，以休闲、购物、娱乐为主导。(3)核心标志建筑。如图中浅灰色模块所示，建成梦想小镇标志物，作为最为重要的公共建筑。

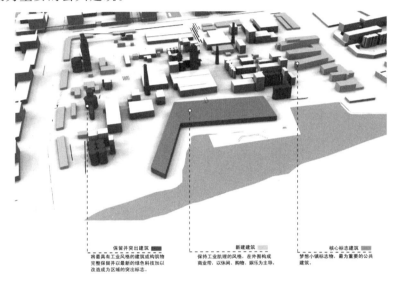

图 5.31　工业设施的保护方式

来源：荷兰 NITA 设计集团 2015 年所作的《杭州梦想小镇概念方案设计深化》报告。

在绿色科技和公共空间设计上，原有工业设施被改造成绿色生态项目，让人眼前一亮。如将原用于生产的水泥罐改造成为小屋，墙面则进行绿色垂直种植处理。将原水泥厂设施改造成为空气净化塔，同时塔身外围加装钢结构设施，作为新的观景娱乐空间加以使用(图 5.32)

5.4.5　营造微社区环境

共享是互联网 2.0 时代的核心，交流可以塑造社区氛围、提高社区辨识度、提升社区吸引力。"互联网＋"这一特殊的创业群体，常常处于群体化的工作与生活交融的状态，需要更加扁平而弹性的空间氛围、更加多元的微社区环境和更加个性化的服务需求。

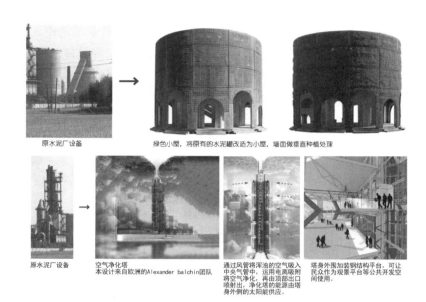

图 5.32　工业设施的绿色化利用与新空间的设计
来源：荷兰 NITA 设计集团 2015 年所作的《杭州梦想小镇概念方案设计深化》报告。

作为互联网背景下的全国首批双创基地，梦想小镇创建的初衷便是能够为"互联网＋"创新创业和泛大学生创业群体打造一个低成本、开放式、全要素、便利化的创业生态社区。梦想小镇既是一个聚集服务器的众创办公空间，更是思想和理想的碰撞空间、人才与技术的交流空间、新老文化的融合空间。相对于传统意义上的产业园区，梦想小镇的空间构建更关注创业主体对创业氛围和日常生活的需求。

一是设计小体量、重圈子、多形式的办公空间。为满足多种空间功能需求，根据泛大学生互联网创业阶段性需求特征和创客规模，小镇倾向于采取小体量、重圈子、多形式的设计思路，重点研究建筑空间的密度和功能的混合度，通过小街区、小尺度、高密度及小退界等灵活的设计手法，增加空间的丰富性、多元性、品质性，营造高活力、高质量、高复合的适合不同创业群体的微社区场景（图 5.33）。

二是塑造良好的空间可达性和共享性。爱尔兰剧作家萧伯纳（1856—1950）曾有经典名言："你有一个苹果，我有一个苹果，我们彼此交换，每人还是一个苹果；你有一种思想，我有一种思想，我们彼此交换，每人可拥有两种

图 5.33　良好的办公空间共享

数据来源：黄浏英摄，2019 年。

思想。"物物交换不会创造出更多的附加价值，但可以满足不同人对不同物品的需求。思想上的碰撞就是在另外一个层次上获取知识的来源，思想的共享才能产生更多的创意和想法。梦想小镇营造了由广场、水景、田园、花园等形态聚合而成的丰富多样的公共开放空间，通过综合利用社区功能和物理环境，塑造良好的可达性及交流活动空间，加强企业和生活社区的互动交流。与楼宇互联网办公模式不同，梦想小镇的众创办公空间以景观交织的院落组合营造了田园生态型的新型共享工作空间，结合巷道体系紧密联系共享空间，形成丰富多变的休憩空间，重点搭建社交平台，通过创业咖啡、论坛沙龙、塘河沿岸创意集市等形式，着力引导创业者从相分离的办公楼走向极速分享的大社区，为年轻的创客们提供相互交流的场所，促进信息交流和思维碰撞。

三是强化配套服务功能。在空间使用场景上，梦想小镇创造了大学生创业者、中小企业创业者、本地居民创业者和国际创客等不同创业群体的生活场景。梦想小镇为不同的创客及创业企业提供了各类产业配套服务与设施,提供包括会展、教育培训、商务应用、成果展示多项功能在内的商业服务以优化公共资源。通过设置数十个资源服务器为创客提供科技成果展示空间、公共会议室、会议中心、公共培训教室、服务器、高级接待中心等配套服务,充分运用互联网和云计算,为创客构建了低成本、便利化、全要素和开放式的共享服务平台,为互联网办公和企业发展提供全方位支撑:如在小米创始人雷军投资的 YOU＋公寓里,开放式厨房、酒吧、舞台、游戏间、娱乐室一应俱全。这种新型众创空间方便年轻的创客们自由交流、思考、研发,享受"开放、平等、协作、分享"的环境氛围。

杭州梦想小镇旅游文化发展有限公司相关负责人在 2019 年 7 月接受本课题组访谈时谈道:"相比于其他的旅游目的地来说,梦想小镇的特色优势还在于双创。小镇并不是一个严格的景区,也不是一个创业园区,更像是一个创业社区,是一个开放、共享、共生、共荣的环境,有很多综合功能、综合角色赋予到这个空间里。这一切也都源于小镇的开放,即便是打造了一个景区,也是开放式的环境,欢迎这里的创业者,欢迎周边的居民,欢迎所有对小镇概念感兴趣的人。因此,我们在这里要做的一方面是管理,更多的还是提供服务,让小镇内人员的需求尽可能得到满足,让宜居宜业宜游的概念深深嵌入小镇脉搏。"

第6章 以产业生态圈营建梦想

我负责阳光雨露,你负责茁壮成长。

——梦想小镇

6.1 观察特色小镇的一个新视角

6.1.1 产业生态圈:自然法则的一个隐喻

随着生态学被广泛应用于社会领域,"人类活动规律与自然生态系统规律具有内在一致性"的观念逐渐得到人们的认可。1993 年,Moore 类比自然生态系统首次提出商业生态系统的概念。他认为企业与其他组织为实现价值创造,围绕产品或服务展开合作与竞争,共同结成松散网络。[①] 1977年,Preston Cloud 首次提出产业生态学概念,认为现代产业可以按照自然生态法则运行。[②] 借鉴这一思路,作为生态学中的重要概念"生态圈"也随之被沿用到产业领域的研究中,逐渐被新兴产业和传统产业所接受并推广。

自然生态圈指自然界内物种与环境长期耦合作用的一个结果,具有地理依赖性、区域性和动态持续性等特征。一个地域的主导产业基于其自然禀赋基因、社会资本基础和市场需求偏好等因素,得以培育、成长、集聚与成

---

① Moore J F. Predators and prdy: a new ecology of competition[J]. Harvard Business Review, 1993, 71(3):75-83.

② 曹如中,史健勇,郭华,等.区域创意产业创新生态系统演进研究:动因,模型与功能划分[J].经济地理,2015,35(2):107-113.

熟,带有鲜明的根植性特征。[①] 在这一漫长的根植过程中,一个产业的发展需要形成与其他产业之间、产业内部各环节与产业链上下游之间的不同企业的投入—产出关系。在不同空间尺度上高度集聚的具有产业链联系或投入—产出关系的企业及相关配套条件的整体就构成了产业生态圈。[②] 产业生态圈以系统解决产业活动与资源、环境之间的关系为视角,利用产业结构功能优化实现产业整体效益的最大化,体现了一种新的产业发展模式和一种新的产业布局形式,它推动人才、技术、资金、信息、物流等生产要素与产业实体相结合,并通过产业链、生产性服务、非生产性服务、基础设施以及政策等一系列配套的引导,形成产业迭代演进、要素自行调节、资源有效集聚、企业自我更新的有机整体和多维网络体系。[③] 在当今互联网时代,产业生态圈被视为一个区域产业高阶化发展的标志。企业竞争最底层的是产品,其次是平台,最高层的是生态圈。产业生态圈理论被广泛应用于产品/服务、商业模式、商业平台、创新创业、众创空间、特色小镇等实践领域,如阿里、腾讯、百度、小米等互联网企业,纷纷通过重组、并购等方式组建各自的生态圈。

6.1.2 特色小镇产业生态圈

1.概念内涵

特色小镇是一个体现"产城融合"思路的空间载体,即功能上有机融合、空间上有机聚合。其在特色产业基础上,孕育出鲜明的空间特征,进而衍生出更多的附加功能,最终形成产业、文化、旅游、生活相融合的有机整体。作为生态学的一种隐喻,产业生态圈理论也为观察与研究特色小镇打开了一个独特的新视角,并且提供了一个新范式。从这个角度讲,特色小镇不是一个单纯的行政区划单元,而是一个以特色产业为主导的产业集群载体和产业协同生态圈。其追求的不是面面俱到的全产业体系,而是聚焦主导优势产业并汇集相关辅助产业要素打造的相互竞争、合作、共生、依存的多关系的生态系统。不同学者的研究虽然对特色小镇产业生态圈有着不一样的理

---

① 付晓东,付俊帅.主导产业根植性的理论渊源与启示[J].区域经济评论,2017(1):26—32.

② 李晓华,陈若芳."大雄安"区域产业生态的构建研究[J].北京工业大学学报(社会科学版),2020,20(1):54—62.

③ 童晶.以生态圈理念构建产业功能区的路径选择[J].开放导报,2019(5):52—56.

解,但在关于构建产业生态圈的重要性上则达成了共识,即产业生态圈的构
建对于特色小镇的可持续发展起着至关重要的作用。

在综合比较相关文献的基础上,本书引用程国辉、徐晨的研究成果①,
将特色小镇的产业生态圈内涵划分为两个方面。

一是基于特色小镇内部产业与产业之间的相互支撑、合作和分工关系。
特色小镇以某一主导产业的上下游产业为基础形成特色小镇的核心产业
链,基于核心产业链形成相关的配套产业链,再形成为主导产业和配套产业
提供各类技术支持与服务支持的服务产业链,最终以产业发展带动人居和
城市的发展,形成从产业到城市的全方位产业生态圈(图 6.1)。

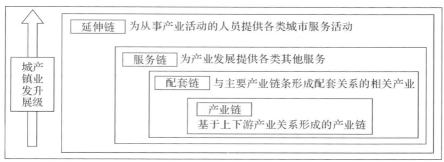

图 6.1 基于产业关系的特色小镇产业生态圈构成②

二是基于特色小镇产业自身成长关系。当产业生态圈构建起来之后,
会形成一个有生命的生态体系,鼓励各类产业发展壮大,促进新的创新要素
产生并实现产业化。良性的产业生态圈必然有健康机制,能淘汰一部分不
适应发展需要或者效率相对低下的产业,实现产业生态圈的自我更新和发
展,使特色小镇永远保持活力。

2.支撑维度

特色小镇是产业生态圈的一种空间载体和表达方式,通过构建产业生
态圈,吸引集聚人才、技术、资金、信息、物流等要素高效配置和集聚协作,形
成集生产、研发、居住、消费、服务、生态等多种功能于一体的发展创新平台。
在特色小镇产业生态圈内,"物种"丰富,环境多变。现代互联网通信技术的
革新与应用则进一步加速了不同"物种"间物质能量的流动,在小镇内则会

---

① 程国辉,徐晨.特色小镇产业生态圈构建策略与实践[J].规划师,2018,34(5):90−95.
② 程国辉,徐晨.特色小镇产业生态圈构建策略与实践[J].规划师,2018,34(5):90−95.

逐渐形成扮演不同角色的具有一定凝聚力和隐形边界的"群落",共同实现价值增值、信息传递和知识流动的抽象化环道。① 产业生态圈也不是单链条的,而是具有多维性和立体化特征的。除了以核心产业为基础之外,还包含孵化、投资、服务、研发、咨询、检测和推广等各类产业链闭环。构建产业生态圈需要不同维度的支撑。易飚、胡清在江苏角直小镇的案例中,将特色小镇产业生态圈构建划分为战略、信息、人才、项目等4个维度②,具有一定的借鉴性。

本书引用童晶的研究,将产业生态圈划分为6个支撑维度③:

(1)生产维度,即垂直产业链上企业集群+配套企业集群;

(2)科技维度,即相关产业或企业的科研、设计、实验体系;

(3)服务维度,即各种专业服务型企业(组织),为产业提供方便快捷的综合性市场和信息服务、运销服务;

(4)劳动维度,在地域内有适宜主导产业发展的劳动配套体系,即综合人力资源供给和服务系统;

(5)设施维度,即不断完善的交通物流通信基础设施配套,"互联网+""物联网+"等新型城市智慧网络的构建;

(6)环境与政策维度,即人与自然协调发展的优良生态生活环境,科学的产城规划与多元化制度政策供给,以及创新包容、优雅时尚的社会人文环境等。

6.2 梦想小镇的产业协同圈层

6.2.1 第一圈层:构建主导产业

主导产业是指能够依靠科技进步或创新获得新的生产函数,能够通过快于其他产品的"不合比例增长"的作用,有效带动其他相关产业快速发展的产业或产业群。对主导产业进行优化,有利于依托科技进步和创新,引入

---

① 王千. 互联网企业平台生态圈及其金融生态圈研究——基于共同价值的视角[J]. 国际金融研究,2014(11):76-86.
② 易飚,胡清. 特色小镇产业生态圈构建的实践探索——以江苏省角直小镇为例[J]. 科技与创新,2019(14):108-109.
③ 童晶. 以生态圈理念构建产业功能区的路径选择[J]. 开放导报,2019(5):52-56.

新的生产函数，能够形成持续高速的增长率，具有较强的扩放效应，对其他产业乃至所有产业的增长产生决定性的影响。

梦想小镇作为浙江乃至全国特色小镇的龙头示范工程，旨在整合文化、生态、科技、产业、现代元素等各类资源，培育创新型、创业型企业，推动信息经济成为新增长点。根据浙江省 2010 年确立的生物、新能源、高端装备制造、节能环保、新能源汽车、物联网、新材料、海洋新兴以及核电关联产业①，《杭州市战略性新兴产业发展规划（2011—2015 年）》确定的新一代信息技术产业、高端装备制造产业、生物产业、新能源产业、节能环保产业、新材料产业、新能源汽车产业等战略性新兴产业②，梦想小镇按照政府谋划、市场导向、整体设计、分步实施的思路，将自身的主导产业聚焦于信息经济、高端生物医药、核心部件以及科技金融等四大领域。但小镇并未规划打造主导产业的全产业链，而是以"有核无边，点面和合"的思路，选择具有一定基础的信息经济新业态和相对灵活且拥有相当实力的民营资本优势，定位于以"互联网创业＋金融"为主导的产业。互联网产业旨在培育以集聚互联网创业企业为重点，鼓励大学生创办电子商务、软件设计、集成电路、信息服务、大数据、云计算、网络安全、动漫设计等企业。金融产业旨在培育以科技金融为重点的现代科技服务业，重点发展天使基金、私募金融、互联网金融，构建覆盖企业各个不同发展阶段的金融服务体系。梦想小镇通过引进新型创业服务机构、建立天使引导基金、组建创业贷风险池、开发云服务平台等途径，不断完善政策体系和服务链条，积聚了一大批矢志于"互联网＋"的创客，从事 3D 打印、互联网金融、电子商务等新兴技术或者服务的创业项目，定位于"互联网＋"背景下创新创业的孵化基地，聚焦于产业链的前端孵化，抢位产业链的先机。创客群落普遍年轻，充满朝气，富于创造力和想象力，在车库、咖啡座等具有创业文化符号的空间内，以崭新而又个性化的方式开创事业。③

---

① 浙江省确定九大战略性新兴产业成新的支柱产业[EB/OL].［2010-07-12］http://www.mofcom.gov.cn/article/resume/n/201007/20100707016988.shtml.

② 杭州市人民政府办公厅关于印发杭州市战略性新兴产业发展规划（2011—2015 年）的通知[EB/OL].［2011-08-08］http://www.hangzhou.gov.cn/main/wjgg/zxwj/zfwj/jjgl/zhjj/T364248.shtml.

③ 陈凤，项丽瑶，俞荣建. 众创空间创业生态系统：特征、结构、机制与策略——以杭州梦想小镇为例[J]. 商业经济与管理，2015（11）：35–43.

6.2.2 第二圈层:构筑产业生态圈

依托阿里巴巴总部所在地和金融资源集群发展优势,按照有核无边、辐射带动的理念,以梦想小镇为点,以周边地区为面,打通梦想小镇与周边区域之间在空间、配套、产业、政策、招商等方面的隔膜,构筑展现"孵化—加速—产业化"接力式产业链条的动态迁徙全景和梦想小镇产业生态圈。

梦想小镇有效整合本地资源优势、产业优势和机制优势,通过对产业价值链特征、企业价值链特性、区域资源与制度差异等因素的综合考量,在资源强度与资源的可转化性上做了大量深化工作,构造起一个多维的立体的产业价值链与空间价值链。入驻梦想小镇的创业项目往往起步小、创业团队人数少,在财务、法律、渠道等方面普遍存在着共同的需求。梦想小镇通过分析并提取创业企业的一些共性需求,如财务、法律、技术服务、政务等,以云平台的方式提供专业化、一揽子和标准化服务。梦想小镇孵化出来的项目则被积极推介到周边科技园或其他存量空间中去加速实现产业化。对于小镇孵化完成后项目流转出的闲余空间,则继续不断引入新项目进行孵化,同步形成再孵化的经验反馈和滚动发展的产业良性发展路径。

与此同时,借由众多孵化器来协调、带动其他主体,梦想小镇构建了资源共享、相互依存的产业生态圈。在正式开园之后的两年时间里,梦想小镇先后引入了良仓孵化器、极客创业营、湾西孵化器、阿里纵贯会、蜂巢孵化器、上海苏河汇、北京 36 氪、500Startups 等 15 个孵化平台,形成了马达加加、良仓孵化器、极客创业营、阿里纵贯会、浙大校友会等 10 个各具特色的孵化器(又称"种子仓"),吸引着全国各地优秀的创业团队入驻小镇进行创业,完成从"天下粮仓"到"天下种子仓"的使命升级。这些孵化器又利用各自网络吸引资源加入,以"基金+孵化"的模式公开招募运营机构作为"园丁",以整合专业服务、行业资源和市场力量推进项目孵化。如极客创业营作为我国首家资源众筹孵化器,以分割部分股权的形式吸引了大量社会资源参与。这些涵盖办公、融资、社交、培训、市场推广、技术研发、战略辅导等各环节的不同类型的孵化器,形成联系复杂的创业网络,不断孵化着一批又一批的创业项目,一个个怀揣梦想与激情的创业团队,得以在梦想小镇的孵化器内孕育、生根、发芽,茁壮成长(图 6.2)。

此外,特色小镇与特色小镇之间也能够形成生态圈与生态圈之间的互补与交流。例如,同样位于杭州未来科技城的距离梦想小镇不到 2 公里的

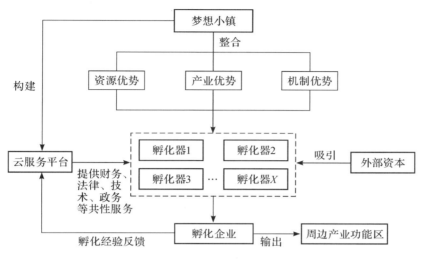

图 6.2　梦想小镇项目孵化流程

人工智能小镇,凭借梦想小镇的建设和运营经验,引进梦想小镇在人工智能产业方面的人才和项目,共享金融服务体系,使得人工智能小镇与梦想小镇形成互补,错位发展。这样的发展形势不仅能打通小镇与周边区域在空间、配套等方面的隔膜,将孵化出来的项目积极推介到周边科技园和存量空间中去加速和产业化的同时,还能重点培育和发展互联网金融、科技金融,集聚天使投资基金、财富管理机构、股权投资机构,着力构建覆盖企业发展初创期、成长期、成熟期等各阶段金融服务体系。[①]

　　梦想小镇通过政策优势、区位优势、区域产业优势吸引创新人才、招引优质项目、搭建孵化链条、整合筹资渠道,形成贯通上下游的产业链、政府与投资机构联动的资金链和覆盖企业整个生命周期的孵化链。除此之外,梦想小镇还围绕融资、培训辅导、市场推广、技术支持、产业整合等创新创业产业链闭环,提供涵盖目前国内创业领域所有的服务内容。这与对创业初期仅仅为创客提供融资的平台不同,梦想小镇提供的是一个以互联网为核心的多维立体网络产业生态链。[②] 梦想小镇的孵化器从纯粹的项目孵化器,通过社会资本、文化资本和产业资本的集聚,升级为产业加速器。作为一个

①　陈劲. 特色小镇智慧运营报告(2018)[M]. 北京:社会科学出版社,2018:179－180.
②　中共杭州市委政策研究室. 小镇大未来[M]. 杭州:浙江人民出版社,2016:17－19.

对接点,梦想小镇将其他地区引进来的项目进行转化利用,这一措施产生的不仅是集聚效应,还得到更广泛的社会支持。某众创空间负责人说道:"入驻进来的创业项目可以在这里(梦想小镇)获得更好的人才资源,年轻人喜欢这里的氛围,这里的产业聚集效应比较明显,人气儿起来了,资金、项目、人才就都不缺了。"通过培养人气、调动氛围、发挥聚集效应、撬动资金杠杆等方式,梦想小镇开启了创新创业的生动实践。

6.2.3 第三圈层:构造产业功能分区

梦想小镇的产业生态圈可以划分成更为精准的两大功能分区,重点引导小镇平台精准定位于各个功能区对小镇产业长远发展的功能支撑与亚生态系统打造。

1.互联网村

互联网村重点鼓励和支持"泛大学生"群体创办的电子商务、软件设计、信息服务、集成电路、大数据、云计算、网络安全、动漫设计等互联网相关领域产品研发、生产、经营和技术(工程)服务的企业,基于互联网产业,用互联网思维渗透传统产业、改造传统企业,发展"互联网＋农业、＋商贸、＋制造、＋生活服务、＋智能硬件"等新产品、新业态、新模式。梦想小镇通过互联网村塑造"互联网＋"众创空间的典范,推动要素资源聚集、实现资源的整合、开放和共享,为信息时代、互联网时代的创业创新提供平台与土壤。

2.天使村

天使村重点培育和发展科技金融、互联网金融,集聚天使投资基金、股权投资机构、财富管理机构,着力构建覆盖企业初创期、成长期、成熟期等各个不同发展阶段的金融服务体系。[①]

以互联网产业为特色的新一代信息技术产业与以科技金融为重点的现代科技服务业的碰撞,产生了"互联网创业＋资本"的奇妙化学反应。梦想小镇锁定这两大产业门类,抓住人才和资本两大关键要素,确立"融资融智融天下"的产业布局,实现互联网创业与金融资本共舞。小镇启用后仅仅用了半年时间,就吸引了400多个互联网创业团队、4400多名年轻创业者落户、300多亿元风投基金进入,在短时间内快速形成了一个较为完整的互联

---

① 陈炎兵,姚永玲. 特色小镇——中国城镇化创新之路[M]. 北京:中国致公出版社,2017:237.

网创新创业生态圈,产业链集聚效应日益明显。相关领域的中小创业企业越来越多地集聚在阿里巴巴、中电科 52 所、浙江大学等龙头组织周围,通过合作交流不断发挥规模经济效应,产生强大的效益溢出。梦想小镇已经成为年轻人互联网创业的一块圣地,一大批互联网创业企业向梦想小镇快速聚集,电子商务、软件设计、信息服务、集成电路、大数据、云计算、网络安全、动漫设计等互联网领域的一批优秀初创型、成长型企业开始崭露头角。[①]

6.3 梦想小镇的组织与团队

6.3.1 基层党组织建设

基层党建是党建的核心和前沿,做好基层党建工作对梦想小镇的发展具有重要意义。2016 年 6 月,梦想小镇党委建立,成为浙江省内第一个成立的特色小镇党委,也是梦想小镇始终高速平稳健康发展的舵手。2017 年 7 月,浙江省特色小镇党建工作现场推进会在梦想小镇召开,这也标志着梦想小镇的基层党建工作走在了全国前列。[②]

1.基层党组织创新

(1)固沙型党建

入驻梦想小镇的多为初创型企业,企业不确定性与流动性都非常大。针对这一特殊情况,梦想小镇党委决定采用生态化理念,探索固沙型党建的路子,通过创新组织设置、创意组织生活、创客先锋引领、创优帮扶服务、创设基础环境等“5 创模式”,让党建融入创业生态、让党建成为小镇生态,成为小镇内处处感知的存在。[③] 梦想小镇党委依托孵化器、行业、社团等主体,以更加灵活的方式设立基层党组织,形成较为稳定的组织格局。根据未来科技城管委会提供的材料,截至 2019 年年底,梦想小镇党委共下设 13 个党支部,其中联建式支部 1 个,苗圃式支部 6 个,单建式支部 4 个,联动式支

---

① 中共杭州市委政策研究室. 小镇大未来[M]. 杭州:浙江人民出版社,2016:194.

② 浙江省召开特色小镇党建工作现场推进会[EB/OL]. http://cx.xinhuanet.com/2017-07/14/c_136443837.htm.

③ 钟万如.市场业态、社会空间与政党转型:浙江特色小镇党建研究[D]. 杭州:中共浙江省委党校,2018.

部 2 个。

(2)"智慧＋党建"平台

梦想小镇是互联网创新创业小镇,智慧是其离不开的主题,更渗透到小镇成员工作和生活的方方面面。小镇"镇民"多为年轻的大学毕业生,小镇企业多为初创型企业,且流动性大,党员分布较散。针对梦想小镇的具体情况,小镇党委反复研究探讨,认为应该适应大数据时代的互联网技术,建立一套适合梦想小镇党建工作的系统,探索"互联网＋党建"新模式。梦想小镇专门开发了红色驿站微信公众号,同时设立红色驿站线下服务平台(图6.3)。这个平台并非是只针对党员的一个封闭式平台,非党员的小镇居民或者是一般的访问者也可以通过红色驿站了解梦想小镇,获知最新的小镇(党建)活动,选择自己感兴趣的活动参加。此外,他们还开发设计了梦想小镇党员政治生日 AR 纪念卡和 AR 地图(图 6.4),不仅丰富了党建的学习形式,还打破了传统党建的时空限制,让党群服务、党组织活动在虚拟空间中得到延伸,触达更广泛的党员、群众。

图 6.3　梦想小镇红色驿站
以上两图来源:黄浏英摄,2019 年。

图 6.4　党员政治生日 AR 纪念卡
和 AR 地图

（3）"四联"党群工作互融机制

以小镇党委和各党支部为核心，以工会、妇联、团委、科协、侨联等组织为依托，全面推行工作联动、队伍联盟、组建联手、资源联动的"四联"运作方式，实现党群工作一体化（图 6.5）。

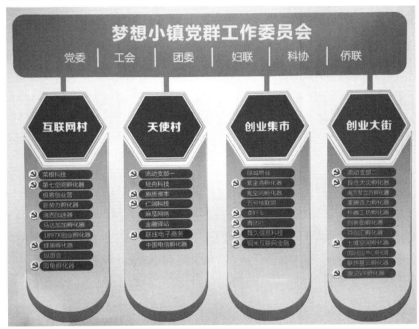

图 6.5　梦想小镇党群工作机制

来源：黄浏英摄，2019 年。

（4）先锋指数兑换创新券方法

梦想小镇党委创立了一套独特的学习激励制度，即先锋指数兑换创新券机制。党员先锋指数信息化考核是通过信息化手段，通过量化赋分、刷卡积分、以分定级等方式，对党员履行义务、发挥作用、遵纪守法等情况进行考核。先锋指数可以兑换创新券。创新券对创业公司和孵化器来说，都具有重要作用。它既可以用来抵扣小镇水电费，也可以用来租用小镇里面的公共场地（如会议场地和活动举办用地等），还可以用来向创业服务机构购买财务、法务、人力资源、科技申报、商标、著作等中介服务以及云服务，甚至还可以凭创新券兑换一定的税收优惠政策。这项举措使梦想小镇各党支部党建活动更加主动积极,一些还没有创立党支部的企业和孵化器也多次向小镇党委表达了希望能够设立党支部的要求。先锋指数兑换创新券机制既有利于更有效地进行小镇内的党员管理,也可以营造"你追我赶"互相学习的党建氛围,使小镇内党建积极性同创业积极性一样高涨,获得年轻创业者们的支持和响应。

2.小镇党建文化

在梦想小镇党委的领导下,梦想小镇通过各类深入人心的创业服务和生活文化活动,将小镇居民凝聚在一起,营造了良好的党群氛围,形成了梦想小镇特色基层党建文化。在红色驿站的活动通知平台上,各类组织活动接连不断,通常是党委牵头或者几个党支部联合举办的活动。由于活动主题等很符合当下创业青年的需求,这些活动在小镇居民中人气都非常高。

(1)党员固定活动日

小镇内党建活动氛围与创业氛围已经融合在一起,梦想小镇党委也如其他党组织一样,每月设置有固定活动日。在每月的党员固定活动日,小镇通过书记大讲堂等形式,宣贯解读最新的领导人讲话、中央政策规划等资讯,加强党员党性教育,培育优秀党员。除此之外,梦想小镇还有许多独具特色的党建活动,都由几个党支部结合小镇内企业和员工的需求而有针对性地举办。

(2)创业导师分享会

目前梦想小镇导师创业团共有创业导师 10 名,全部来自小镇内已经成立的各党支部。他们不仅是先锋党员,也在各自的企业内担任重要的职务(大部分是企业创始人)。由党员带头,非党员参与,通过创业导师分享会的形式,分享成功导师的创业经历。对刚来到梦想小镇创业的年轻人来说,分享会是一场令他们受益匪浅的精神盛宴,激励青年创业者们拥有更多的热情和动力。创业导师们还回答现场各位提出的各种问题,无论是技术上的问题还是管理上的问题,或是一些心理上的问题,导师都会积极给出自己的见解,使一些初创企业可以规避当初他们在创业初期遇到的一些问题。还有一些其他地方的创业者或者是拥有创业意愿的大学生们赶来梦想小镇参加导师分享会。在各个党支部的积极引导下,小镇内始终保持着浓厚的创新创业氛围。

(3)政策知识解读会

党支部还针对小镇内企业面临的具体问题,举办政策知识解读会。如营改增政策推行后,由几个党支部联合举办税收相关政策分析解读会、税收知识分享会。会上请来税务系统的专业老师,悉心讲解改革后应该如何缴纳各项税务,对创业企业来说有哪些影响等问题。除此之外,还举办法律知识普及会,邀请商法、公司法等专家学者前来小镇进行最新的案例解读和相关法律法规的普及。

(4)其他主题活动

在小镇党委的带领下,梦想小镇各党支部组织了许多丰富多彩的党建主题活动。如读书会。党支部挑选适合创业主题、科技领域的书组织开展读书活动,在小镇红色驿站活动室内举办心得体会分享会。会上,青年们各抒己见,探讨人工智能、讨论未来世界,也分享人生哲理、情感体验等。各党支部还积极举行各类运动项目,如登山活动、骑行活动、球类比赛,提倡在辛勤工作的同时强健体魄。如急救知识分享会,邀请红十字会专家讲授急救知识并现场培训,吸引了许多员工参加。由党员带头,积极参加各类党建活动,营造小镇积极向上的氛围,也激励了一些非党员积极靠近党组织。

6.3.2　组织架构

组织结构指各部分职能部门进行工作流、信息流调配,是空间位置、聚散状态及各要素之间相互关系的一种模式,是整个管理系统的框架。组织结构是实体为实现战略目标而采取的职、责、权方面分工协作的动态结构体系。在梦想小镇这个案例中,组织结构指在创业服务提供全过程中服务管理和传递的各个相关主体之间的职、责、权分配关系,呈层级式分布(图6.6)。

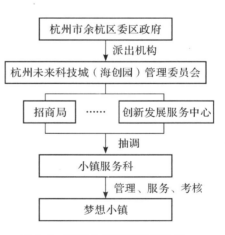

图 6.6　梦想小镇管理组织架构
来源:由未来科技城管委会提供。

第一层级,杭州未来科技城(海创园)管理委员会(简称管委会)。管委会作为杭州市余杭区委区政府的派出机构独立管理未来科技城,兼具行政管理服务功能。

第二层级,管委会下属职能部门。管委会下设办公室、财政局、招商局、创新经济促进局、规划建设局、城市发展局、人才和金融服务中心、创新发展服务中心，以及杭州未来科技城资产管理有限公司、杭州未来科技城建设有限公司、杭州梦想小镇旅游文化发展有限公司等下属国有全资平台。其中，管委会办公室和杭州梦想小镇旅游文化发展有限公司负责梦想小镇的政务接待、宣传推广和旅游发展等职能；财政局和杭州未来科技城资产管理有限公司负责小镇的财务管理和资产管理等职能；城市发展局负责小镇的环境卫生、市政管理和交通管理等职能；创新经济促进局负责小镇的创新成果转化和推进产业发展等职能；招商局负责小镇的招商引资服务和前期管理；规划建设局和杭州未来科技城建设有限公司负责小镇的规划设计、前期报批和工程建设等职能（图 6.7）。

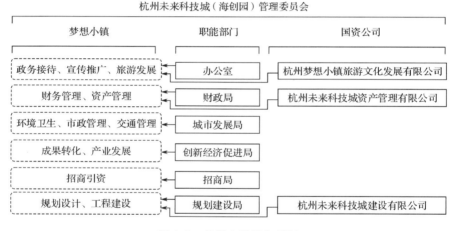

图 6.7 梦想小镇服务部门

来源：由未来科技城管委会提供。

　　第三层级，专业服务部门。由于梦想小镇在建设初期采用边建设边招商方式，以招商资源面来确定建设面，为确定招商工作与建设工作能够同步推进，未来科技城从各部门抽调人员（主要是招商局和创新发展服务中心）组成小镇服务科，对小镇事务进行全面管理，包括对上负责发改委相关事务、特色小镇申报，对下进行孵化器入驻管理、孵化器考核（包括制定孵化器考核办法，组织每年对孵化器的考核，制订和修改年度计划等）。此外，小镇还以委托运营的方式引入第三方运营服务商进行辅助性、服务性的运营管理。

6.3.2　团队打造

团队是一种特殊的正式群体,是为实现共同目标而自觉合作、积极努力的一个凝聚力很强的社会群体,其本质是一种通过成员之间高度积极、自觉的协作来实现群体统一目标的组织形态。[①] 如果团队凝聚力强、协调合作程度高、成员目标明确、责任意识强,则团队比一般群体更可能帮助组织有效地完成任务并提高组织绩效,[②]在纷繁复杂的竞争环境中获得成功。

1. 理想团队构成要素

团队构建不是简单、随意地将一些人员组合到一个群体中,而应根据组织任务与目标精心配置组建,才能打造出一个高效理想的团队。[③] 著名组织管理学家斯蒂芬·罗宾斯认为,一般来说,任何一个高效的团队都具有以下 8 个基本特征:(1)清晰的目标;(2)相关的技能;(3)相互的信任;(4)统一的承诺;(5)良好的沟通;(6)谈判的技能;(7)恰当的领导;(8)内部与外部的支持。[④] 据此,可以归纳出理想团队应具有的核心要素(图 6.8)。

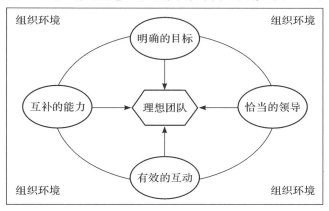

图 6.8　理想团队的核心要素

---

① 姜皓,孙林岩. 如何构建团队:团队类型及构建思维[J]. 上海经济研究,2007(5):87—91.

② 万涛. 团队类型研究及其构建方案与任务[J]. 管理现代化,2013(6):75—77.

③ 张国才. 团队建设与领导[M]. 厦门:厦门大学出版社,2005.

④ 斯蒂芬·P. 罗宾斯,玛丽·库尔特. 管理学[M]. 孙健敏,等译. 第 9 版. 北京:中国人民大学出版社,2008.

　　需要特别指出的是,团队所在的组织环境是团队构建中非常重要但极易被忽视的一个要素。理想团队需要有内部合理的基础结构,但团队工作并不是仅仅依靠团队内部就能独立完成,团队所在组织的传统结构、团队外的高层管理者及其他要素都可能影响团队工作。高效的团队工作也需要来自组织外部给予完成工作所必需的资源条件支持,组织环境是团队构建必须考虑的关键要素。

　　理想团队的核心要素还包括明确的目标、恰当的领导、有效的互动、互补的能力。

　　(1)明确的目标

　　目标是团队聚合人力资源的焦点,是将人们的努力凝聚在一起的关键因素。团队目标要清晰、明确。没有一致的目标,团队成员就会缺乏协调合作的动力,也会缺乏共同努力的方向。高效团队对所要达到的目标及其包含的重大现实意义应有清楚的了解。成员应清楚地知道团队希望自己做什么,如何完成组织的任务。此外,团队强调集体的整体性目标。团队目标的成功是个人业绩价值所在的基础,如果团队目标未能实现,任何团队个体成员的业绩价值也就失去了根本意义。团队在构建目标时,应以团队的目标与个人目标相协调与整合为标准。团队构建的目标应符合以结果表述的、可度量的、有清晰的时间框架的、富有挑战性但可以达到的、与组织相关成员沟通过的、书面的等六大特征。只有这样,团队成员对团队才可能表现出高度的忠诚与奉献精神。

　　(2)恰当的领导

　　所谓领导,是指在一定的组织和群体内,某些特定的主体通过运用其法定权力和自身影响力影响其他成员并将其导向组织目标的行为过程。领导是一个影响群体实现目标的动态行为过程,也是一种关系,它对组织或群体发挥着牵引、凝聚和激励的作用。对组织的领导者而言,成功的领导过程一般涉及制定组织发展目标与规划、为实现组织的设想和规划做出战略决策与计划安排、构建有力的资源协作体系及打造一支担负着将设想变成现实的核心队伍。[①] 理想团队中恰当的领导在管理过程中通常承担"教练"角色,他们更多的是给自己的团队提供指导、支持和激励但并不控制团队,而是履行好领导应有的角色与责任,即收集组织内部和外部的政治、经济、文

－－－－－－－－－－

　　① 纪志明.团队管理[M].北京:科学出版社,2011.

化等诸多因素,帮助团队树立明确的奋斗目标与方向,善于以强调员工价值的方式来描述组织的目标,帮助成员认识挖掘自己的潜能,懂得如何提升成员的信心与动力,引导员工有效解决组织中的各种难题、冲突与危机。

（3）有效的互动

互动是团队成员形成社会关系的必要条件。所谓互动,是成员之间通过信息交流或情感、物质等方面的交换方式进行的相互作用的过程。一般来说,团队互动主要包括事实导向和情感导向两个重要维度。前者指团队成员在互动过程中侧重于对事实真相的陈述、分析,如实分享个人所掌握的相关信息,客观理性地分析相关事件发生的原因、预测其可能结果并进行客观的评价。后者指团队成员在互动过程中侧重于关注听众的情绪与感受,在表达自己的想法时考虑别人的情面,在沟通交流中传递给对方鼓励、支持和尊重。[①] 互动在团队构建中意义重大。只有经过一定时间、方式的互动过程才能形成特定的社会关系,从而组成团队。此外,互动也是维持团队协作的必要条件。只有经过适当的互动,成员之间对彼此的品行和能力才会有深入的了解,才能形成信任与合作关系。高效互动的促成,取决于以下几个条件:第一,团队成员拥有畅通的信息交流渠道、方式及健康的信息反馈,利于团队成员迅速、有效地表达自己的观点与情感,减少团队成员之间的误解,同时了解他人的意愿与能力,增强团队成员的集体归属感、组织认同感和团队凝聚力;第二,团队成员之间彼此信任。信任是决定团队互动的关键因素,它利于增进团队成员之间的相互沟通。人们之间的信任越强,团队成员越团结,彼此之间合作的可能性也会更大。

（4）互补的能力

互补能力是团队绩效的技术基础。团队通常是以目标和任务为导向的群体,其建构是为解决某些困难的问题或实现较困难的目标。因此,组织通常挑选较为稳定的、技能互补的成员组成长期的组织单元。团队构建中所选择的每个成员都应有自己的特长与优势,能够承担相应的职责,互补性强,通过高度配合与协调努力为团队目标的实现发挥自己的能力,争取整个群体的成功。组成理想团队的成员应具备实现目标所需要的技术能力,并能够很好地合作,与其他成员协作努力完成团队共同的目标,实现高效产

---

① 赵慧群,陈国权. 团队两种多样性、互动行为与学习能力关系的研究[J]. 中国管理科学,2010,18(2):181—192.

出。此外,团队成员还应具备良好的谈判技能,以应对工作团队中随时发生变化、灵活多变的问题与关系。

2.梦想小镇的团队建设

梦想小镇的开发建设和运营发展是一个复杂的系统工程。为实现梦想小镇的战略目标,需要一个共同努力的团队群体。梦想小镇牢牢把握团队所在孕育期的组织环境及团队建设所需的明确的目标、恰当的领导、有效的互动、互补的能力等5个核心要素,构建了一支灵活且富有自身特色的理想团队,既明确分工又注重协作。

梦想小镇团队的组建始于时任浙江省省长李强第一次力推特色小镇样板之时。团队建设在孕育期秉承"谁能干事就谁干"的原则,同时确保团队成员共同工作实现共同目标。[①] 余杭区委区政府从未来科技城管委会下属的招商局、办公室、规划建设局、创新经济促进局等部门中抽调精干人员组成小镇团队成员的核心,形成由政府、国企以及从第三方公司抽调的人员组成的领导团队、规划团队和工作团队。团队领导清楚地了解具体任务的挑战和完成团队任务所需要的技能,并能够按照技能及技能潜力选拔团队成员,制定出确保完成任务的具体目标与工作程序。出于强烈的责任感与使命感,所有团队成员在梦想小镇整个管理建设过程中均尽心尽力。同时就共同价值观和某些原则达成共识,形成了高度的团队认同感,确保团队的团结协作。

团队的建设是一个不断磨合的过程。梦想小镇在一期建设过程中,首先由建设团队全权负责组织管理,建设完成后交于招商局管理。由于人员少、工期紧、任务重,在交接过程中出现了一定的管理错乱、分工不明确、机制不完善等问题,因此小镇在二期开发建设过程中对此进行了及时调整。小镇服务科主要负责制定孵化器考核办法、组织孵化器年度考核、制订和修改年度计划;小镇运营平台负责对具体的创业项目包括孵化器进行管理;小镇旅游文化公司负责对小镇内部活动、旅游接待等进行管理。三者各有分工,职责明确。

---

① 于涛. 构建企业高效团队的方法研究[J]. 商场现代化,2005(23):224-224.

6.4　梦想小镇产业生态圈支撑体系

6.4.1　融智渠道的铺设

1.创客入驻标准

梦想小镇筑巢引凤,其引才工作由招商局负责。按照梦想小镇的引才标准,全日制普通高校在校及毕业后 10 年内的大学生(具有硕士及以上学位的人员不受毕业年限限制),以本人名义在梦想小镇创办符合产业定位的企业,且符合以下条件之一,即可入驻:(1)大学生创办的,由大学生担任该企业法定代表人,且出资总额不低于注册资本的 30%;以创业团队为主体的,团队成员出资总额不低于注册资本的 30%,其中担任法定代表人的成员出资额占团队成员出资总额的 50%;(2)大学本科及以上学历者占员工总数的 70%以上;(3)所开展的项目在各类创新创业大赛获奖或已获得股权投资机构投资;(4)特别优秀的项目一事一议。

2.创业项目入驻渠道

创业项目入驻主要有 3 个渠道。

一是入驻孵化器。孵化器一般通过自己的渠道自主选择项目并邀请其入驻小镇。除孵化器原有渠道外,梦想小镇还组织各大孵化器举行开放日活动,通过邮件、电话、微信等方式对孵化器开放日活动进行广泛宣传,吸引青年创业项目与孵化器直接面对面沟通,为创业项目拓宽渠道,给那些想要入驻小镇的企业更多的机会。

二是"创业先锋营"比赛。为加大优质项目引留力度,梦想小镇常态化举办"创业先锋营"入驻选拔大赛,赢得比赛的创业队伍能够获得入驻小镇的金钥匙以及政府创业基金。

三是优质项目评审。想要报名参加梦想小镇优质项目评审的创业项目只需要符合以下任意一个条件即可:(1)阿里集团 M2 级或 P7 级及以上离职人员主导或领衔的创业项目;(2)在市级政府或省级相关部门及以上单位主办的创新创业大赛上获奖的项目;(3)获得天使轮融资 300 万元及以上且估值达到 2000 万元以上的项目;(4)"211 工程"大学正教授领衔的项目。

3.扶持补助政策

为降低创业成本,梦想小镇为创业企业提供了各项软件硬件设施配套和补助政策。

一是租房补助。梦想小镇企业创业团队主要成员可优先在梦想小镇申请租金标准低于区域市场价的简装创业者公寓。自行租房的梦想小镇企业创业团队的主要成员,凭《余杭区租房合同》给予期限最长为三年的月度租房补贴。

二是办公设施与办公费用补助。梦想小镇对办公场地进行统一装修,配备办公家具,配强网络基础设施,达到"万兆进区域、千兆进楼宇、百兆到桌面、WiFi全覆盖"的标准,实现拎包办公。同时,减免初创企业的场租、物业、能耗、宽带等费用,最大限度地降低创业成本,为创业者提供便利。

三是云服务与通信补助。梦想小镇针对营收高、活跃人数高的主要产品企业发放云服务费用补贴或云服务奖励,帮助企业获得云服务的支持。梦想小镇还通过组织通信公司竞价的方式,争取到4家通信公司3到4折不等的通信套餐,供创客自由选择。

四是其他专项补助。梦想小镇对各类创业公司提供不同层次、不同指向性的优惠扶持政策,包括人才房货币安置政策、创业项目金融及贷款贴息政策、创业培训及社会保障补贴政策、税收奖励等。例如,凡通过"创业先锋营"大赛入驻小镇的创业项目,都将获得最长三年的免租办公场地、最高100万元的风险池贷款、30万元商业贷款贴息以及在云服务、中介服务、人才租房等方面的优惠扶持政策。凡入驻梦想小镇、增值税按照17%缴纳的软件企业能够享受超税赋退税,企业所得税还能享受"两年免税、三年减半"的优惠等。

6.4.2 融资渠道支持

创业项目的发展和成长离不开金融资本系统的支撑,初创企业对于资金的需求往往是刚性的,甚至直接关乎企业的生死存亡。未来科技城金融服务中心负责人在长期与初创企业接触的过程中深刻体会到中小微创业项目普遍遇到的融资难问题:"大学生创业项目都是轻资产,没有担保、没有抵押,在运转2~3个月时的最关键时刻最需要资金支持。可是因为风险大,天使投资和银行都不会轻易选择他们。如果不能在这个时候成功转化,项目有可能就此死掉。"①

　　梦想小镇金融投资主体包括政府财政扶持和外部机构金融资本扶持两部分。政府财政扶持是由梦想小镇主导的财政投入,如创业引导基金、金融风险池贷款、项目启动资金补助、天使引导基金、资智对接服务、大学生创业贷、企业挂牌上市培育服务、天使梦想基金等。外部机构金融资本则包括天使投资、股权投资、创业投资、风险投资、私募基金与财富管理等专业机构以及由知名企业或者投资机构主导的机构。

　　1. 政府财政扶持

　　梦想小镇制定出台了《大学生创业贷风险池管理办法》《天使投资引导基金管理办法》等多项金融扶持政策,管委会内部专门设立 5000 万天使梦想基金、1 亿元天使引导基金、2 亿元创业引导基金、2 亿元创业贷风险池、20 亿元信息产业基金,以政府投资带动风险投资,以风险投资带动孵化服务,从而提升政府资金使用效益,鼓励资智结合,协助创业项目发展。

　　一是政府引导基金。政府引导基金是由政府部门设立的,专门投向某一个产业的投资基金。政府与创业投资机构合作筛选优质企业并跟投,引导民间资本不断向科技资本、创业资本、产业资本转化。通过政府引导来撬动社会资本,推动资源更加有效、准确地分配。

　　二是创业贷款池。创业贷款池是梦想小镇针对创业者而设计的一个特有的创新融资项目。梦想小镇为创业项目专门设立了 2 亿元规模的创业贷款风险池,助力优质创业项目发展。通常情况下创业者想要进行创业贷款就要去银行机构,在通过银行机构的信用审核后才能够使用银行贷款。梦想小镇的创业者如果有贷款需求,就可以找到负责创业贷款池的职能部门进行贷款申请,申请难度要远远低于银行贷款,而能申请到的额度却要高于银行。

　　三是创业贷风险池。梦想小镇鼓励第三方金融机构发展金融创新产品,建立天使创业贷风险池基金。创业贷风险池基金由管委会、科技担保及合作银行三方组成,共同组成 2500 万元风险池基金,以此鼓励创业项目与银行、保险公司、担保公司、信托公司等金融机构进行深度合作,降低银行贷款风险、降低企业融资成本。

---

　　①　杭州梦想小镇:完善金融服务体系 为创客提供造梦资本[EB/OL] http://www.chinanews. com/df/2015/12-16/7673736. shtml.

　　2.外部机构金融资本介入

　　特色小镇的发展离不开创业投资、风险投资机构的参与。梦想小镇的一个重要作用就是让资本与创新在政府构建的孵化体系里加速碰撞,产生出"智富"聚变的效应,从而激发内生动力,达到可持续发展的目的。

　　一是设立天使村。梦想小镇专门为金融机构设立天使村区域,发布企业税收奖励政策、高级管理人员税收奖励政策、有限合伙人(LP)推出奖励政策、金融人才租房补贴政策、办公用房租金补助政策、引导基金政策等,以引导金融机构在小镇内设点布局并鼓励天使投资。

　　二是探索互联网金融"混业孵化模式"。着眼于"天使＋孵化"(天使机构创建孵化器),"孵化＋天使"(孵化器对接天使机构)的双重发展路径,设立种子仓,以"基金＋孵化"的模式公开招募运营机构作为"园丁",支持科技创业孵化链条搭配天使投资网络。梦想小镇重点吸引天使投资人投资项目团队及早期创业企业,并为每个小微创投公司和互联网产业投资公司根据其提出的时间节点和实际项目需求提供少量空间供其试运营。由资本方针对自身发展需求和定位引入其投资的相关孵化企业,资本公司负责对其引进公司制定具体培育方案,以整合专业服务、行业资源和市场力量助力项目孵化,小镇则给予共性政策配合。梦想小镇还鼓励管理人员持股孵化,并在毕业后的后续融资后退出股权溢价。通过建立相应上市培育、上市辅导的退出机制,实现投资人层面的孵化与资本的混业融合。

　　三是提供全周期金融支持。梦想小镇引导社会资金前来梦想小镇设立创业投资基金、产业发展基金,以及股权投资、风险投资、财富管理等金融机构,打造多元化、多渠道创业金融服务平台,为创业项目提供了全周期、全方位的金融支持方案。当项目过了天使轮进入培育市场阶段,其市场生存环境还是相对比较恶劣的,创业团队可以选择与风险投资机构进行合作以降低创业者的创业风险。当项目进入市场稳定期时,可以选择与股权投资机构进行合作,进一步引入外部资源,壮大自身的实力。当项目进入成熟期时,还可以选择 IPO 投资机构。鼓励孵化平台与投资机构实行持股孵化,并建立创业上市培育计划,提供上市辅导与上市退出的相关服务,争取更多的资本市场力量。这些第三方金融机构针对筛选出的优质项目进行投资,有利于引导民间资本不断向科技资本、创业资本和产业资本进行转化。

6.4.3　孵化链条运作

1.孵化器

孵化器是指在企业初创期,向科技型企业和创业企业提供物理空间、基础设施、资金、培训管理等便利,从而提高创业成功率的商业主体。梦想小镇在筹建之初积极引进各类孵化服务机构,引导股权机构搭建孵化平台,大力培育孵化平台以向企业提供专业化、市场化、多样化的新型孵化服务。梦想小镇管理部门则致力于为孵化园区内的大大小小的民营孵化器提供优质服务,成为"孵化器的孵化器",为他们创造更好的孵化土壤。

孵化器作为梦想小镇的主要招商对象,面临着一定的准入门槛:孵化器需要自带天使投资、招商团队和行政团队,且要保证三年后有项目孵化成功,否则要扣取保证金。在这种高准入条件下,梦想小镇内的孵化器都是省级以上、带动性强的知名孵化器。

2.接力式孵化链

梦想小镇基于周边存量工业园区资源,形成"创业苗圃＋孵化器＋加速器＋产业园"的接力式全程化企业孵化培育链条。梦想小镇牢牢锁定"创业苗圃＋孵化器＋加速器"的全程孵化链条和功能定位,为处于不同发展阶段的创业企业和团队全程提供有针对性的专业化孵化服务,加强对空间和项目的精细化管理和服务,致力于打造一个高流动性的人才库。其中,创业苗圃以孵化创新创业团队和项目为目标,在苗圃内"育苗"成功的团队和项目可进入孵化器。孵化器以孵化初创期企业为目标,从孵化器毕业的高成长性企业可进入加速器。加速器主要以培育孵化器毕业的高成长性企业为目标,促进企业快速进一步发展壮大。

梦想小镇还对处于不同孵化阶段的企业提供不同层次和不同着重点的服务链,按照"全要素、低成本、便利化、开放式、复合型"的标准,着力整合要素资源。创业企业在苗圃阶段,园区通过集训营的公开选拔或创投推荐,给予入圃企业 3 到 6 个月的零成本孵化期,有免费办公空间和基本设施设备;进入孵化器阶段,企业享受大学生创业的各种政策;在加速器阶段,创业项目享受管委会的企业跟踪式定制服务,直至上市。

接力式创业链条的成型与成熟,创业过程中各个环节的打通串联,对推动创业、促进发展有着巨大作用。梦想小镇正在加快构建集产业链、孵化链、服务链为一体的创业创新培育系统,为创业创新"种子"提供优质的土壤、阳光和雨露,让创业者的奇思妙想与市场需求充分对接。

3.孵化器的角色

传统意义上的孵化器角色在于为创业团队提供场地,政府将建筑空间以低租金方式提供给一批有影响力的创业服务机构(孵化器、加速器、创投基金),通过他们搭建孵化平台,吸引项目集聚。随着孵化器角色的多样化发展,孵化器除了提供场地外,还会提供办公、融资、社交、培训、市场推广、技术研发、战略辅导等各环节孵化培育服务。李岱松、李学伟认为,孵化器能够为初创企业提供场地设施等一般性资源;人力、市场、财务、战略等管理咨询服务;协助、担保企业融资或者直接投资的投融资服务;以及专业技术服务。[①]

就梦想小镇而言,孵化器的角色作用主要如下。

一是创业指导。孵化器会各自举办活动、安排创业导师,提供沙龙培训、实战集训,为其量身定制投资路演、进行媒体策略、市场定位等战略指导,帮助企业分析项目的可行性,打磨产品商业模式等。

二是项目融资。孵化器为创业企业安排各种融资渠道或直接进行投资,例如"良仓"孵化器举办的"良仓三人行"活动定期邀请三个投资人嘉宾和三个创业的项目深入交流,实现项目的投资对接。特别优秀或对口的项目,孵化器还会亲自投资。

三是资源整合。资源整合指组织对不同来源、不同层次、不同结构、不同内容的资源进行识别与选择、汲取与配置、激活和有机融合,使其具有较强的柔性、条理性、系统性和价值性,并创造出新的资源的一个复杂的动态过程。[②] 孵化器将自有的产品、技术、营销、平台渠道进行资源整合和链接,协助组建创业团队、为创业项目牵线拉桥,使其获得更多的资源和创业机会。在孵化器的帮助下,创客可以专心做自己擅长的事。

四是个性孵化。许多孵化器在企业培育的具体实践中还探索出了多样化、个性化的孵化模式。如针对初始期停留在技术层面的创业项目,孵化器可以帮助其进行技术成果转化(即产品化);针对应用型项目,如果产品背后的技术团队没有创业意向或缺乏创业经验的话,则鼓励其采用技术入股的形式,为项目寻找总经理专门做创业项目的市场化,由孵化器负责项目的对

---

① 李岱松,李学伟. 中国企业孵化器营运模式[M].北京:北京交通大学出版社,2007.

② 饶扬德. 企业资源整合过程与能力分析[J]. 工业技术经济,2006(9):72-74.

接。还有一些孵化器利用场地和位置优势,将自己的场地用作产品展示和业务对接。通过举办活动课程吸引流量(包括企业、政府、机构和个人),搭建平台和信息源来鼓励互动并牵线搭桥。孵化器会向在展企业收取一定的广告费,在对接成功之后还能拿到一定的业务提成,最终达到良性运营,获得基本的生存能力,摆脱对政府补贴的过度依赖。

专栏 3　梦想小镇的孵化器案例

南方梦立方实行的"创师傅"创业陪跑教练计划,通过 6 个导师加 1 个项目的价值共同体组合对创业项目进行 6 对 1 的辅导。项目作为初创企业,在前期没有足够能力支付服务费,因此采取孵化器 3 到 5 个百分点服务入股的方式,由孵化器按照产业进行导师匹配、邀请和 3 到 6 个月的临时组队。在项目获得投融资后,孵化器还能够拿 1 到 3 个百分点的佣金服务。

4. 孵化器的考核

为加强对孵化器的管理和服务,引导孵化器健康发展,促进孵化器提升孵化效能,更好地发挥孵化器促进创新创业的作用,杭州未来科技城(海创园)管委会制定了孵化器考核管理办法(附录 5),以增值绩效、服务绩效、引进绩效、孵化绩效等 4 项一级指标和 18 项二级指标对办公面积在 1000 平方米以上的孵化器进行考核。该办法规定,孵化器内企业享受政策时间最长不超过 3 年。企业入驻孵化器时间超过 3 年的,不纳入孵化器考核评价指标计分内容。

梦想小镇采取自然淘汰的市场化机制,采取严格的多层级考核制度——小镇对孵化器进行考核奖励,孵化器对创业企业进行考核淘汰,先筛选、培育和支持,再让市场来验证。梦想小镇将孵化成功的项目积极推介到周边科技园和存量空间中去加速和产业化,而梦想小镇流转出来的空间则继续不断引入新项目孵化,形成滚动开发的产业良性发展路径。如杭州遥望网络股份有限公司是梦想小镇正式对外营业以来第一家搬离的企业。经过 5 个月的孵化后,遥望公司从梦想小镇搬到了未来科技城的科技园。而对于不愿搬离小镇的创业企业,梦想小镇也制定了相应对策。某孵化器负责人说:"梦想小镇很明智的一个做法,就是从一开始就安排好了一定的产业化空间,以提高从小镇成长起来的企业继续留在此区域的可能性。如若不然,成长起来的企业没有发展的场地空间,就只能迁移到别的区域了。通过预备大量空间,小镇为创新创业企业成长的每一步都做好了周到的安排规划。"南方梦立方的创始人提及:"孵化期 6 个月到期后,如果企业没有成长或者未获得天使轮融资,我们将会及时地把它们淘汰出去,再重新找新的项目进来。在小镇前期,企业的更迭比较频繁,随着孵化器从入住率到质量的导向转变以及小镇品牌效应、产业聚集效应日益发酵,我们已经进入一个良性循环中,入驻的企业质量越来越高,这些高质量企业在孵化后期会进入周边的加速器中。"通过多层级考核制度,梦想小镇通过引入孵化器这个大碗,盛着创新创业企业这个小碗的方式,做到了尊重市场规则,"不去摸市场的命门"。这种模式不仅遵循了"让专业的人做专业的事"的原则,还让小镇内的企业在市场大浪的淘洗中越来越顽强。

6.4.4　服务传递系统

服务传递系统指组织将服务从后台传递至前台并提供给顾客的运作管理过程和综合系统,包括服务设施、场景布局、技术和设备等有形硬件系统以及服务传递流程(包括业务流程和信息流程)、员工培训等无形软件系统。

1. 政策宣传、审核与兑现

有关创新创业政策的宣传、审核和兑现是梦想小镇服务传递的重要内容之一。在政策宣传上,小镇通过主动走访企业讲解政策、不定期面向孵化器组织开展政策解读会等形式开展工作。小镇设有专人负责政策数据库建立,对政策的主要模块、具体内容、出台部门、出台时间、申请条件、政策奖励大纲、申报流程、提交资料等内容进行整理分类,并以汇总表的形式直观展现政策的基本要素,以方便相关内容的快速查找。小镇定期面向政策讲解人员(即企业服务经理)进行政策培训或集中讨论,帮助企业更好地从政策中受益。

梦想小镇各项政策的申请、审核和兑现都是通过线上线下双途径进行的(图 6.9)。在发布政策申请窗口开放通知后,有意向的企业在线上提交政策申请,经审核后于线下提交相关资料,在线上、线下资料审核完成后由第三方运营服务机构统一提交管委会对应部门(例如创新发展服务中心、招商局等),进行政策兑现。

2. 企业入驻流程

企业入驻的 3 种途径,即创业先锋大赛、优质项目入驻和孵化器入驻,都涉及账号注册、材料提交、评审、(招商)协议签订以及入驻信息资料填写

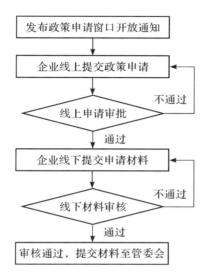

图 6.9 梦想小镇政策申请服务流程

等步骤(图 6.10)。在获得入驻资格后,企业需要与资产管理公司签订租赁合同,向物业公司提交公司信息、房屋检查表,在第三方运营服务机构办理一卡通业务(一卡通办理和一卡通门禁权限设置)等(图 6.11)。

3.创新券申请和使用

针对梦想小镇核心区内互联网创业企业、孵化平台企业、金融企业,由杭州未来科技城管委会委托第三方运营服务平台向其发放电子消费券。企业可使用创新券到指定单位购买服务或商品,由收取创新券的单位到发放部门兑现。创新券采用组合式电子券的形式发放,符合条件的企业可申请开通分设 A、B 两个子账户的创新券账户。其中账号 A 可用于向指定的创业服务机构购买财务、法务、人力资源、科技申报、知识产权等中介服务,还可用于支付梦想小镇会议场地使用费,余额有效期为一年;而 B 账号除了具备 A 账号的功能外,还可以在其他指定单位消费,余额长期有效(直至企业注销或迁出小镇)。

注册在梦想小镇政策落实区域且有实际人员办公的泛大学生创业的互联网企业仅需提交三证(营业执照、税务登记证、组织机构代码证)复印件以及梦想小镇入驻企业基本信息表等材料即可申请创新券账户,并享有 A 账户每年 2 万元创新券、B 账户 50%的活动场地租金返还以及使用创新券在

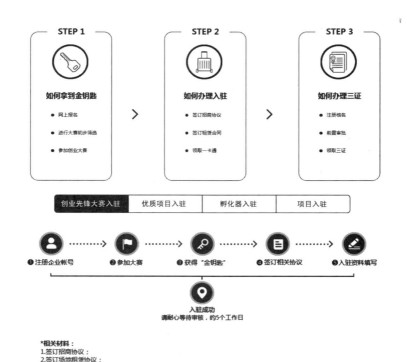

图 6.10　梦想小镇企业入驻流程

来源:梦想小镇众创空间官网,http://www.dream-town.cn/。

图 6.11　梦想小镇三证联办流程

来源:未来科技城管委会提供材料,本研究整理。

指定机构消费的优惠政策。收取创新券的服务商在每季度末持有关凭证向第三方运营服务平台申请兑现。由平台审核(对服务内容和金额)并汇总后将结算材料提交创新发展服务中心审批(经第三方审计单位审计)。创新发展服务中心完成审批后报财政局拨付补助资金进行结算兑现。除此之外,第三方运营服务平台还负责创新券台账登记(包括创新券发放台账、创新券消费台账、创新券—汇总财务对账)及创新券清零工作(图 6.12)。

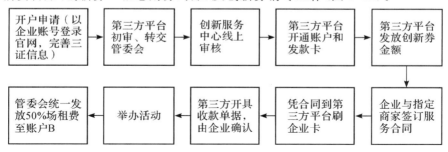

图 6.12　梦想小镇创新券使用流程

来源:未来科技城管委会提供材料,本研究整理。

　　创新券这种虚拟货币的扶植方式,可以保证政府的投入能够有效、精确地应用于企业的发展,也可以使政府工作从传统的税源培育转变为对创新主体和创新能力的培育。

　　4.活动(场地)申请

　　梦想小镇入驻企业可通过线上平台提交活动场地租借申请,使用企业账号登录后进行申请。活动会议室费用可使用创新券或者银行转账形式支付。小镇外部企业同样可以租借活动场地,可通过邀请码在线上申请。

　　为鼓励和支持企业在梦想小镇举办创新创业类活动,打造梦想小镇的品牌效应,营造小镇的创业氛围,梦想小镇规定,凡在小镇依法登记注册的企业在小镇核心区内(独立或联合)举办 100 人以上创新创业类活动的,按照活动规模(参与人数)进行活动评级和相应的经费补助(重大规模和影响力的创新创业活动采取一事一议制)。举办活动的企业只需提供活动申请表、活动资料、签到证明、活动现场照片、媒体报道资料、核定的金额收据等资料即可申请,并由小镇分批次提交。

　　5.人才住房政策申请

　　根据相关规定,在余杭区范围内租房的创业团队主要成员(即公司章程里的自然人股东),且其所在公司在梦想小镇范围内注册,有实际人员办公的,可以按季度提交申请表、劳动合同、身份证、租房合同、学历证书、公司章程复印件等资料进行人才租房补助申请。通过申请的创业者将获得最长为 3 年,每人每月最高 500 元的租房补贴。申请租房补助的人才,须满足一定条件。

　　除了租房补助之外,未来科技城管委会还统一提供了人才公寓出租,经年度认定的小镇内创业团队主要成员,可优先在梦想小镇申请租金标准低于区域市场价的简装公寓(图 6.13)。特别地,国家、省"千人计划"的人才、重点推荐项目、重点扶持发展项目、示范企业、列入余杭区培养对象的企业人才享受优先入住人才公寓的政策。

图 6.13　梦想小镇人才公寓申请流程
来源:未来科技城管委会提供材料,本研究整理。

6.云服务补助

　　在梦想小镇范围内注册,有实际人员办公且购买移动、联通、电信、华硕或阿里云的云服务的互联网相关企业,可凭云服务合同及发票申请最高2000 元的云服务补助(补贴总额不超过实际支付的云服务费用)。其中,APP 产品当月 DAU(日活跃用户数量)超过 1000,或营收超过 10 万元,或当月进入应用商店 TOP 20 名单的企业还可以凭榜单链接或截图申请 4000元的云服务奖励资金。活跃用户和营收双选项补助标准,是出于梦想小镇内企业大多为初创型企业和互联网企业,其产品盈利能力不能完全代表其真正表现的考虑而设置的。

6.4.5　政府购买服务

1.运营管理服务

　　梦想小镇的建设和运营是一个复杂的协同系统,牵涉到多个主体及其背后的利益关系。"事事亲为"未必"事事有为"。为合理利用资源,未来科技城管委会引入第三方运营服务平台、招商平台、物业管理平台等机构为小镇的运营管理提供相应服务。管委会则专心聚焦于政策提供、基础设施和公共服务等建设领域,扮演好市场支撑者和服务提供者的角色。

　　就具体服务实现而言,未来科技城管委会通过公开招投标的方式确定委托第三方运营管理服务商负责梦想小镇的实际运营工作。第三方运营管理服务商则成立梦想小镇事业部,负责引入孵化器、管理协助、数据收集、对接政策、组织活动、宣传运营等工作。具体由运营部、企业服务部、活动部、媒体部、运营部、商务部等 6 个部门组成。

运营部负责小镇规划建设和总体运营管理,具体工作包括:(1)第三方中介机构管理,包括对第三方中介机构的引进、秩序建立、管理、监督,第三方中介服务的创新券结算、审核、兑现。(2)产品对接管理,包括管理维护梦想小镇门户网站及梦想小镇 APP,对接用户需求,对梦想小镇线上服务系统功能及流程提出规划建议,整理线上服务系统使用培训资料,并组织进行用户的使用培训。(3)品牌运营服务,包括小镇运营服务原始数据的整合和分析,运营(月度、季度、年度工作)报告的撰写和提交,统计考核、荣誉申报、品牌包装工作的配合与协调。

企业服务部负责为企业提供入驻服务、政策服务、需求对接等"管家式一对一"咨询顾问服务。具体职责包括:(1)为企业提供入驻途径、条件、流程及政策的咨询服务;(2)一卡通办理和门禁权限设置;(3)创新券发放、消费、台账登记及清零;(4)一对一企业走访服务,政策讲解和征求问题反馈,建立一对一联系并确定企业联系人;(5)政策宣传、受理、审核政策申请、汇总申请台账和申请材料、跟进政策兑现情况。

活动部负责小镇日常管理,围绕小镇氛围提升和企业品牌战略目标,有针对性地建立活动合作资源库,建立活动品牌,通过承接政府活动、自主主办等手段,丰富活动类型和内容。具体职责包括:(1)品牌活动打造;(2)大型活动承办、组织、策划;(3)活动需求对接,即对接梦想小镇企业及孵化器活动资源、活动场地、活动宣传等方面的需求,并协助相关事项。

媒体部负责完成各类咨询采编和传播工作,负责官网、微信公众号、APP 等宣传载体的内容分发及运营工作。宣传内容包括孵化器内优质创业项目的简介和推介、创业大咖访谈和企业最新资讯、活动或新闻稿等。

运维部负责园区内电子设备、网络服务器、门禁等维护管理,包括公共区域服务中的机房、电子信息屏、门禁系统、云服务系统、信息发布系统等,以及企业服务中的门禁设备和公共无线网络。

商务部负责与各资源方建立合作关系,建立资源库。

2. 专业服务

为了整合市场资源,针对互联网企业的创业需求,梦想小镇积极引进产业发展所需的财务、法务、人力资源、知识产权、贸易展会、技术转移、项目申报、国际合作、股改上市等中介服务机构和第三方服务平台,为企业构建全面、专业、低成本的"服务超市"。

在各类专业服务商中,财务服务商为中小企业提供一站式服务,提供从代理企业注册登记,代理记账,到财务管理、融资指导、管理培训、税务咨询、税收筹划与涉税鉴证等财务税务问题,帮助初创企业规范和优化财务、税务,有效管理资产和降低财务风险;人力资源服务商为初创企业提供全程管理、一站式的资源项目和人力资源外包服务;认证咨询服务商为初创企业提供 ISO 27001 信息安全管理体系等标准化建设与认证咨询代理服务,简化烦琐的认证、评估、测评等流程,从根本上为企业降低标准化建设与认证成本;法务服务商为初创企业提供法律风险防范咨询、企业危机救助咨询等法律服务;科技申报服务商则致力于为企业提供科技成果转化、技术转移、科技项目申报知识产权保护等"顾问式、一站式"的综合性科技服务。除了上述专业服务商的固定平台搭建,小镇还不定期地邀请专业服务商为创业公司提供咨询、办理服务。如在梦想小镇 2019 年举办的"金融服务集市"上,12 家银行统一设点,为创客及创业企业提供咨询、业务办理办卡、开户、贷款、ETC 等服务。[①] 这一举措相当于把整个营业厅搬到小镇,打通金融服务"最后一公里"。

6.4.6 智慧社区打造

2020 年 3 月 31 日,习近平总书记在浙江考察时,来到杭州城市大脑运营指挥中心。他指出,运用大数据、云计算、区块链、人工智能等前沿技术推动城市管理手段、管理模式、管理理念创新,从数字化到智能化再到智慧化,让城市更聪明一些、更智慧一些,是推动城市治理体系和治理能力现代化的必由之路,前景广阔。[②]

2016 年,杭州在全国范围内率先提出建设"城市大脑",以交通治理为突破口,打通政务、社会数据资源,以数据驱动城市治理能力提升,为市民提供更加优质的服务。到 2019 年年底,杭州城市大脑已更新到 3.0 版本,包括公共交通、城市管理、卫生健康、基层治理等 11 大系统 48 个应用场景,日均协同数据 1.2 亿条。中国工程院院士、杭州城市大脑技术总架构师王坚

---

① 金融服务周火热进行时,互联网小微企业金融服务论坛圆满落幕[EB/OL]. http://cn.dailyeconomic.com/roll/2019/01/11/41912.html.

② 车俊.浙江省委理论学习中心组专题学习习近平考察浙江重要讲话精神[N].浙江日报,2020-04-08.

认为:"通过城市大脑,市民可以更好地触摸城市脉搏、感受城市温度、享受城市服务。城市管理者也可以依托城市大脑,合理配置公共资源,作出科学决策,提高城市治理效能。"①

梦想小镇的智慧社区打造,依托的是整个大杭州的智慧城市建设和未来科技城的智慧社区建设。

一是城市运营管理。梦想小镇所在的未来科技城积极推进建设"城市交通大脑"建设,通过开发部署九大应用和机器学习,完善"人工智能＋信号灯"算法,将公安、城管等各自设立的信号杆集成为多杆合一的智能杆线,实现数据打通和使用,从而优化了各个路口的交通组织,提高了交通运行效率。

二是智能基础设施建设。为建设数字化基础配套设施,未来科技城超前布局智能基础设施,开辟了 2 条市政道路,用于无人驾驶的测试与互动。通过人、物、场全面感知,实现人、车、路全面协同,让出行更便捷。绘制水量模拟图,根据不同降雨量,评估与判断对不同基础设施造成的影响,治理城市内涝。此外,还引进了先进的垃圾处理系统、"物联网＋AR 技术"的市政设施巡检手段等数字化管理方式。

三是科技服务。对未来科技城管委会而言,更大的挑战来自于如何更便捷地服务市场、服务企业、服务项目。为此,未来科技城建立了一套"企业数据大脑",将企业专利、人员、发展程度、空间管理以及政府政策兑现等海量数据搜集在库里,展现企业画像,一键生成智能分析。根据不同需求对所有企业进行分门别类的归纳整理,将数据精准推送到税务、统计、市场监管等有关部门,企业诉求就能得到精准反馈。梦想小镇的企业数据大脑由未来科技城管委会经济促进局负责建设,已经形成小镇入驻企业自行上传、小镇服务科核实的一套工作方式和体系。

四是科创合作。2016 年 9 月,梦想小镇推出"法国城市大脑"科创合作平台项目。这一项目是中法双方经过长期调研协助的成果,多达 15 家法国科技创新公司参加,创造并开发了众多新型的科技模块。该项目面向新能源和智能城市转型领域,通过传感器,Wi-mesh,Green Block chain 和人工智能技术联合协作,第一次实现了对原始数据的独特实时互动性及操作性

---

① 让城市更聪明更智慧[EB/OL].[2020-05-05]. http://www.xinhuanet.com/mrdx/2020-04/05/c_138948565.htm.

的深度管理。其中物联网、人工智能、云计算的互动合作是此次中法科创协作的创新示范。[①]

五是云上公益大脑。2019 年,基于互联网和大数据技术开发的全国首个公益大脑项目在梦想小镇启动,这个"云上公益大脑"有效汇集了全省各类公益慈善数据,实现公益慈善活动一键发布、公益慈善参与主体信息及政策动态一屏展示、公益慈善报告一键生成、公益慈善海量数据一库汇聚,为推进长三角慈善发展一体化,与民政部数据共享平台、全国社会组织法人库及其他部门数据交换做好数据储备,力争成为"数字浙江""数字中国"基础设施之一。这一项目充分利用互联网特色优势,打造以数字技术为核心的公益大脑,探索出互联网+公益慈善的创新模式。[②]

六是物联网应用系统试点。未来科技城管委会与由阿里云负责开发的物联网(the internet of things,IOT)联合,围绕车位智能管理、科技旅游、水环境治理、智慧城管、共享办公等领域在梦想小镇集中开展多项物联网应用试点,共同探索以"全时空感知—全要素联动—全周期迭代"的城市综合治理新模式。[③]

(1)智能管理

为提供便捷智慧的停车服务,梦想小镇首次引入定制化云停车系统,基于杭州艾佳智能科技有限公司提供的地磁、地锁等停车硬件配套以及江苏智途科技股份有限公司提供的 APP、数据看板等软件配套,实现停车场无人值守、云端管理的智慧服务。该系统包含车位共享、车位预约、反向寻车、停车场室内精准导航、室内外导航无感知切换、园区车场精准二次导航、安全移动支付等八大特色核心功能,不仅提高了小镇停车场的运营效率,也给车主带来了便捷智能的停车服务。

(2)科技旅游

通过摄像头等无感采集设备进行人员信息感知,结合时间和空间两个维度,对指定区域内的人流量聚集程度进行分析,判断游客对小镇某个参观点的关注度,从而深入挖掘出游客需求,对小镇的经营管理进行改善,提高小镇运营竞争能力。热力图项目由江苏智途科技股份有限公司负责实施。

---

① 中共杭州市委政策研究室. 小镇大未来[M]. 杭州:浙江人民出版社,2016:11—20.

② 史洁. 全国首个公益数据大脑在杭上线[N]. 杭州日报,2019-03-13.

③ 阿里云入手未来科技小镇[EB/OL]. http://www.cieni.cn/a/2018/1212/106736.shtml.

（3）水环境治理

由杭州希玛诺光电技术股份有限公司提供潜入式多参数水质自动监测站，实时监测包括总磷、总氮、高锰酸盐指数、氨氮、浊度、溶解氧、酸碱度、电导率、温度 9 个参数，为水环境质量改善实时监测提供了可靠的依据。

（4）垃圾分类

通过智能垃圾桶可实现刷卡开门、满溢监测、臭气监测、自动称重等功能。由苏州市伏泰信息科技股份有限公司建设的专业垃圾处理系统可按照减量化、资源化、无害化的要求，全面实施垃圾有效、安全、经济的管理，环保又智能。

（5）智慧城管

通过城市部件的监控，可以实现像绣花一样精细管理城市部件。如基于轨迹分析和倾角检测的窨井盖监控器，可实时监控窨井盖的状态，当窨井盖发生翻转或是移动后会第一时间启动报警通知监控中心。与智能城市合作伙伴杭州思创汇联科技有限公司合作的窨井盖监控系统还能为窨井盖建立唯一的身份标示，对窨井盖统一归档、统一管理，协助管委会使用物联网技术打造城市治理新高度。

（6）其他场景应用

未来科技城将在已有场景上升级，解锁无人机送餐、地下管廊监测、智慧工地、无人零售等更多创新与应用，树立科技新城建设标杆，带动科技创新"新风口"，推动未来科技城成为杭州新的创新驱动策源地和产城融合样本地。

6.5　打造有温度的产业生态圈

6.5.1　服务理念与服务目标

1."店小二"式服务

互联网创新产业变化很快，如果政府的办事效率无法跟进，政府将制约产业的发展。梦想小镇在本质上昭示了一种众创空间创新模式。在这种模式下，政府"店小二"式的服务与市场创新力量有机融合，深度激发出大众创业、万众创新的热情和活力，进而催生出更多的新经济业态、新商业模式、新就业机会。① "店小二"式的服务型政府角色新定位在 2015 年杭州市委人才工作领导小组《关于当好"店小二"优化人才服务的意见》中进行了明确规定,主要通过"需求收集、专人代办、专窗办理、专会协调、办结反馈、督查通报"的服务机制为高层次人才及团队提供优质服务。②

梦想小镇以政府"店小二"式服务为支撑,在系统集成不同类型的众创空间的基础上,构筑形成面向创业项目的新型创业服务体系、金融服务体系、公共服务体系、借力式培育体系,营造了更加有利于年轻人创业创新的工作空间、社交空间、网络空间、资源共享空间和精神文化空间。这种模式既充分发挥了市场化众创空间的创新活力,又打破了普通众创空间的"圈子"壁垒和先天性局限,最大限度集聚了面向不同对象的创业投资力量,形成满足不同发展层次项目需求的服务体系,系统提供了更加完备的政策服务、公共配套设施和外部设施,既让市场的力量得到充分释放,又弥补了市场自发力量的不足,较好满足了市场创新的需求。梦想小镇运行多年来的实践证明,这种新型的众创空间模式是成功的、有前景的、可复制推广的。③

梦想小镇所在的杭州未来科技城在这一潮流中,以"我负责雨露阳光,你负责茁壮成长"为宗旨,致力于为创客提供"雨露阳光"般温暖和滋润的创业服务,帮助创业企业茁壮成长,着力提升服务效能和用户体验。甘当、乐当"店小二",通过"互联网+管理"和"互联网+服务"做好做足服务文章,将线下资源、线下服务搬到线上,形成更加灵活、更加符合市场规律、更加契合创业需求的政策服务体系,为创新创业者提供园丁般的优质和精准的一站式服务,为初创企业营造优质的筑梦环境与创业平台。

课题组在调研过程中发现,梦想小镇各个角落都有这样的标识:"亲,有事有麻烦,可以找小二噢!"标识上同时写明了联络人(园区管理人员)的电话,方便创客随时致电。课题组对梦想小镇负责政策咨询和人才申报的管理人员进行访谈,她如是表态:"企业有事情打电话过来时,我们争取在最短的时间内给予解决。"梦想小镇某创业人员受访者谈及:"杭州不仅环境美,而且政府服务的态度好,没有什么官架子。"另一受访者表示:"哪怕是与梦

① 陈炎兵,姚永玲. 特色小镇——中国城镇化创新之路[M]. 北京:中国致公出版社,2017:143-144.

② 如何当好高层次人才的"店小二" 杭州自己给自己做规矩[N]. 杭州日报,2015-03-02.

③ 中共杭州市委政策研究室. 小镇大未来[M]. 杭州:浙江人民出版社,2016:21.

想小镇相同的政策,其他创业园区的服务和政策更多地停留在条文里或口头上,许多园区招商很热情,但是随后便'关门打狗',未能提供持续的、落地的相关服务。而梦想小镇能够让创业者清楚地知道对接的部门、兑现时间,真正将这些政策落到实处。"

2."最多跑一次"的目标

"最多跑一次"改革是通过一窗受理、集成服务、一次办结的服务模式创新,让企业和群众到政府办事实现"最多跑一次"的行政目标。2016 年年底,"最多跑一次"改革在浙江首次被提出。这项"刀刃向内"、面向政府自身的自我革命,已然显现出成效。①

未来科技城管委会负责人在接受本课题访谈时谈及,梦想小镇"政府行政能力部分体现在'最多跑一次'的实现上"。根据"最多跑一次"改革要求,在梦想小镇建设过程中,各级政府(杭州市政府、余杭区政府)以及未来科技城坚持"管放结合",推动简政放权,围绕初创企业、创业人才、创业管理等开展了一系列商事制度改革和商事流程优化,为小镇创业企业打造最为宽松的营商环境,主要包括对口服务机制一次性审批、职能部门协调构建绿色通道、线上线下结合打造一站式服务等商事制度改革和优化项目。

(1)一般商事服务

通过建立对口服务机制,市级、区级市场监管部门、税务管理部门均以安排业务骨干担任对口联络员或一次性授权审批资格的形式,为小镇各项商事提供咨询指导、培训服务、办理服务,为落户企业提供更优质的服务。

(2)企业注册登记服务

通过加强各职能部门间的协调,梦想小镇内的创业项目能够享受注册登记的绿色通道、一站式服务和五证一章等创新举措。在注册登记方面,全面实行营业执照、组织机构代码证、税务登记证、社会保险登记证、统计登记证等五证合一登记制度。对于申办外商投资企业和股份有限责任公司的企业实行就地受理、网络审核、就地发照的审批服务,进一步方便企业办事。

(3)全程电子化登记模式和企业核名自助查询申报终端

通过网上申报、线下审核的形式实现一表申请、一窗受理、一次告知、一份证照的一站式窗口服务,为创业企业的工商注册提供方便。

---

① 推动"最多跑一次"改革不断前行[EB/OL]. http://www.gov.cn/zhengce/2018-04/20/content_5284540.htm.

在这些制度创新的保证和关怀下,梦想小镇内的入驻企业只需要 3～5个工作日就可以办完企业开张所需的手续,还能享受一定的税收优惠。

3.保驾护航,降低创业门槛

梦想小镇持续丰富服务内涵以支持企业快速成长和健康发展,构建良好的创业创新生态环境。具体而言,梦想小镇会根据企业发展的需要及时跟进做好企业年报、信息公示、股权质押、动产抵押、商标注册申请与商业秘密等知识产权保护、格式合同条款规范以及公司治理结构完善等指导工作。一些健康产业的创业企业需要办理各类纷繁的手续,各环节必须严格符合法律法规。如何与工商、税务、医疗、卫生等部门对接对于互联网运营的创业者们而言是一大挑战。然而,在梦想小镇,各类手续的办理皆有绿色通道,各公司安排有专人对接辅导。梦想小镇某入驻企业负责人在受访时谈及:"法律事务、工商手续、劳务招聘、场地租赁……几乎所有事情我都是跟着工作人员一边学一边做的。"可以说,梦想小镇竭尽所能为初创企业保驾护航,致力于为创业创新争取便利,帮助企业降低创业门槛、降低创业成本。

6.5.2 菜单式拆迁安置方案

本着最优化利用资源的目标,梦想小镇将区块内每块土地的特点与周边用地性质结合起来考虑,把这点作为小镇空间布局与项目建设的一个基准,让每块用地都能够物尽其用。这种方式决定了梦想小镇在规划建设中需要同时考虑原有建筑的保留、拆除、改建和新建。

梦想小镇将集中新建居住建筑区和村镇群落,除工业保留区和古镇保留区外,大部分区块都涉及较大程度的拆、改、建工程。这也向小镇的用地保障及其到位提出了严峻挑战。

土地是农民之本,征地拆迁涉及原住居民的根本生计。农民住房拆迁安置涉及土地、规划、建设、户籍、民政管理等多方面,同时也关系到社会治安、环境整治以及民俗民风等社会问题。[①] 征地拆迁工作牵涉面广,社会关注度高,关乎原住居民的根本利益,也关乎项目能否顺利、流畅地进行。如何妥善进行征地拆迁和居民安置,如何保障项目用地精准到位,是梦想小镇建设过程中一项值得深思又略感棘手的问题。

---

① 国土资源部解读进一步做好征地管理工作的通知[EB/OL]. http://www.gov.cn/zwhd/2010-07/10/content_1650569.htm.

　　根据国土资源部《关于进一步做好征地管理工作的通知》(国土资发〔2010〕96 号),在城市远郊和农村地区,应当主要采取迁建安置方式,重新安排宅基地建房,并补充以相应货币补偿。小镇规划区域内的村庄沿道路和水系集中分布,供给村庄居民基本生活需求的商业主要集中于仓前街(图6.14)。居民居所、商业集中分布的特征为小镇项目的征地、安置和拆迁管理工作提供了一定便利。在梦想小镇的规划建设过程中,政府先期投入建设农居安置房小区,随后将规划区域内农业居民以家庭为单位安置回小区,在不改变原有家庭生活的前提下较为顺利地完成了民居的安置工作。拆迁款作为一次性补偿统一发放给被拆迁人。

图 6.14　规划地块内古镇建筑密度
来源:未来科技城管委会供图,拍摄时间为 2016 年 2 月。

　　为了在短时间内动员原住民拆迁,敲定安置计划,梦想小镇在安置过程中创新性地提出了三个解决方案:其一,从居民手中直接买断民居,一次性付清拆迁款。其二,以长租的方式租用民居使用权(一般为二十年),并给予一定补助,并由梦想小镇管理方负责民居的装修改造,从居民处租用房屋后再统一进行二次出租;其三,如果原住民选择(部分)自用(自住或开店)、售卖他人或悬而未决的,则由小镇管理方负责对房屋外观进行统一整治,使之与周边环境相和谐统一。在提出以上多个相对灵活的拆迁安置方案后,梦想小镇在十几天的时间内仅召开了几次业委会就将相关安置事宜敲定了,在较短时间内顺利地安置了所有原住民,并协调了相关主体的多元利益。随着梦想小镇如火如荼地快速发展,许多原住民甚至希望梦想小镇管理方能够统一收购之前自用或悬而未决的民居(即第三种解决方案),从而将民居更大限度地保护、开发、合理利用。

6.5.3 解决失地农民就业的新方法

梦想小镇项目规划范围内的原住民以农业从业人员为主,主要从事农业耕种或为仓前水泥厂的职工。国土资源部《关于进一步做好征地管理工作的通知》要求,征收部门不仅需要对被征收房屋、宅基地进行补偿,还要对拆迁安置造成的停产停业损失进行补偿。根据这一要求,梦想小镇做地部门在解决农业居民居住安置问题的同时,还需帮助原住民解决其就业等生计问题。根据该通知中所倡导的多元安置途径原则,梦想小镇做地部门不仅提供了多元的、阶梯式的安置补偿体系,还考虑纳入"城田共融"的产业形态,作为解决项目地块内安置原住民就业的一种方式。

梦想小镇管理部门认为,"城田共融"的产业空间形态可以同时产生社会价值、经济价值、景观价值和环境价值。其中,社会价值集中体现在安置原住民的就业问题上。根据《杭州梦想小镇概念方案设计深化》报告,梦想小镇内将保留部分农田作为绿网体系的一部分,保留下来的农田依然由原本所属耕种人所有,建设完成后保留下来的农田将由政府统一征集并交由现代农业公司统一管理耕种。原农业居民由农业公司统一雇用,对保留农田进行耕种和保护,农田产出收入属农业公司所有。这样的农业人口就地就业的操作方法,在同为余杭区管辖的良渚遗址国家公园中也被同样运用。通过将农业居民转化为农业工人,农户户田转化为农业公司耕田,将传统粗放式的农业生产转变为现代化精耕细种生产。梦想小镇"城田共融"的实践创新思路与做法,实现了"资源变资产、资金变股金、农民变股东",在推动新型城镇化的同时也走出了一条乡村振兴的新路子。

6.5.4 创新型产业用地的供应

在《余杭组团 YH-18 单元(高铁枢纽中心)控制性详细规划》中(图

6.15)有梦想小镇的用地规划。其中,在余杭塘河北侧和现状仓前水泥厂区域范围内规划为创新型产业用地(M1(创))。[①] 创新型产业用地的规划,无疑为梦想小镇未来的创新创业产业导入与集聚提供了最为关键的要素保障。

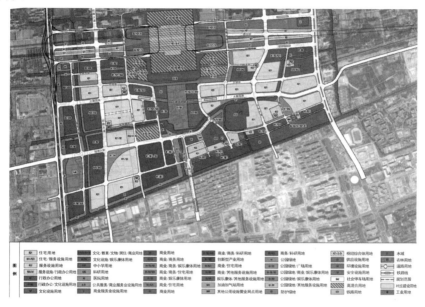

图 6.15 梦想小镇局部地块用地规划布局

来源:杭州市规划和自然局官网,2020 年。

创新型产业用地是在经济新常态下大面积、低价格的工业用地供应体系已不能适应产业转型发展要求,技术创新和土地集聚成为产业发展核心动力的背景下提出的。[②] 创新型产业一般指融合研发、创意、设计、中试、无污染生产等具有明显创新、创意特征的产业。现行的城市规划标准和技术标准中并没有对创新型产业用地的相关规定,这导致在前期的城市规划设计阶段,创新型产业用地的规划和布局没有相应的规划标准依据。与此同时,城市规划中创新型产业用地的实施也需要对应的土地利用政策支撑,如

① 余杭组团 YH-18 单元(高铁枢纽中心)控制性详细规划[EB/OL]. http://www.yuhang. gov.cn/art/2020/3/23/art_1532236_42353458.html.

② 黄清明. 创新型产业用地的研究现状及发展趋势[J]. 建筑与文化,2018 (5):184—186.

土地出让、地价标准、分割转让等,而现有土地出让规定中没有创新型产业用地的出让依据,这导致在项目后期实施阶段缺少土地利用政策的支撑。[①]

　　为了应对传统产业转型升级发展的需要,推动新兴产业发展,破解困扰新产业、新业态的用地难题,北京、上海、深圳、杭州各地纷纷出台政策,规范创新型产业用地管理工作。如北京市 2006 年出台的《北京中心城控制性详细规划》最早提出的高新技术产业用地(也称为工业研发用地,即 M4),上海市规划和国土资源管理局 2013 年《关于增设研发总部类用地相关工作的试点意见》,统一了工业研发用地(M4)和研发总部用地(C65)(表 6.1)[②]。

表 6.1　国内部分城市"创新型产业用地"政策比较

地区	用地编码	配套用房面积占比	分割销售	项目容积率	备　注
北京市	M4	产业园区可安排非建筑规模不超过地上总建筑规模 15% 的配套设施	不得整体或分割销售,不得转让公司股权	容积率为 1.5～5.0	但时至今日,这个"M 创"的管理细则也没有出台,从"M"到"M 创",现在仍是一个谜
上海市	M4	允许产业类工业用地配套科技创新服务设施的建设面积占总建筑面积的比例一般不超过 15%,增加必要的住宅、教育、商业、娱乐、培训等配套	工业用地标准厂房类建设用地使用权不得整体或分割转让;研发总部通用类建设用地使用权人须持有 70% 以上的物业产权,剩余部分可分割转让	未出让工业用地容积率(不大于 2.0)、研发总部类用地容积率(不大于 3.0)	目前,民营企业与国有企业合作成立平台公司一起开发工业园项目,可获得 50% 项目出售权

---

　　① 刘力兵,岳隽,陈小祥,等. 规划土地协同视角下创新型产业用地调控研究——以浙江某新城为例[C]// 中国城市规划学会,沈阳市人民政府. 2016 中国城市规划年会论文集(12 规划实施与管理). 2016:8.

　　② 那些关于"创新型产业用地"的政策[EB/OL]. [2019-10-23]. http://www.chinadcw.cn/news/93.html.

本课题借鉴陈建明的相关研究成果①，将特色小镇中可导入的 IP 分为项目
IP、运营 IP 和服务 IP 等 3 种类型（表 7.1）。项目 IP 指特色小镇最终定位
产业、产品中的符合 IP 特质的项目，形成特色小镇产品竞争力。运营 IP 指
特色小镇各产业、各项目运营企业的 IP，将形成特色小镇产品的市场影响
力和品牌度。服务 IP 指特色小镇产业链符合 IP 特征的服务企业，既包括
为特色小镇智慧服务的智库，也包括教育、社区、金融、物业等服务领域的
IP，形成特色小镇人性化、智慧化的社区生态。

表 7.1　特色小镇可导入的 IP 类型

IP 类型			导入情境
项目 IP	产业项目	农业产业	农业种植（养殖）基地创建、农耕劳动教育实践基地创建、现代农业观光体验项目（如大地艺术、采摘园、生态农庄）、共享农庄项目、农业科研型项目、立体农业打造等
		工业产业	工业园区新改建项目、老工业遗存改造利用项目、工业设计、工业产品开发等
		生态产业	国家公园建设，国家/省级自然保护区创建，国家/省级森林公园、湿地公园、海洋公园、农业公园、矿山公园、地质公园创建建设，风景名胜区创建等
		旅游产业	旅游度假区、旅游景区创建，主题公园、儿童公园、海洋公园、野生动物园、水上乐园等文旅综合体项目开发，酒店、度假村、民宿、农家乐、温泉康养基地等旅游接待服务设施开发，夜间旅游、禅修旅游、亲子旅游、节庆活动、康养旅游等专项旅游项目开发，旅游规划、旅游咨询、旅游商品设计等服务
		文化产业	国家考古遗址公园创建，当地文化主题项目开发，博物馆、展览馆、陈列馆、图书馆、大剧院、艺术馆、国际文化交流中心、大中小型文化广场、音乐厅、体育场馆、学校培训基地、文创产业基地等公共文化设施建设，红色旅游、党建、廉政教育基地等打造，赛事、会展、节庆等活动策划举办

①　陈建明. 特色小镇全程操盘及案例解析[M]. 北京：新华出版社，2018：177－179.

续表

IP 类型			导入情境
项目IP	地产项目	住宅类地产	高层、洋房、排屋、别墅等住宅类项目开发,智慧社区、未来社区、人才社区、康养社区等特殊社区承建等
		商务办公类地产	写字楼、企业独栋、众创空间、联合办公、大师工作室、产业科研基地、产业孵化基地、产业双创基地等
		商业及其他服务业	购物中心、奥特莱斯、商贸城、配套商业、特别人群定位的服务业(如康复疗养医院、护理中心、健康产业人才培养机构、美容养生中心)等商业地产项目
运营 IP			园区运营、景区运营、商业运营、房产运营、会议运营、产业运营、营销创新等
服务 IP			智库建设、社区教育、亲子、社区商业、装修服务、创意家居、社区金融、母婴服务、绿色食品、物业管理及其他社区生活类服务等

来源:陈建明(2018)[①],有较大修改。

7.1.3　梦想小镇的 IP 打造

IP 策略的目标是要创造一个王牌,强调"输出概念、内容为王"。特色小镇的 IP 代表其个性和特色,是特色小镇特有的标签,如同熊本熊之于日本的熊本县、互联网世界大会之于乌镇,实际上,这种联想归根结底就体现在特色小镇所呈现出的人文精神上。因此,IP 强调的不仅是生活美学上的意义,更是居民精神生活享受的源泉。梦想小镇 IP 的打造,是一个从概念的策划,到产品的设计,市场的推广,最后到盈利模式的打磨的整个过程。

1. 小镇命名

梦想小镇是浙江省级特色小镇中唯一一个没有采用"地名＋产业"命名的小镇。梦想小镇是时任浙江省省长李强酝酿良久后亲自命名的。2015年 2 月 26 日,李强省长在调研梦想小镇建设期间与正在举行创想会的部分年轻 CEO 们交流时道出了他为梦想小镇取名的心路历程:"(梦想小镇)从概念提出到先导区块初步成型,到现在大量投资孵化机构与创业者抢着入驻、一席难求,仅仅用了 6 个月时间,了不起。梦想小镇选择在杭州城西'出

---

① 陈建明. 特色小镇全程操盘及案例解析[M]. 北京:新华出版社,2018.

生'，看来找对了地方。梦想小镇是什么？当时之所以取这个名字，是希望这里成为天下有创业梦想的年轻人起步的摇篮，让梦想变成财富，梦想成真。后来，我琢磨这里应该是一个新型的'众创空间'、一个巨型的孵化器、一个创业青年的社区、一个信息经济的新马达、一个互联网创业的生态圈……其实，梦想小镇刚出生，不用给她太多的定义，长起来后创业青年们自然会用他们的方式描述的。"①梦想小镇被李强描述为"天下有创业梦想的年轻人起步的摇篮"，要成为一个万众创新大众创业时代全国青年们一个追梦圆梦的圣地。"梦想"由此成为特色小镇自身最大的 IP。在课题组调研过程中，杭州梦想小镇旅游文化发展有限公司负责人在受访时谈道："梦想小镇知识产权管理部当年成立后经办的第一笔业务，就是申请注册梦想小镇商标和 LOGO，创建小镇品牌，要打造成全省特色小镇的标杆。目前，梦想小镇的品牌正在为小镇建设发展带来源源不断的资源，这些资源的集聚又能进一步促进小镇品牌的壮大，两者共同促进，相生相成。""梦想小镇 IP现已成为一个大 IP，杭州市发改委在长三角一体化规划讨论中专门将梦想小镇纳入双创一体化的示范群，将梦想小镇提升到长三角区域战略层面。因此，梦想小镇的 IP 不是单方面的，而是层次种类丰富多样的，且始终围绕双创展开。我们也希望梦想小镇能够成为全国双创示范的高地。未来，梦想小镇旅游公司会依托管委会策划组织一些年度品牌活动，包括 2019 年 6月份的第二届梦想小镇马拉松、产业类型的高峰论坛、沙龙交流会、文体类活动等。如 TED 演讲②在杭州的首次开展就是在梦想小镇。通过这些多样性的活动去传递双创的文化和能量。"

2.吉祥物设计与应用

世界著名经营大师沃尔勒曾说过："如果说品牌（商标、品名）是您的脸，让人记住您，那吉祥物则是您的双手，让您紧紧握着别人，与人产生情感，发生关系。"吉祥物是以拟人化的方法设计出来的具有一定亲和力和趣味性的产品形象，一般以卡通形象为主。在城市品牌推广或节庆赛事中恰当设计与应用吉祥物，被证明能够有效体现与传播所要传达的特色文化和精神风

---

①　李强省长眼中的"梦想小镇"是什么？［EB/OL］.［2015-02-26］. https：//zj. zjol. com. cn/news/71562. html.

②　TED，指 Technology，Entertainment，Design 的缩写，即技术、娱乐、设计，是美国的一家私有非营利机构，该机构以它组织的 TED 大会著称，这个会议的宗旨是"值得传播的创意"。

貌,在营造气氛方面能起到特殊作用,较容易得到大众认可,且有可能带来新的商机。因此,吉祥物在视觉识别系统中是其他设计无法替代的。

2018年1月,通过面向社会广泛征集、线上大众投票与线下小组评审等方式,梦想小镇吉祥物征集结果向社会公示,并在3月28日举行的梦想小镇三周年庆典上正式公布。梦想小镇吉祥物最终选定为由设计师杨蕊操刀设计的装备有声呐耳朵、扫描系统眼镜、能量球等高科技设备的卡通公仔(图7.1)。从整体而言,梦想小镇吉祥物不仅融入了高科技元素,既有十足的科技感,又不失玩偶的可爱憨态,充满对未知世界的向往与好奇,彰显了梦想小镇热情、创新、阳光、活力的小镇气质,正符合年轻IT人的群体形象。[1] 作为梦想小镇的象征,该吉祥物在未来还可以代表小镇走向世界,通过平面、互联网等多渠道进行推广,让更多人领略小镇魅力和风采。

声呐耳朵

扫描系统眼镜

能量球

图 7.1   梦想小镇吉祥物
来源:余杭晨报官方网站,2018年。

3."梦马"的认同与关联

备受大众追捧的马拉松显然已经超越了其作为一项体育运动的基本意义,已然成为参与者展示自己社会地位、身份和品位的一种符号,并受到城市中产阶层的青睐。2018年,梦想小镇举办首届半程马拉松比赛,开始将这一赛事融入梦想小镇的IP打造之中。

一是主题关联。"创业就像一场马拉松。"主办方将梦想小镇半程马拉松(21.0975公里)简称为"梦马",同时设立了一条终点在梦想小镇的"梦想跑"(5公里)。将"梦想小镇半程马拉松"与海子的诗《以梦为马》关联,将物

———————————————

[1]   张孝东. 梦想小镇吉祥物揭开面纱 即将与大家正式见面[N]. 余杭晨报,2018-01-08.

理空间上的"梦想跑"与精神意义上的为创业梦想不懈奋斗相关联。比赛的宣传语由 2018 年的"科技领跑,成就梦想"调整为 2019 年的"以梦为马,众创未来",一语双关,契合了活动本身主题的同时,也强化了活动参与者和受众群体对梦想小镇文化的认同。

二是内容关联。科技创新是未来科技城的显著标签之一。2019 年举办的第二届"梦马",在整个比赛过程中充分显现智能领物、人脸识别安检、人脸识别找照片、赛道机器人拍照等科技元素。同时设置梦马数据指挥中心,赛道实现 5G 全覆盖,运用智能化科技大屏,将赛事信息全方位呈现于大众视野,让跑者、亲友团和观众有了更多参与、互动的机会。

三是节城关联。"梦马"的线路设计,途径未来科技城阿里巴巴、钉钉等全球顶级的互联网科技企业,之江实验室、人工智能小镇等重大科研平台,梦想小镇、手游村等创业阵地。"梦马"成为展示未来科技城和梦想小镇精神内涵与文化氛围的重要界面。杭州未来科技城管理委员会办公室负责人谈道:"如果说双创周活动是一座山,改变了未来科技城的城市高度,那么'梦马'就是一条路,可以让未来科技城直通全国,连接世界,抵达梦想的远方。'梦马'与未来科技城价值追求高度匹配,希望通过几年的努力,把它打造成全国知名的赛事和未来科技城的第一文化品牌。"①

4. 周边文创产品的开发

围绕梦想小镇吉祥物和"梦马"等品牌节事活动,小镇还同时开发了一套周边文创产品,包括眼镜熊、梦马 T 恤、梦马手机壳、充电宝、手提袋、雨伞、邮册、明星片、个性化邮票等。

5. 小镇成员自带的 IP

特色小镇作为一种发展创新平台,入驻其内部的孵化器和创业企业的 IP 形成、关联与集聚与小镇之间存在共生关系,因此对特色小镇的总体 IP 至关重要。譬如梦想小镇通过引入某一自带 IP 的孵化器,以孵化器复制孵化器,并借助梦想小镇的平台 IP,谋划往更高、更远的平台加速升级。孵化器自带 IP 从梦想小镇复制到另外的地方,和梦想小镇建立一种共生共荣关系,成为梦想小镇 IP 打造的一种特殊方式。如梦想小镇的第三方运营平台便是从小镇起步,从一个名不见经传的小微企业成长为一个专注于小镇平

---

① 梦想有了,"梦马"来了,一起奔跑吧! 10 月 20 日,杭州梦想小镇半程马拉松! [EB/OL].[2019-08-23]. https://www.sohu.com/a/335806709_266764.

图 7.2　2019 年梦想小镇半程马拉松（梦马）

来源：杭州未来科技城管委会供图。

台运营的专业型企业，并开始从梦想小镇对外不断实现扩张，成为梦想小镇的一张名片。

7.2　故事营销

7.2.1　小故事，大市场

　　故事作为人类古老的沟通和思维模式，是储存记忆、分享经验和传达情感的重要工具。[①] 在人们感官麻木的信息泛滥时代，最短缺的资源就是快乐、感人的故事，尤其是具有传奇性、曲折性、冲突性、戏剧性、传播性、传承性的精彩故事，无疑会成为营销沟通中荡涤人心的利器。[②] 故事营销指通

---

　　① 李爱梅，陈春霞，孙海龙，等. 提升消费者体验的故事营销研究述评[J]. 外国经济与管理，2017，39(12)：127—139.

　　② 孙焱. 如何用故事进行营销沟通[J]. 销售与市场：管理版，2009 (6)：41—43.

过讲述一个与品牌理念相契合的经过演义的悠久的企业发展历史、传奇的人物故事经历、惊险的企业磨难或者杜撰的传说故事,吸引和唤醒消费者的兴趣和共鸣,完成品牌信息传播,并在对方感受故事情节的潜移默化过程中提高消费者对品牌关键属性的认可度,以实现预期目的的一种营销方式。[①]

一个好的故事既是品牌的内涵物质,又是品牌的传播载体。有趣的故事情节、与品牌理念高度契合的故事主体信息、新媒体快速深度的自发传播等因素共同促成了故事营销在当前营销领域尤其是互联网社区中不可替代的重要性。作为一种经典的信息传播方式,故事营销已经成就了许多商业传奇,打造了一批诸如 Zippo、耐克等全球知名品牌和南方黑芝麻糊、农夫山泉、莫斯利安等本土经典品牌。随着品牌故事的讲述与流传,有口皆碑的口碑效应随之产生,其流布扩散造就了强大的口碑品牌。而故事本身所包含的人生哲理、生活智慧和励志精神也随之植入品牌,成为品牌个性和品牌价值的一部分。[②]

7.2.2　小故事,大梦想

梦想小镇自创建至今,产生和沉淀了许多故事,如与章太炎故居、乾隆掏羊锅、四无粮仓等相关的具有悠久历史的本地故事,创业团队艰辛创业、孵化器、个人创业传奇等创业相关故事,爱情、亲情、友情等情感类故事,领导考察调研细节、权威专家肯定等人物类故事,征地拆迁、工程建设、周边房价等数据类故事,等等,都是非常理想的可以营销加工的传播素材。这些形形色色的“故事”无一不给梦想小镇注入了鲜血和灵魂,就像一双双五彩翅膀,飞进广大群众的心中,拉近其与大众的距离,让人们更容易了解它,理解它,走进它。

囿于篇幅,课题组整理了有关梦想小镇的部分故事素材,以供对此感兴趣的读者或相关部门阅读、使用或研究(表 7.2)。

① 马玲,刘蕊. 新媒体故事营销——互联网时代的品牌传播之道[J]. 东南传播,2012(2):106－108.
② 李怀苍,李昌. 口碑品牌的故事化设计与技巧[J]. 昆明理工大学学报(社会科学版),2013,13(2):95－102.

表 7.2　梦想小镇故事营销素材(部分)

类别	名称	素材
本地历史故事	乾隆掏羊锅传说①	浙江杭嘉湖自古就有天下粮仓之誉,余杭仓前镇则以天下粮仓原生地著称。据说乾隆第三次下江南之时,曾在余杭微服出行,只见屋宇井然,田园稻香,龙颜大悦。到了仓前镇葛巷村,一股香味扑鼻而来,乾隆举头望去,见门上写着"羊老三酒店"五字,乾隆走进店堂说道:"有什么好菜好酒只管拿来。"店家说:"今日正好掏羊锅,何愁好酒菜?"乾隆问:"不知何谓掏羊锅?"羊老三亲自介绍:"官人有所不知,这个掏羊锅乃仓前名肴。杀羊之后,用一只大锅烹制羊肉。先将整只羊放在锅中,加老姜、茴香、精盐等调料,烧上半个时辰,然后退火,取肉。锅中老汤不起底。次日,老汤仍可继续用来烧煮羊肉。"说着,他用汤勺动手在锅中掏羊锅了。乾隆吃的都是山珍海味,那老汤里的羊杂别有一番滋味,乾隆吃得意犹未尽,回去后御书"羊老三羊锅"牌匾,再赏三百两白银。自此,仓前掏羊锅就上了名堂。 　　改革开放以后,仓前掏羊锅只有少数农家餐馆经营。自 2006 年始,镇政府利用当地掏羊锅的传统习俗,每到秋冬季节,举办仓前羊锅美食节,后成为杭州西博会的一个特色项目,掏羊锅的声名变得更大。
	爱仁堂药店和杨乃武与小白菜案	爱仁堂药店旧址位于仓前老街市中段,南临余杭塘河,坐北朝南,为两间两层重檐砖木结构建筑,面宽与进深均 7 米,现整体结构基本完整,西墙界上阴刻"钱姓墙界"字样。晚晴四大奇案之首的"杨乃武与小白菜案"就与此药店有关。 　　清同治十二年(1873 年)十月,浙江省余杭县(现余杭镇)发生一起命案,豆腐店伙计葛品连暴病身亡。知县刘锡彤怀疑本县举人杨乃武诱奸葛品连之妻毕秀姑,毒毙葛品连,对杨乃武与毕秀姑重刑逼供。当追问砒霜来源时,杨畏刑乱供砒霜从爱仁堂药店钱宝生(店主实际名叫钱坦)处购得,钱坦亦作了伪证,断结为谋夫夺妇罪,上报杭州府衙和浙江省署。杭州府与浙江省也照原拟断结,上报刑部。后经杨乃武之姐杨淑英两次京控,惊动朝廷中一批主持正义的官员,联名上诉。朝廷下旨,由刑部开棺验尸,才真相大白,冤案昭雪。 　　当身已残疾的杨乃武出狱时,素有乐善好施之名的爱仁堂主人钱宝生却已经死在狱中。杨乃武为此感慨万千,赠以楹联云"做得出满天富贵,医不尽遍地炎凉",横批"镜花水月"。

① 龚玉和. 仓前"掏羊锅"[N]. 人民日报海外版,2009-12-17.

续表

类别	名称	素材
本地历史故事	章太炎故居	章太炎故居建于明末清初,属中式宅院,位于浙江省杭州市余杭仓前老街,现为章太炎纪念馆。太炎故居坐北朝南,面水临街,是一个前后四进加一过道的大宅院,占地约 0.07 顷,建筑面积 811 平方米。前三进为太平天国之前章太炎曾祖父所建,最后一进楼房建于民国初年。院内由前厅、正厅、卧室、书房、厨房及天井等组成。临街的第一进房曾开过培昌南货店,属章氏义庄,是太炎祖父为赈济族人、乡里而开设的。第二进为正厅,虽很破旧,仍不失高昂轩敞之貌,现为太炎先生事迹陈列室。第三进为"扶雅堂",两层三开间,为章太炎当年的卧室等。第四进为太炎先生长兄章椿柏先生故居。 　　章太炎故居是至今保存完好且不可多得的、集清代木雕之精华的所在。无论是"扶雅堂"的漏窗,还是后屋的"牛腿",抑或是正厅的木饰,雕嵌镶饰技艺精湛,镂镂剔绘巧夺天工。在运河边,老街上,观文物,赏木雕,太炎先生故居就是一段历史,一种文化。2006 年 5 月 25 日,章太炎故居被国务院批准列入第六批全国重点文物保护单位名单。
创业团队故事	放弃高薪留美回国死磕垃圾的哈佛硕士夫妇①	手握 5 项绿色垃圾处理技术专利,碳明科技 2019 年刚入驻浙江杭州良仓孵化器时,顾然、戴雨晴这对"90 后"哈佛硕士夫妻还是很忐忑的。"搞研发,我们有自信,可说到市场、资本,就没了底气。" 　　孵化器两招就让他们安了心。一是牵线在良仓孵化器所在的梦想小镇试用他们的样机,市场推广就拿这个"样板房"说话:占地仅几十平方米,"吞"下餐厨、绿植垃圾,"吐"出热能、活性炭。二是把他们拉进一个产业互联网微信群,群里几家年产值数亿元的智能建筑企业对他们的创新成果很感兴趣,抛来橄榄枝。 　　5 月中旬,一家创投基金给他们注入 250 万元天使轮投资,投产急用的钱有了着落——创业三个多月就顺利拿到首笔投资。 　　这样的故事在杭州的众创空间、孵化器中很是寻常。碳明科技所在的"良仓",原是座废弃粮库,如今成了"仓储"人才、项目和年轻人创新创业梦想的孵化器。过去一年,这里孵化了 100 多个创业项目,累计四成左右创业团队拿到融资,孵化器相应得到市里 223 万多元资助。

① 李中文,江南. 平均每天诞生六百余家企业、一百余个有效发明专利——西子湖激荡"双创"潮[N]. 人民日报,2019-06-03.

在接受课题组的访谈时,未来科技城管委会负责人谈道:"真正的特色小镇应该有一个产、城、人融合的故事,尤其是社区化的概念。这也是小镇持续优化的方向,让每一位在这里起航的创业者都能待得下来,安心地待着。这里面蕴含的就是一种发展理念。"梦想小镇的运营管理团队也高度重视"故事"的重要性,注重通过文字的方式去沉淀梦想小镇生产的一些故事内容,并通过梦想小镇与未来科技城的官方微信公众号、内刊杂志宣传、微电影、B站、抖音等形式,形成全渠道传播体系,讲好更多的小镇故事、梦想故事。

7.3　文化保护与旅游开展

休闲旅游是浙江省级特色小镇创建必须具备的基本功能,是一项"规定动作",同时也是特色小镇打造自身"特色"的抓手举措,是一项"加分动作"。保护、创新、融合、拓展、提升旅游空间,尤其对物理空间相对有限的特色小镇而言,对于破解区域空间资源瓶颈,实现"小空间大聚合"具有显著意义。[①]

7.3.1　在地文化

1.场地印象

文化是一个在特定历史空间里发展起来的历史范畴。[②] 梦想小镇内的仓前古街具有 880 多年的历史,街区保留了章太炎故居、四无粮仓等国家级文物保护单位和一大批古建筑,生态环境良好,自然景观质朴。但传统古镇建筑密集,缺乏开放空间,多有建筑损坏并掺杂居民后期私自搭建的风格不统一的建筑,古镇总体风貌已被破坏。在规划区域内还保留有大量古代、近代旧址,如龙泉寺遗址、灵源古井、禄耕桥旧址等古代寺庙和街边风貌;太有酒店遗址、打油厂遗址、仁堂药店遗址、仓前粮管所仓库旧址、古临安仓旧址、仓前茧站旧址、四五仓库、水泥厂等反映着小镇曾经的工业发展与乡镇生活场景的近代工商业设施;以及古月坊、画室、博约书社、乡村电影院、水

---

　　① 易开刚,厉飞芹.基于价值网络理论的旅游空间开发机理与模式研究——以浙江省特色小镇为例[J].商业经济与管理,2017(2):80-87.

　　② 冯天瑜,何晓明,周积明.中华文化史[M].上海:上海人民出版社,1990.

井、水闸等现代农居生活场景。

除了上述物质文化遗产和有形痕迹，小镇所在的仓前一带还保留有传统正宗的"羊锅节"、端午龙舟盛会等代表性的传统文化习俗，有"木雕姥爷"等传统民间艺人和非物质文化遗产手工业匠人。在这块历史痕迹深厚又浓重的土地上，如何做到历史的传承和发展，兼顾文化内涵和协调发展，是一项深刻而又重大的课题。

2. 文化重构

保护历史文化遗存，弘扬传统文化，延续文脉并保持文化原真性已经成为历史遗迹开发保护工作中的一项共识。根据《杭州市历史文化街区和历史建筑保护条例》，历史文化街区的开发应当遵循"保护历史的真实性，保持风貌的完整性，维护生活的延续性"原则，规定建成 50 年以上的老房子及具有历史价值的各个不同历史时期的建筑一律不能拆。梦想小镇依据相关规定对规划范围内的遗址遗迹、历史街区整体进行了保护性开发，基于城市历史文化形成的独特地方氛围与生活方式，兼顾古城保护与新城建设协调发展。[①]

一是保护修缮历史建筑。专门聘请专家对章太炎故居等文物保护单位和历史建筑进行现场修缮，针对周围施工对建筑的影响实施保护措施。在对名人故居进行修缮保护的基础上，深度挖掘保留较好的民宅的既有建筑价值，根据保留建筑的形态和空间特征采用"针灸式"的设计处理手法，完善、增补既有建筑功能，保留并突出建筑。

二是修复文化记忆碎片。通过沿塘河埠头、井、老桥等文化节点的补建、修建、新建，重拾散落在老街中的历史文化碎片，串起记忆长河。梦想小镇的独特之处在于它并没有推翻古镇去重建新镇，而是采取保留原有村落、街区以及田园自然风貌等方式，基于原有的建筑肌理、山水自然景观和人文历史景观，营造一处具有江南水乡特色的生活生态空间。

三是充实小镇文化生活。梦想小镇新建与重建了芸台书舍、苕南书院、四无粮仓陈列馆、苕南书院等一批公共文化设施，充实了小镇空间的文化生活质感。如芸台书舍采用"互联网＋实体店"的运营形式，切入社区阅读建设，以超过 1300 平方米的总面积，10000 册以上的图书总量，给梦想小镇的年轻人提供线上线下全方位的服务，交流沟通、安静思考、补充知识的多功

---

①　中国旅游研究院. 中国全域旅游创新示范的"杭州样本"[M]. 北京：中国旅游出版社，2019.

能化空间。四无粮仓陈列馆作为一座集粮仓文化、粮油文化和粮食廉政文化于一体的专业陈列馆,已经被评选为全国中小学爱粮节粮教育社会实践基地和第七批全国重点文物保护单位。苕南书院原毁于战火,后在梦想小镇重新开放,开展国学培训班,中西文化交流活动、书画教育、传统武术等相关活动,以国学＋书画＋武术、文化名人＋文化名镇＋文化品牌三位一体的模式,致力于社会文化教育资源的整合,在注重结合当地的文化资源的同时努力活跃本土文化。

7.3.2 景区创建

浙政发〔2015〕8号文件要求:"所有特色小镇要建设成为3A级以上景区,旅游产业类特色小镇要按5A级景区标准建设。"以创建省级特色小镇为契机,以"创新、创业、创客"为主题,按照特色小镇和旅游景区相关标准和考核要求,梦想小镇通过成立景区创建领导小组、组建旅游运营管理实体平台、编制实施梦想小镇创建国家4A级旅游景区提升规划、完善综合配套设施、提升旅游管理服务水平等举措,全面提升特色文化内涵、双创服务水平和休闲旅游环境,于2016年顺利被杭州市旅游景区质量等级评定委员会评定为国家3A级景区(图7.2)。

梦想小镇并未止步于此,在培育省级特色小镇之初梦想小镇就确立了产业与旅游两翼齐飞的目标。杭州梦想小镇旅游文化发展有限公司相关负责人在2019年7月接受本课题组访谈时谈道:"梦想小镇在创建国家4A级旅游景区过程中,注重产业与旅游融合发展。产业是根基,旅游是配套,旅游与产业相辅相成,互相成就。从某种意义上说梦想小镇4A级景区的打造是互联网产业发展的阶段性产物,是倒逼和主动融合的结果,是产业不断向前发展的必然。小镇不断完善旅游配套,以服务为落脚,为梦想小镇成为'小镇＋旅游'的标杆奠定坚实基础。"在成功创建3A级景区之后,梦想小镇在特色产业与旅游的融合、软硬件服务等方面进一步提升,努力成为具有互联网特色的集创新创业、研学交流、休闲观光和人文体验为一体的双创产业文化旅游目的地。2018年12月29日,杭州梦想小镇被浙江省旅游区(点)质量等级委员会批准授予国家4A级旅游景区,成为浙江首个成功创建国家4A级旅游景区的非旅游类省级特色小镇。2018年,梦想小镇共接待国内外游客53.43万人次。入境游客中来自韩国、日本、东南亚等国家的数量也呈现稳定增长趋势。在旅游旺季,景区每天接待游客在2000人次左

图 7.2　梦想小镇旅游全景导览

来源:杭州未来科技城管委会供图。

右,单日最高客流量高达 3000 人次。①

7.3.3　产品设计

旅游产品是旅游学中的一个基本概念。从目的地角度出发,旅游产品指旅游经营者凭借旅游吸引物、交通和旅游设施,向旅游者提供的用于满足其旅游活动需求的全部服务。具体来讲,一条旅游线路就是一个单位的旅游产品。

1. 到访群体特征

在设计与组织旅游产品时,首先需要明确旅游产品的目标使用人群的特征。在接受课题组访谈时,杭州梦想小镇旅游文化发展有限公司旅游部门负责人谈道:"目前来小镇的人群还是以公务为主,也就是以党政团为主,培训班类型较多,有政府人员、企业家,也有纯旅游的人员、研学群体。"根据课题组的调研和访谈整理,目前到访梦想小镇的主要有 3 类群体(表 7.3)。

表 7.3　梦想小镇到访群体特征

维度	党政公务群体	产学研考察群体	本地及周边休闲群体
到访目的	调研、学习	调研、合作、研究、学习	休闲、游憩、放松、打卡
出行方式	大巴	大巴、私家车、轨道交通	步行、私家车、轨道交通
出行规模	几人到几十人不等	几人至十几人不等	一人到几人
消费特征	餐饮、住宿等团体性消费	餐饮、住宿等团体性消费较多,偶有购物、休闲等自发性消费	多有餐饮、购物、娱乐、休闲等消费

(1)党政公务群体

这个群体主要包括各级领导、各地党政代表团的调研考察,团体规模一般为几人到几十人不等。这类群体一般以政府接待为主,且每次接待方案和详细接待流程都会由相关部门负责制定实施。

(2)产学研考察群体

这个群体包括对小镇规划建设、物业招商、环境氛围、创业政策、旅游发展、文化保护等情况感兴趣的个人或机构,也包括各类大中小学生的暑期实

---

① 梦想小镇被授予国家 4A 级旅游景区[EB/OL]. https://new. qq. com/cmsn/20190106/20190106001818. html? pc.

践调研、素质教育培训和第二课堂打卡等群体。这类群体到访梦想小镇的目的比较明确,是带有一定任务的。在出行方式上,以同事、同学、朋友、师生等结伴出游为主。出行规模一般为几人至十几人不等。在执行既定目标的过程中或者完成目标之后,此类群体还有可能产生"顺便游玩一下""再看看""既然来了就想再走走""反正时间还早""刚好吃个饭"等延长逗留和休闲消费的行为。

（3）本地及周边休闲群体

这个群体包括小镇周边的社区居民、杭州本地市民等。此类群体到访梦想小镇的目的以休闲、游憩、放松、打卡为主。他们在出行方式上带有一定的日常惯性,多次甚至反复。出行规模多以个人、家庭结伴为主要方式。在交通工具选择上,以步行、自驾和轨道交通为主。

2.旅游产品设计

作为全国众创空间的新样板、信息经济的新增长点、特色小镇的新范式,梦想小镇环境优美,生态良好,旅游配套设施齐全,是双创研学游、文创体验游和梦想休闲游的理想目的地。

（1）双创研学游

研学旅游作为一种"旅游＋教育"的新兴旅游业态,是素质教育改革的重要举措和旅游业转型发展的重要形式,日益得到社会的广泛关注。梦想小镇作为国家双创示范基地未来科技城的主驱动,帮助"有梦想、有激情、有知识、有创意"但"无资本、无经验、无市场、无支撑"的大学生实现创新创业,沉淀的宝贵经验及其形成的"创业圣地"般的浓厚氛围,成为吸引全国各地研学旅游者慕名前来朝觐的重要拉力。杭州梦想小镇旅游文化发展有限公司旅游部门负责人谈道:"对于政府和公务考察队的培训需求,旅游公司会创造一些机会,让他们和小镇的孵化器,包括服务机构以座谈交流的形式,或者更多样化的形式去创造环境,然后根据他们的需求去找一些资源定制的课程。"

针对研学旅游群体,杭州梦想小镇旅游文化发展有限公司设计推出了双创研学游,主要时间集中在暑假。推荐游线设计为（图 7.3）:游客中心→朴器→南方梦立方→眼见 VR→梦想体验馆→极客创业营→湾西加速器→良仓孵化器→梦想小镇会议室→学术交流中心→梦想手印墙接待大厅→梦想之翼。

针对本地中小学生,还开设第二课堂课程。杭州梦想小镇旅游文化发展有限公司旅游部门负责人谈道:"小镇旅游公司现已报了两个(第二课堂)课程,并且对于这类课程有一个粗线条的要求和方向,就是它在两个小时之内要有个互动性,以及能够在短时间内为学生带来很明显的学习效果的解说词。"

2. 文创体验游

当前,文化创意产业面临着从技术基础形态到文化内容产业、数字传播、体验营销的新阶段。[①] 特色小镇文化创意体验模式的构建,可以在挖掘本地特色资源并明确自身定位的基础上,围绕特色主导产业的培育集聚需要,打造配套环境的同时注重文化创意型体验产品的研发,同步推动小镇主导产业与文创产业、餐饮业、住宿业、交通运输业等泛文旅产业的关联,最终帮助和提升旅游者的体验愉悦度。[②]

梦想小镇结合深厚的地域文化、文物保护单位、公共文化设施、标志性景观和充满朝气的创业企业,设计推出了新老相容、富有特色的文创体验游线路(图 7.4):游客中心→梦想小镇时间轴→余杭塘上→梦想长廊→希望田野→芸台书舍→小映盒→茗南书院→六品书院→憩园→章太炎故居(国家级文物保护单位)→钱爱仁堂药局→仓前茧站(杭州市级文物保护单位)→梦想体验馆→余杭四无粮仓陈列馆(国家级文物保护单位)→学术交流中心→梦想手印墙接待大厅→梦想之翼。

3. 梦想休闲游

双创研学游和文创体验游的线路设计,主要以满足团队考察、外地考察等旅游群体的需求为目的。除此之外,还有相当部分自发的散客、学生团队、中老年团队、亲子游客等。这部分旅游群体的关注点可能并非一定在创新创业上,也可能只是单纯的游览、恋爱、放松、吃饭、观光拍照、打发时光。对其而言,新景点、新建筑、新景观的吸引力和冲击力可能更大。因此,梦想小镇推出了梦想休闲游。推荐线路设计组织为(图 7.5):游客中心→梦想小镇时间轴→余杭塘上→梦想长廊→希望田野→芸台书舍→茗南书院→憩园→余杭塘河→天使村→创业集市→国际会议中心→互联网村→学术交流

---

① 宣慧雁,张波,杜伟. 文创产品整合营销策略的研究与实践[J]. 电子商务,2019 (10):46—47.

② 毕伟,杨亮,王文薇. 特色小镇文化创意体验模式之研究[J]. 文化创新比较研究,2018 (8):44—46.

中心→梦想之翼。

图 7.3　双创研学游线路　　　　图 7.4　文创体验游线路
以上两图来源:杭州未来科技城管委会供图。

图 7.5　梦想休闲游线路
来源:杭州未来科技城管委会供图。

4.对外联游

杭州梦想小镇旅游文化发展有限公司旅游部门负责人谈道:"小镇现在

也在探索外部资源,比如与社会上的旅游公司或者旅行社、教育机构合作,开发一些商业性的产品,并且与内部资源做交流整合。"

　　为此,在游览考察小镇的同时,梦想小镇旅游文化发展有限公司还设计推出了与周边景区景点或其他资源点的联动线路:一是未来科技城范围内游线,围绕创新创业主题,将梦想小镇与阿里巴巴总部、人工智能小镇、南湖达摩院、海创园、杭州师范大学等形成串联,以点串线带面。二是未来科技城范围外游线,结合不同接待人群需求与工作便利性,将梦想小镇与良渚古城遗址、大运河杭州段、西湖等世界遗产,余杭艺尚小镇、西湖云栖小镇、玉皇山南基金小镇等特色小镇,径山、苕溪小镇、青山湖等旅游景区(点)等进行串联,互生共荣,协同发展。

7.3.4　业态布局

　　商业业态是商业经营的状态与形式,它是针对某一目标市场,体现经营者意向与决策的商店,其内容包括商业设施及其区位与规模、商品配送销售服务等。商业业态是在以技术变革为主导的经济、社会、消费者行为等多种因素综合作用的一种动态演进结果,形成特定的城市空间结构。[①] 当今中国的商业业态正伴随着国内零售业的开放和城市空间结构的重新组合而发生前所未有的变革,家庭轿车、地铁轻轨成为主导的交通工具,新业态在非中心商业地域产生的聚客能力越来越强。个体层面,现代人在消费的过程中也更加追求消费空间的社区交往功能,以消除"模块化"社会所带来的隔阂、孤独。[②] 尊重消费者的个人需求、与消费者的接触向心理深层发展、满足和超越消费者的期望而非基本需求、高效地将消费者的"零售经历"个性化、积极领导社区发展而不局限于参与,对于新的零售价值,可在理论界呼吁并在业界校验实践。[③]

　　按照运营服务的功能划分,可以将特色小镇划分为核心产业园区、产业延伸区和休闲聚集区、居住发展区等 3 个圈层。本课题组对梦想小镇的业态布局进行划分,以探索发现一些共性和个性特征(表 7.4)。

---

　　① 张水清. 商业业态及其对城市商业空间结构的影响[J]. 人文地理,2002,17(5):36—40.
　　② 李程骅. 商业业态"沃尔玛化"与"反沃尔玛化"现象研究——兼论中国城市商业发展的战略转型[J]. 南京师大学报(社会科学版),2006(2):41—46.
　　③ 李程骅. "反沃尔玛化"与商业业态的理性选择[J]. 商业时代,2006(5):20—22.

表 7.4　梦想小镇商业业态布局

圈层	板块	类型	业态
核心产业园区	互联网村	餐饮	万喜年美食广场、扇贝王
		茶饮酒吧	屿记咖啡、蜂巢咖啡、Agair 茶饮甜品、初壹、一点点、约克咖啡
		便利	祐驿站
		购物	太极莲德、斑马仓、湾西加速器七色花、飞全世界、图漫运动
		会馆	乐刻运动健身、LEFIT 健身
		服务	万马爱充充电站、街电（2）、AED 医疗
	天使村	餐饮	诗盒精致便当快餐、万喜年风味美食广场
		茶饮酒吧	恬然咖啡、Taste Nature
		服务	宜家开锁、温明汽车服务、华夏银行
产业延伸区和休闲聚集区	创业集市	住宿	睿沃智慧酒店
		餐饮	院子餐厅、厨源、本味餐厅、洛矶玛丁、纵贯会
		便利	一鸣真鲜奶吧、十足便利店、花驿站 24h 便利店
		购物	HOTEL RESTHOUR、YOUHOO、星佰年
		会馆	锐动健身
		服务	卖好车销售平台、菜鸟驿站、招商银行、街电
	仓前古街	住宿	杭州仓乾居雷迪森颐墅酒店、花筑·杭州晟泊曼庭院酒店
		餐饮	客官里面请、回合号、渡一局酒屋、聚缘阁私房菜、朝天门火锅、黄焖鸡米饭、乾炉火锅、仓乾味庐、创客食堂、海曼大叔
		茶饮酒吧	星巴克、仟茶院、聚缘阁茶楼、正新鸡排、肯德基、MX 迪岸咖啡音乐酒吧、隐品咖啡厅
		便利	罗森、仓兴、祐驿站
		购物	约古鼎新、栀夏婚纱、乐至、太炎礼品店、花颜花艺主题生活馆、空集皮具工作室、嘉润供销社、麦腾连力空间、梦想芸台
		会馆	3F 天使投资人俱乐部、企趴

续表

圈层	板块	类型	业态
产业延伸区和休闲聚集区	仓前古街	文创	梦想体验馆、奇点云 AI 体验馆、眼见杭州 VR 中心、方得智能运营中心、禅茶文化艺术馆、伯凡书院教育培训、有质智能生活未来家体验馆、小映盒影院、保利万和影城、爱上泥陶艺馆
		服务	小镇游客中心、章太炎故居游客服务中心、杭州办事综合自助终端机、钱爱仁堂药局、乐派宠物
居住发展区	仓兴街	住宿	如娟快捷酒店、邻趣客栈、杭州新海恒大酒店
		餐饮	月上藏羊肉串、贵州黄牛肉、兰溪手擀面、杨国福麻辣烫、绝味鸭脖
		便利	莫卡乡村、天猫小店味来家生鲜、好又多水果超市
		购物	欧点私人衣橱、瑞英皮鞋店、中国珠宝
		服务	余杭公安、毛源昌眼镜、太炎足浴、中国电信、中国移动、阿峰造型定制、爱越家政、亿婴师母婴用品、沐拓电脑、锦英五金店、天天好大药房

注:1.业态布局原始数据来源于百度地图。

　　2.业态布局只考虑底商物业,未考虑室内物业。

　　3.各区块物业统计为不完全统计,数据获取时间为 2020 年 5 月 13 日。

1. 核心产业园区商业业态

梦想小镇核心产业园区为互联网村和天使村两大板块,聚焦于互联网创业和科技金融投资等两大产业。围绕主导产业,梦想小镇的核心产业园商业业态呈现如下特点。

(1)布局规模较小

相较于产业延伸区和休闲聚集区、居住发展区两个区块,本区块布局的业态在数量上和体量上总体偏少,而且在空间上也相对分散。

(2)饮食消费讲究快节奏

本区块布局的餐饮以快餐、简餐、工作餐为主。分布有较多咖啡、奶茶等零售业态,适合生活节奏较快的年轻消费群体。

(3)业态讲究品质

本区块提供金融服务、新能源汽车充电、汽车服务、购物、精致快餐、健身俱乐部等服务,需要一定的消费门槛,整体符合小资产阶层相对前卫追求品位的消费潮流。如在办公楼中的白领下班后顺便可以和朋友一起去一旁的健身场所锻炼身体,缓解身心疲劳压力。

2.产业延伸区和休闲聚集区商业业态

梦想小镇的产业延伸区和休闲聚集区主要集中于创业集市和仓前古街两大板块。上述两大板块的商业业态分布呈现了以下特点。

(1)精品民宿、主题酒店等住宿业态集中

在核心产业园区之外的产业延伸区,出现了需要一定消费水平的精品酒店,主要服务于前来未来科技城、海创园、梦想小镇的商务型顾客。如杭州睿沃智慧酒店主打智慧主题,是全国首家可以使用"支付宝电子身份证"的酒店,平均住宿的消费水平在每晚 400 元左右。杭州仓乾居雷迪森颐墅酒店是雷迪森酒店旗下的高端民宿品牌,每晚房价在 600 元至 1800 元不等。花筑·杭州晟泊曼庭院酒店同样主打智能化特色酒店,每晚房价也基本保持在 600 元至 2000 元不等。

(2)轻重餐饮集中

院子餐厅、聚缘阁私房菜等本地杭帮菜和朝天门火锅、黄焖鸡米饭等外地餐饮品牌在本区块聚集,有别于其他区块,这些餐饮均为正餐炒菜、星级酒楼、中餐饭店等重餐饮。除此之外,像星巴克、肯德基等国外知名轻餐饮品牌和本地茶楼、酒吧、咖啡馆等也分布其间,共同服务本地居民和外地游客。

(3)生活化需求出现

这主要体现为以下两点:一是 24 小时便利店数量上升。本区块布局有十足、罗森、仓兴等 6 家 24 小时便利店,体现出较高的夜间生活消费需求,也为周边居民的日常应急提供便利。二是婚纱、宠物、药店、花艺、快递、电影、教育培训等服务本地生活的业态开始出现。

(4)文旅业态集中

以小镇游客中心和章太炎故居游客服务中心为代表的游客接待设施,围绕章太炎故居、希望田野而设立的礼品店、文创店,以及梦想体验馆、奇点云 AI 体验馆等各类体验型业态,均在此集中布局,构成梦想小镇文旅空间的基本骨架。

3.居住发展区

梦想小镇南为余杭塘河,东为杭州师范大学,西至未开发地块,居住发展区主要集中在仓兴街、东莲街等范围内。梦想小镇受用地以及城镇化水平限制,小镇的生活性服务设施主要依赖于周边的社区配套。考虑到东莲街仓溢东苑、合景天峻等新建商品房或安置房为底商物业,与开放式街区物业在空间组织方式、体量尺度和目标人群均有较大差异,而仓兴街在建筑风貌和空间设计上均与梦想小镇保持着相对一致。因此,本课题将仓兴街作为梦想小镇的居住发展区纳入业态布局的分析之中。

(1)快捷酒店出现

承接梦想小镇和杭州师范大学住宿需求的溢出,如娟快捷酒店、邻趣客栈、杭州新海恒大酒店等一批房价定位在 100 元至 200 元不等的快捷型酒店在本区块布局,目标群体主要为周边学生和大众化游客。

(2)以轻餐饮为主

重租金、重人力、重设备、重材料的重餐饮在本区块淡出,供应烧烤、面食、麻辣烫和卤味制品等食品的小店铺集聚,店面少则十几平方米,多则 100 平方米。人均消费在十几元到几十元不等。

(3)生活型业态高度集聚

以面向本地居民为主的生活型业态在此区块高度集聚,如蛋糕、水果、生鲜等超市,服装、皮鞋、珠宝等购物店,电信、移动、联通等通信服务商和手机销售点,眼镜、电脑、五金店、药房、理发、家政、母婴用品、足浴等店铺。

7.3.5 商户大数据

1.商户数量

为梦想小镇提供生活服务的商户主要可划分为 19 个板块,分别是餐饮、生活服务、购物、酒店、非标住宿、家装、丽人、爱车、教育培训、休闲娱乐、亲子、医疗、结婚、宠物、旅游、交通枢纽、电影演出赛事、会议宴会等;其中,会议宴会的供应商到 2019 年 11 月只有 1 家,故在其后的分析中不再对其进行考虑。

从整体有交易的商户数量来看,与日常生活相关的餐饮、生活服务、购物、酒店、非标住宿等位于商户数量的前列,这也表明梦想小镇不仅仅是创业空间,也是生活社区,需要满足消费者的日常衣食需求。而运动健身、医疗、结婚、宠物、旅游、交通枢纽、电影演出赛事、会议宴会等商户数量明显偏少。这一方面可能是因为这些子类别的单一门店能够承载的需求量较高,另一方面是这些子门类的面向的客户群体本身较少。

从商户数量的增长率来看,基数较大的子类别中,非标住宿与酒店在

2018 年有着较高的增长率,而非标住宿在 2019 年保持了较高的增长。这有可能是 2018 年前后非标住宿行业整体高速发展趋势造成的影响,但同时也可能表明梦想小镇作为旅游景点(包括商务旅游)的地位不断巩固。除此之外,2018 年各个子门类都有着极高速度的增长,尤其是生活配套服务,包括生活服务、家装、结婚、宠物、电影演出赛事等,有着明显提高。而在 2019 年大部分子类别的门店增长速度都放缓,表明梦想小镇周边的配套服务逐渐完善,且在 2019 年基本能够满足消费者需求(图 7.6)。

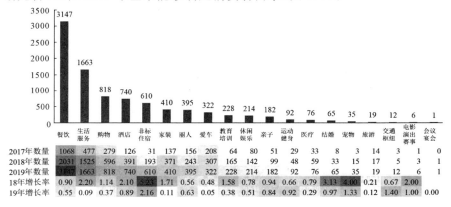

	餐饮	生活服务	购物	酒店	非标住宿	家装	丽人	爱车	教育培训	休闲娱乐	亲子	运动健身	医疗	结婚	宠物	旅游	交通枢纽	电影演出赛事	会议宴会
2017年数量	1068	477	279	126	31	137	156	208	64	80	51	29	33	8	3	14	3	1	0
2018年数量	2031	1525	596	391	193	371	243	307	165	142	99	48	59	33	15	17	5	3	1
2019年数量	3147	1663	818	740	610	410	395	322	228	214	182	92	76	65	35	19	12	6	1
18年增长率	0.90	2.20	1.14	2.10	5.23	1.71	0.56	0.48	1.58	0.78	0.94	0.66	0.79	3.13	4.00	0.21	0.67	2.00	
19年增长率	0.55	0.09	0.37	0.89	2.16	0.11	0.63	0.05	0.38	0.51	0.84	0.92	0.29	0.97	1.33	0.12	1.40	1.00	0.00

图 7.6　各类别商户数量及其增长率分布

数据来源:根据美团大数据绘制。

2.商户营业时间

从每月平均商户营业时长来看,梦想小镇周边商户营业时长整体上在增加,2017 年 12 月到 2019 年 11 月期间大致增长了 1 小时的营业时间。2019 年 3 月平均营业时间最长,达到 9.98 小时,而 2018 年 1 月平均营业时间最短,仅有 7.9 小时(图 7.7)。平均营业时长在时间维度上表现出的规律性较弱,但大致能够观察到 11 月到次年 2 月营业时间普遍缩短。这有可能是因为寒冷天气阻碍了人们的消费欲望,尤其是夜间温度较低的冬季,无论是消费者还是商家都尽可能减少从事商业活动,同时寒假、元旦假期和春节假期等都可能对营业时长造成负面的影响。

从各个品类平均营业时长的各个季度热力变化图中(图 7.8)可以发现,电影赛事演出、酒店、医疗等子门类由于其行业的特殊性,营业时间普遍较长,而餐饮、休闲娱乐、购物等与生活息息相关的子门类仅次于特殊行业。

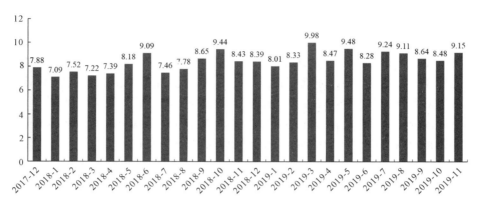

图 7.7　平均营业时长随时间变化

数据来源：根据美团大数据绘制。

	2018年				2019年				平均
	第一季度	第二季度	第三季度	第四季度	第一季度	第二季度	第三季度	第四季度*	
电影演出赛事	--	--	22.50	21.83	21.33	22.89	20.72	21.13	21.73
酒店	12.60	14.37	14.25	13.76	13.54	13.69	13.86	14.02	13.76
医疗	--	--	--	9.33	13.42	13.42	15.67	14.47	13.26
餐饮	11.70	12.69	12.97	12.99	12.35	13.07	13.49	13.22	12.81
休闲娱乐	9.61	12.07	12.80	12.45	11.94	11.87	12.05	11.78	11.82
购物	10.09	10.77	11.62	11.15	9.64	10.75	10.55	10.08	10.58
丽人	8.77	7.64	9.07	9.74	9.45	9.56	10.14	9.03	9.18
宠物	1.00	12.00	7.00	8.33	8.55	8.74	9.41	8.25	7.91
非标住宿	4.85	10.08	6.26	8.37	7.11	8.08	6.26	7.70	7.34
运动健身	10.94	3.12	4.85	5.36	4.70	5.67	6.27	6.03	5.87
教育培训	2.56	8.92	4.22	5.33	3.09	6.50	7.96	6.17	5.59
结婚	--	3.00	4.50	6.50	5.89	2.11	6.00	5.00	4.71
生活服务	2.67	2.67	4.92	4.29	5.54	4.16	4.21	5.12	4.21
爱车	1.00	1.00	1.33	2.11	2.11	7.11	9.28	8.17	4.01
家装	1.00	3.50	3.00	3.67	--	6.00	3.00	2.83	3.29
亲子	1.00	1.83	6.33	4.21	2.94	3.64	3.13	1.82	3.11
交通枢纽	--	--	--	--	--	1.00	1.33	1.00	1.11
旅游	--	--	1.00	--	--	1.00	1.00	--	1.00
平均	5.98	7.40	7.91	8.71	8.77	8.29	8.58	8.58	8.03

*2019年第四季度只包含10月与11月

图 7.8　不同季度下各品类平均营业时长热力分布

数据来源：根据美团大数据绘制。

爱车、家装、亲子、交通枢纽、旅游等子门类的营业时间普遍较短，甚至不足5个小时。同样基于季度的划分，平均营业时长没有表现出明显的规律性，但对于餐饮、休闲娱乐、购物等对客流量较为敏感的行业，明显第二季度、第三季度的营业时间较长。

3.餐饮子类商户营业时间

针对餐饮行业,可以发现选择 23 点及其后打烊的店铺最多,20 点打烊的次之,随后是 21 点打烊的。餐饮子类别的打烊时间呈现出较为集中的特征,普遍于 20 点及其后打烊。值得注意的是,从时间变化来看,餐饮子类别的店铺打烊时间正在逐渐推迟,逐渐向 23 点及其后靠拢,这表明了随着梦想小镇周边服务配套设施的逐步健全,市场逐渐能够适应需求的增长,而且可能也暗示了餐饮的竞争氛围越来越强。同样,在客流量较少的春节假期(2 月份)期间,21 点之后打烊的店铺骤减,表明了餐饮对客流量有着极高的敏感度(图 7.9)。

餐饮	月份	18点打烊	19点打烊	20点打烊	21点打烊	22点打烊	23点其后	总计
2017年	12月	34	48	79	62	80	74	377
2018年	1月	23	57	76	89	76	63	384
	2月	41	64	74	80	54	29	342
	3月	34	70	73	74	79	55	385
	4月	28	70	86	75	64	82	405
	5月	33	57	82	99	78	80	429
	6月	37	64	104	95	73	106	479
	7月	25	63	111	99	77	110	485
	8月	35	61	85	103	89	108	481
	9月	42	62	104	99	92	122	521
	10月	44	60	110	110	94	97	515
	11月	33	72	114	105	86	107	517
	12月	33	64	96	124	104	126	547
2019年	1月	48	71	120	112	83	117	551
	2月	47	64	133	87	56	47	434
	3月	48	76	118	106	103	90	541
	4月	35	69	117	103	97	125	546
	5月	53	75	124	114	103	139	608
	6月	42	73	113	112	113	183	636
	7月	25	65	129	140	93	175	627
	8月	34	72	124	128	117	201	676
	9月	41	68	147	145	117	184	702
	10月	50	74	142	132	116	183	697
	11月	42	101	156	139	133	176	747
平均		37.79167	67.5	109.0417	105.5	90.70833	115.7917	526.3333

图 7.9　餐饮子类别下各月份打烊时间店铺数量热力分布
数据来源:根据美团大数据绘制。

4.丽人子类商户营业时间

针对丽人子类别的打烊时间,可以发现其大部分店铺都集中在 20 点到 22 点时间段内打烊,同样随着时间推移有着向 22 点打烊靠拢的趋势,即打烊时间越来越晚。但同时,很少有店铺在 23 点及其后打烊,这可能是基于某种行业内部定制。丽人子类别的打烊时间不仅较为集中,而且相对固定,即使在春节期间,大部分店铺也仍然固定在 20 点到 22 点时间段内打烊,这表明了丽人子类别的打烊时间对客流量并不敏感,抑或是其有着较为稳定的顾客需求(图 7.10)。

丽人	月份	18点打烊	19点打烊	20点打烊	21点打烊	22点打烊	23点其后	总计
2017年	12月	0	1	1	2	1	0	5
2018年	1月	0	0	4	6	3	0	13
	2月	2	1	3	2	2	1	11
	3月	1	1	5	5	4	1	17
	4月	4	4	4	7	1	2	22
	5月	3	2	5	2	3	0	15
	6月	2	2	3	4	3	1	15
	7月	2	1	5	3	3	1	15
	8月	2	1	3	8	3	1	19
	9月	1	4	6	10	6	3	30
	10月	4	5	5	4	4	2	24
	11月	0	2	9	8	6	1	26
	12月	1	5	4	5	3	3	21
2019年	1月	2	5	4	3	6	3	23
	2月	3	6	3	10	5	1	28
	3月	3	3	6	5	8	2	27
	4月	3	4	3	11	9	4	34
	5月	6	4	4	12	4	2	32
	6月	1	5	16	6	8	2	38
	7月	1	7	6	10	12	4	40
	8月	1	10	15	13	12	4	55
	9月	1	9	7	10	18	3	50
	10月	4	13	11	16	17	4	65
	11月	12	7	17	16	20	2	74
	平均	2.583333	4.166667	6.083333	7.5	6.791667	2.	29.125

图 7.10　丽人子类别下各月份打烊时间店铺数量热力分布

数据来源:根据美团大数据绘制。

5.购物子类商户营业时间

购物子类别下店铺的打烊时间分布基本与餐饮类似,基本集中在 20 点之后,但相较于餐饮,其平均打烊时间更晚,以 23 点及其后打烊的平均店铺最多,21 点和 22 点打烊则紧随其后。随着梦想小镇社区建设的进一步完善,购物子类别的打烊时间也逐步往 23 点及其后推移。购物子类别同样对客流有着较高的敏感程度,在客流量较少的 1 月到 3 月,打烊时间都较早。但与餐饮有所不同的是,23 点及其后打烊的店铺数量一直较为稳定,且有着增长趋势,这可能是由于 24 小时营业的购物场所在某种程度上是社区的必需,也可能是大型连锁经营的购物店铺的营业规定造成的(图 7.11)。

购物	月份	18点打烊	19点打烊	20点打烊	21点打烊	22点打烊	23点其后	总计
2017年	12月	2	1	2	1	1	3	10
2018年	1月	0	2	1	7	5	1	16
	2月	1	0	3	1	2	1	8
	3月	2	3	1	4	3	4	17
	4月	0	2	3	5	3	3	16
	5月	1	1	4	6	2	3	17
	6月	1	2	4	6	2	4	19
	7月	4	2	4	9	3	8	30
	8月	3	1	5	3	6	7	25
	9月	4	2	2	4	7	7	26
	10月	1	1	2	5	11	5	25
	11月	2	2	3	6	7	5	25
	12月	0	3	2	5	7	5	22
2019年	1月	1	2	7	3	4	5	
	2月	2	3	9	3	2	3	
	3月	3	2	9	2	4	4	28
	4月	3	2	2	7	3	8	19
	5月	4	2	4	7	3	8	28
	6月	2	4	6	3	7	12	34
	7月	4	2	2	8	7	8	31
	8月	2	6	6	5	5	8	32
	9月	4	4	2	8	8	6	32
	10月	5	5	7	3	9	8	37
	11月	3	3	3	4	9		27
平均		2.25	2.416667	4	4.833333	4.708333	5.583333	23.79167

图 7.11 购物子类别下各月份打烊时间店铺数量热力分布
数据来源:根据美团大数据绘制。

6.酒店子类商户营业时间

酒店子类别的打烊时间分布则极为集中,普遍都在 23 点及其后打烊,这明显是由行业内部规定造成的,酒店一般都有着 24 小时看管的营业时长机制。酒店对客流量同样较为敏感,在 1 月到 3 月期间的酒店数量明显下降,但即使在客流量较为稀少的时间段,其打烊时间仍然以 23 点及其后为主(图 7.12)。

7.休闲娱乐子类商户营业时间

休闲娱乐子类别打烊时间也表现出与酒店类似的集中式分布特征,但不同的是其分布更加分散,这一方面行业内潜在约定尚未形成,另一方面也可能是由休闲娱乐的业态尚未完善导致的。休闲娱乐子类别的数量在

酒店	月份	18点打烊	19点打烊	20点打烊	21点打烊	22点打烊	23点其后	总计
2017年	12月	0	0	0	0	0	7	7
2018年	1月	0	0	0	0	0	7	7
	2月	0	0	0	0	0	6	7
	3月	0	0	0	1	0	7	8
	4月	0	0	0	0	0	9	9
	5月	0	0	0	1	0	13	14
	6月	0	0	1	0	0	19	20
	7月	0	0	0	0	0	16	16
	8月	1	0	0	0	0	17	18
	9月	0	0	0	2	1	17	20
	10月	0	1	0	0	1	21	23
	11月	1	0	0	1	0	20	22
	12月	1	0	0	1	1	28	31
2019年	1月	1	1	0	1	0	20	23
	2月	0	0	0	0	1	18	19
	3月	0	0	1	0	0	24	25
	4月	0	1	0	2	0	25	28
	5月	0	1	0	1	2	34	38
	6月	1	0	1	0	0	27	30
	7月	1	0	0	2	0	25	28
	8月	1	0	0	2	0	25	28
	9月	1	1	0	1	0	29	32
	10月	0	1	1	1	0	34	37
	11月	0	3	0	2	3	31	39
	平均	0.333333	0.416667	0.208333	0.666667	0.458333	19.95833	22.04167

图 7.12　酒店子类别下各月份打烊时间店铺数量热力分布

数据来源:根据美团大数据绘制。

2019 年 9 月之前都呈现出较好的增长趋势,但其后骤然下跌。这可能是因为行业内部正在进行积极的整合调整,逐步适应变化的市场环境,也可能是由于天气变化,抑制了人们整体的休闲娱乐需求(图 7.13)。

8. 其他子类商户营业时间

其他子类别由于统计在内的店铺数量较少,故只对其打烊时间平均店铺数量进行描述。电影演出赛事、医疗和酒店子类别一样,有着特定的行业定制,其打烊时间集中于 23 点及其后。而同样是满足住宿需求的非标住宿行业,打烊时间更加分散,非标住宿由民宿主自行管理,其营业时间也较为分散(或者说是更加随意)。亲子、爱车、结婚等面向特定群体的子类别打烊时间普遍较早,因为其夜间需求并不高,而宠物子类别虽然同样面对的是特定群体,但宠物主人可能受限于白天工作,而将宠物子类别的需求延迟,造成了宠物子类别打烊时间主要集中于 20 点到 21 点的情况。运动健康、教育培训子类别的打烊时间则更多分散在 18 点到 22 点。这可能是因为消费

休闲娱乐	月份	18点打烊	19点打烊	20点打烊	21点打烊	22点打烊	23点其后	总计
2017年	12月	1	4	0	2	0	2	9
2018年	1月	1	1	2	1	1	3	9
	2月	0	0	1	2	1	1	5
	3月	1	0	0	2	1	2	6
	4月	0	0	1	1	5	3	10
	5月	1	1	1	2	1	3	9
	6月	0	0	0	2	3	4	9
	7月	0	0	0	3	1	6	10
	8月	0	1	0	0	4	5	10
	9月	1	0	0	4	3	6	14
	10月	0	0	1	4	3	6	15
	11月	0	0	4	0	3	7	14
	12月	1	1	0	4	2	9	17
2019年	1月	0	0	2	1	3	9	15
	2月	0	0	4	3	3	6	16
	3月	1	2	3	3	9	10	28
	4月	2	0	2	5	6	11	26
	5月	1	1	3	4	2	14	25
	6月	0	5	2	3	3	10	23
	7月	1	3	4	0	6	15	29
	8月	1	1	0	6	9	17	34
	9月	1	3	4	6	8	15	37
	10月	0	1	4	6	7	15	33
	11月	1	4	1	2	5	9	22
平均		0.625	1.208333	1.625	2.708333	3.708333	7.833333	17.70833

图 7.13　休闲娱乐子类别下各月份打烊时间店铺数量热力分布

数据来源：根据美团大数据绘制。

者受限于工作时间，对运动健康、教育培训的需求只能推迟到夜间，但同时一般不会推迟到 23 点以后（图 7.14）。

平均店铺数	运动健身	医疗	生活服务	宠物	电影 演出赛事	教育培训	亲子	非标住宿	爱车	结婚	交通枢纽	家装	旅游
18点打烊	1.08	0.21	0.67	0.24	0.00	0.38	0.52	0.13	0.40	0.13	0.20	0.06	0.25
19点打烊	1.33	0.43	0.92	0.43	0.00	0.25	0.33	0.21	0.30	0.38		0.06	0.25
20点打烊	1.38	0.64	0.25	0.62	0.00	0.17	0.33	0.21	0.10	0.13	0.40	0.25	0.00
21点打烊	1.33	1.29	0.46	0.62	0.06	0.50	0.29	0.29	0.10	0.25	0.00	0.06	0.00
22点打烊	1.21	0.57	0.38	0.33	0.06	0.33	0.19	0.17	0.30	0.06	0.20	0.13	0.00
23点及其后	0.13	1.36	0.00	0.19	1.88	0.08	0.00	0.33	0.00	0.00	0.00		

图 7.14　其他子类别下打烊时间平均店铺数量分布

数据来源：根据美团大数据绘制。

7.3.6　消费者大数据

1.月度活跃消费者数量

就整体而言，梦想小镇的消费者数量呈现出增长的态势。梦想小镇在

2017 年 12 月到 2019 年 11 月期间,平均每月活跃消费者 13932 人,平均每月增长 3.31％左右。而 2019 年 11 月,梦想小镇的消费者数量达到了 14651 人,相较于 2017 年 12 月的 9244 人,增长了 58.49％(图 7.15)。

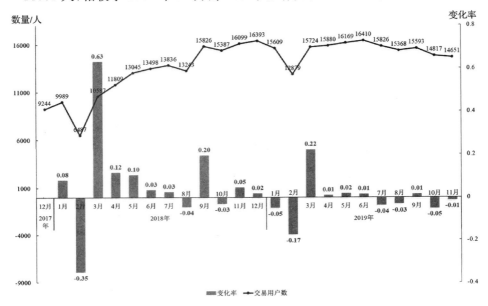

图 7.15　月度活跃消费者数量变化

数据来源:根据美团大数据绘制。

　　从增长阶段来看,梦想小镇的月度活跃消费者在 2017 年 12 月到 2018 年 10 月期间,表现出了较高速度的增长,平均每月的增长率在 10％以上。在 2018 年 11 月到 2019 年 6 月期间,表现出了稳中有增的态势,并在 2019 年 6 月达到月度活跃消费者数量的最高值 16410 人。在 2019 年 6 月到 2019 年 11 月期间,梦想小镇的阅读活跃消费者呈现出缓慢下降的态势。这在一定程度上表明梦想小镇的社区建设正在走向成熟阶段,用户数量可能在长期内呈现出波动性稳定的特征。值得注意的是,梦想小镇的月度活跃用户在 2018 年和 2019 年的 2 月份都表现出明显的下降,在 10 月份表现出轻微的下降,这可能受到了春节假期与国庆节假期的影响。

　　2.消费者基本人口特征分析

　　由于各个年龄段分层与各个性别分层的用户数量变化与总体消费者随

时间变化的趋势基本一致,故在此仅对整体情况进行考虑,而不再探讨时间
变化趋势。表 7.5 所示为梦想小镇消费者人数的总体情况。

表 7.5　年龄与性别分层下消费者人数统计表　　　　　单位:人

分层	男性	女性	总计
20 岁以下	3863	7238	11101
20~30 岁	113796	145379	259175
31~40 岁	25189	30116	55305
41~50 岁	1408	2265	3673
51 岁以上	343	332	675
总计	144599	185330	329929

数据来源:根据美团大数据绘制。

3. 消费者年龄分层

从年龄分层来看,梦想小镇的用户群体绝大多数为 20~30 岁(占比
78.56%,共计 259175 人),31~40 岁群体也占据了较多的份额(占比
16.76%,共计 55305 人),而 20 岁以下的群体也有 3.37% 的占比,达到了
11101 人,表明了梦想小镇大部分活跃用户是年轻群体,梦想小镇的未来具
有鲜活的生命力(图 7.16)。

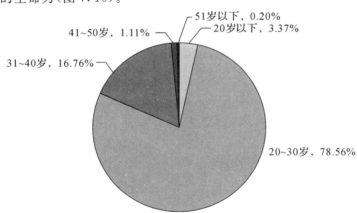

图 7.16　各个年龄分层消费者人数占比
数据来源:根据美团大数据绘制。

4. 消费者性别分层

从性别分层来看,梦想小镇消费者主要以女性为主,女性群体占比

56.17％(185330人),略高于男性群体(占比43.83％,共144599人)。在大多数情况下,女性群体的消费习惯有别于男性,而梦想小镇的女性消费者居多,供应商则需要认真对其进行更为合理且有吸引力的营销布局(图7.17)。

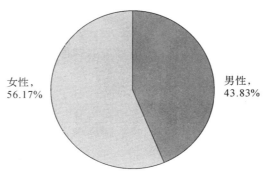

图7.17　各个性别分层消费者人数占比

数据来源:根据美团大数据绘制。

5.消费者性别与年龄综合分层

综合考虑性别与年龄的分层,可以发现,20岁以下以及20～30岁这两个年龄段中,女性与男性消费者群体数量差距较大,且主要以女性为主。梦想小镇的主要消费者用户群体是20～30岁的年轻女性,达到145379人,其次是20～30岁的年轻男性,这表明在优先考虑年轻群体的消费习惯前提下,更应该关注女性群体。年轻女性群体的消费习惯可能更加偏向于感性,可能更加注重产品外观、宣传、健康等内容。

7.3.7　运营管理

1.管理主体

杭州未来科技城(海创园)管委会是梦想小镇的行政管理单位,下设国有全资平台杭州梦想小镇旅游文化发展有限公司,负责梦想小镇、人工智能小镇等未来科技城范围内国有产业空间平台的展示、运营与管理,主要包括旅游营销、品牌培育、景区管理、信息服务、安全管理、教育培训、数据统计等具体业务。

杭州梦想小镇旅游文化发展有限公司成立于2016年5月,目前下设行政部、景区管理部、文化创意部、教育培训部等4个部门。2019年7月,课题组访谈了杭州梦想小镇旅游文化发展有限公司相关负责人,谈及公司成立的背景情境和因素考量,主要考虑两点:一是社会关注度高,接待量大,需要专业队伍。"浙江省对特色小镇的要求是产业、文化、旅游、社区四位一体,这是一个激励性工作,硬性指标。梦想小镇严格说来是一个产业类特色小镇,对于此类小镇省内没有要求达到 4A 景区的目标,要求做到 3A 就够了。但当时出于各方面的原因,小镇的社会关注度非常高,各方政府考察团、国内外考察团时常来梦想小镇进行考察、学习交流,简单的公务接待开始转为更加广泛多样的商务接待和其他一些接待工作,业务量逐渐增多、繁杂,与当时的人员组成、人员力量也较不匹配。因此,就成立了一支专门负责相关业务的队伍,属于国有性质。这是最早设立小镇旅游公司的背景。"二是深层次服务未来科技城发展大局的需要。"后期更深层次的考虑是未来科技城的发展,也处于一个全新阶段。未来科技城是 2011 年挂牌的,截至 2019 年已发展了近 10 年时间,这 10 年带给大城西非常大的改变。前期面临的主要工作是土地开发、空间开发、城市开发和治理、产业开发。开发到一定程度,集聚了一定的人、一定的产业,就要面临更深层次的服务,包括文化服务、文化 IP 的打造,这些在当时比较欠缺。所以小镇旅游公司希望能通过小镇这个切入点去做这件事情,以小镇这个点带动未来科技城整个面,尝试去做一些公共空间、相关文化活动、文化 IP 的改造。旅游公司负责的是区域内国有产业空间平台的展示,虽然设置在梦想小镇内部,但其实也负责人工智能小镇的旅游活动。员工们也因其年轻的活力以及团结的心态,不分你我,互相帮助,大家一起携起手来去做好各项工作。"

　　2.智慧景区建设

　　为解决旅游接待高峰期间人力不足、日常散客自助出行等突出问题,梦想小镇引入智慧景区建设。主要有如下措施。

　　一是开发智慧导览产品。设计推出"一键智慧游"。访客通过高德地图或支付宝等应用软件搜索"梦想小镇"或"梦想小镇一键智慧游"等关键词,只要按下"搜索"一键就会立刻呈现出梦想小镇全景旅游地图主界面。小镇内各场馆位置可以一键精确导航,会议活动时间等信息将会在第一时间发布,同时还能清楚了解小镇的景点、打卡点、交通、住宿、餐饮等信息,三条推荐的梦想小镇规划游线可以任由访客选择,方便快捷(图 7.18)。此外,梦想小镇在游客中心还设有自助语音导览设备系统,为有需要的散客自助游览提供讲解导览服务。

图 7.18 一键智慧游页面(左:支付宝;右:高德地图)
来源:支付宝 APP,高德地图 APP。

二是景区官网和官微建设。随着梦想小镇景区创 4A 工作的不断推进,同时为更加智慧化、便捷化地服务广大创客、游客和市民,增进用户体验,2018 年 11 月 2 日,梦想小镇景区官方网站(www.future-mxxz.com)和官微(梦想小镇无人体验馆)正式推出。访客通过这两个平台,可以进行有关旅游接待预约、会议室预订、智慧导览、旅游咨询投诉以及游记分享等内容。访客可通过文字、图片或视频的形式实时分享在梦想小镇参与的创业活动,看到的美景、美食瞬间。公众号设有专门的人工客服,工作日时间实时在线,为访客提供免费咨询服务。

三是多媒体客户服务体系建设。景区服务热线作为旅游景区的重要组成部分,是必不可少的配套设施。2018 年 10 月,经过招投标,梦想小镇呼叫中心产品供应商最终确定。随之制定实施专业、稳定的一体化呼叫中心解决方案,集成微信、微博等第三方接入接口,形成完整的多媒体客户服务体系,将传统呼叫中心转变为客服联络中心,满足客户多样化的服务需求,提升客户满意度及服务体验。

3.人员培训

梦想小镇旅游文化发展有限公司开展的培训业务主要面向三类人群。一是公司内部人员。旅游文化公司是梦想小镇旅游接待的一线主力,代表着梦想小镇的门面形象,对公司内部人员进行日常礼仪、接待流程规范、用语注意等方面的系统培训。此外,结合开展党员固定活动日、工会活动等形式,邀请行业专家,开展一些插花、茶艺等生活情趣类培训和消防、急救等专业类培训。二是自由导游人员。由于梦想小镇属于开放型景区,旅行社和导游可以自由组织游客进出游览小镇。对这部分到访梦想小镇的自由导游群体进行系统化培训,通过举办培训班,鼓励导游、旅行社管理人员等社会内外部旅游从业人员参与,扩充导游的讲解知识面和提升讲解水平,将小镇的创业文化和鲜明的产业特色更好地传递给外界。三是小镇物业服务人员。培训内容包括游客分流、车辆管控等,以保障游客、考察团以及园区内部企业之间相互保持适当距离,在各自拥有一定空间的同时,又能有一个比较顺畅和谐的交流。

7.4　网络志点评

互联网不但培育了新的旅游者群体,而且改变了所有互联网使用者的旅游观念、目的地选择以及消费习惯。在线社群是消费者的网上集中地和交流空间,大量互动性文字、图片、网络表情等信息日积月累,原原本本地存在于社群当中,为研究者提供了一个极为丰富的资料库。网络民族志(简称网络志,netnography)逐渐成为一种用来分析在线社群行为和文化现象强有力的市场研究工具。由于网络具有匿名讨论的特性,网民自发的声音不会受到研究者或其他第三方的干扰,因而具有方便快捷、成本低廉、资料丰富、侵入性低等优点。[①]

课题组于 2020 年 5 月 16 日,在携程网在线旅游预订平台(https://

---

① 吴茂英,黄克己. 网络志评析:智慧旅游时代的应用与创新[J]. 旅游学刊,2014,29(12):66-74.

www.ctrip.com/),搜索"梦想小镇"网络点评形成原始数据(附录6),并对这些网络点评数据进行内容分析。

7.4.1 词频统计

1.词频统计特征

课题组的研究人员在携程网在线旅游预订平台以"梦想小镇"为关键词进行搜索,在"门票"栏目下共获得64条关于梦想小镇的网络点评信息,并将其作为原始数据进行分析。

一是点评时间。进入样本框的最早的网络点评产生时间为2017年3月27日,最迟产生时间为2020年5月4日。课题组以季度为单位,对梦想小镇在携程网上的点评志时间进行统计分析(图7.19)。统计表明,2018年度第二季度的网络点评数量分布最多,共11条,占总比17.2%。原因在于2018年4月1日杭州未来科技城在梦想小镇举办首届半程马拉松赛,前后对比赛本身及梦想小镇进行了不同程度的推介宣传,提高了梦想小镇的旅游知名度和游客到访率及点评数。2017年全年度的旅游点评志分布数量总体最少,共5条,这与整个梦想小镇尚处于旅游起步阶段,各项工作还未完全开展有很大关系。2017年6月8日,杭州梦想小镇旅游文化发展有限公司正式成立,经过1年左右的筹备、组建与发展,梦想小镇创建国家4A级景区工作开始推进,梦想小镇开始注重与旅行社等外部渠道的合作共建。

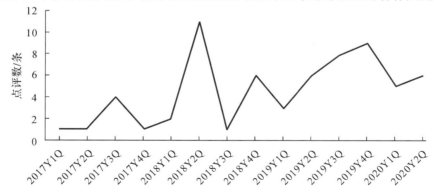

图7.19 梦想小镇网络点评季度分布情况

注:横坐标2017Y1Q表示2017年第一季度,以此类推。2020年第二季度仅包含4月全部和5月部分数据。纵坐标为点评志数量,单位:条。

基于这一背景,从 2018 年第三季度开始,有关梦想小镇的网络点评志开始逐渐增多并趋于一个总体上升的状态。

二是点评内容。课题组研究人员将点评内容表示"梦想小镇"的"小镇"进行词频替换与合并后统计词频,总结了前 30 个高频词及其频次,并按照词频数由高到低进行排序(表 7.6)。结果显示,"梦想小镇"出现的频次最高(82 次),其后依次为"杭州"(23 次)、"地方"(22 次)、"仓前"(20 次)、"江南"(17 次)、"故居"(15 次)、"章太炎"(14 次)。这些高频词构成了梦想小镇关于地域特色文化的话语,也由此成为一个丰富的、显著的地方文化表征符号。其后出现的是与梦想小镇产业相关的高频词,"互联网"(15 次)、"科技"(15 次)、"创业"(14 次),以及梦想小镇特色与环境相关的高频词,"环境"(12 次)、"特色"(11 次)、"时间"(10 次)、"稻田"(10 次)、"建筑"(10 次)。这说明"梦想小镇"首先是"杭州""仓前"的一个"江南",有"章太炎""故居"的"地方",这里的"特色"是"互联网""科技""创业",这里的"环境""稻田""建筑"让人觉得印象深刻。此外,从其他高频词的分布也可以看出,梦想小镇的服务、历史、设计、生态等也是访客们比较关注的内容。

表 7.6　梦想小镇高频词统计(前 30 个)

词	词频	词	词频
梦想小镇	82	稻田	10
杭州	23	免费	10
地方	22	建筑	10
梦想	21	现代	9
仓前	20	余杭	9
小镇	19	水乡	9
江南	17	天使小镇	8
故居	15	体验	8
互联网	15	服务	8
科技	15	设计	8
章太炎	14	余杭区	8
创业	14	古镇	8
环境	12	生态	8
特色	11	历史	8
时间	10	附近	8

2.词云图

根据词频统计结果,本课题组提取了前66个高频词形成更为直观形象的词云图(图7.20)。结合表7.6的高频词分析,可以看出梦想小镇的地方性和特色明显,创业氛围和历史文化浓厚且生态环境好。

图 7.20　梦想小镇高频词词云(前 66 个)

7.4.2　访客感知

获取访客到访后所形成对空间环境、文化氛围、旅游服务、公共设施使用等要素的感知与反馈,是特色小镇要进行市场满意度实质性提升的有效方法。课题组研究人员重点对网络点评内容中的积极感知与消极感知进行了归类分析。

1.积极感知

访客对梦想小镇的积极感知非常明显,其内容主要表现在对交通、夜景、建筑、历史文化、自然景观、配套设施、精神风貌及内涵特质等 8 个方面(表 7.7)。从访客的描述中可以看到以下感知。

（1）交通便利

小镇邻近公交车站、地铁站，直接连通高铁站，换乘便捷。访客也可以通过自驾的方式直接前往。

（2）夜景、建筑设计等得到多数访客的赞美

有游客特地、专程选择夜晚去梦想小镇拍摄。访客对梦想小镇既有古韵又有现代气息的新旧相融的建筑设计的印象也比较深刻。

（3）人文环境具有韵味

梦想小镇浓厚的历史文化也是众多访客所感知的内容，特别是小镇中的章太炎故居及四无粮仓的历史底蕴。小镇的自然景观也有着独特的韵味与特色，如稻田、长廊及江南水乡风光等。

（4）周边配套设施满意度高

访客对梦想小镇周边配套设施满意度也较高，如餐厅、音乐吧、咖啡馆、书舍、民宿等。

（5）对小镇精神内涵的认同

更为难得的是，访客对梦想小镇的精神面貌与内涵特质也有较高的认同，小镇作为一个创业平台，带给人们的是梦想与创新的实现，也同时激发了部分访客的思考与自省。

表 7.7　网络点评中的积极感知

序号	感知维度	感知内容（部分）
1	交通	（1）这里离地铁站很近。 （2）挺好的，离杭师大仓前校区很近，旁边马路上就有公交路线，站点密，可以直达古荡。附近梦想小镇公交站更是多路公交车的起终点。
2	夜景	（1）白天去梦想小镇多次，已经被其美丽征服，听闻夜景更赞，于是特地、专程选择夜晚去梦想小镇拍摄。 （2）夜晚的风景更为美好，灯光梦幻而美丽，让仓前古镇焕发了新颜，得到了活力，提升了知名度。
3	建筑	（1）梦想小镇的建筑，给人一种古今融合的即视感。 （2）很不错的街区，原以为全是现代建筑，不成想还有很多老建筑，现代与古代并存。

续表

序号	感知维度	感知内容（部分）
4	历史文化	(1)这里曾是民主革命家章太炎老先生的故居,更有着"四无粮仓"深厚的历史底蕴,如今以旧修旧将这里作为互联网的办公基地,新老文化空间相融合刚好恰当。 (2)这里是国学大师章太炎故居,小白菜故事发生地!
5	自然景观	(1)庭院式的小桥流水,木制雕刻窗棂下的花朵点缀,中心水域更为唯美,睡莲花开,典雅的粉墙黛瓦在水面呈现倒影,更有江南水乡之韵味。 (2)来到这个小镇,跟我想象的基本上是一样的,但是这里的地形地貌还是使我感到惊喜。这是一个非常生态化的田园风格,整个小镇都被稻田环绕,这是我从来没有看到过的。
6	配套设施	(1)有纳凉的地方,有水田,有稻香,有音乐吧,有一个很美丽的书屋,有很多特色,值得一去的好地方。 (2)除了办公场所之外,还有星巴克、肯德基、酒店之类的配套设施。
7	精神风貌	(1)梦想小镇,一个怀揣创意与梦想的地方,为你的初心加点动力,在这里,高端的VR虚拟体验、智能的应用实行,给你的生活加点创意,灵感加点素材。 (2)"有梦想、有激情、有知识、有创意",这就是梦想小镇的话语。是啊! 一个年轻人,没有梦想,还谈什么只争朝夕! 梦,是人的起点;想,是人的动力! 来吧,开启创业创新之路,为人生的旅途点亮光彩的一笔!
8	内涵特质	(1)而如今,它摇身一变,成了梦想小镇,很多互联网创业公司、电子商务企业在这里扎根发芽。走在小镇里,感受科技带来的改变,思绪万千。 (2)非常好的创新创业模式,同时也是观摩学习的好地方。

2.消极感知

总体而言,访客对梦想小镇网络点评的积极感知要高于消极感知。消极感知方面的点评共有 5 条,只占总数(64 条)的 7.8%。消极感知的内容主要表现在店铺、公共交通用时以及户外温度等 3 个方面(表 7.8)。部分访客认为梦想小镇的店面业态内容和特色仍然有待丰富与提升,很多店铺

都处于闲置状态;由于位于郊区,乘坐地铁到访梦想小镇所耗时间较长;由
于处于建设初期,在高温季节小镇内缺少可以乘凉的树荫或其他纳凉设施。

表 7.8　网络点评中的消极感知

序号	感知维度	感知内容示例
1	店铺	(1)不过古店铺很多都空着,现代店铺超多,但是因为新冠肺炎疫情,没有店铺开张。 (2)梦想小镇的店面因为规范统一,少有特色。
2	公共交通	当然坐地铁过来也可以的,不过会比较花时间。
3	户外温度	(1)现在这季节太热了,不太适合白天来逛,太晒了,没有树荫乘凉。 (2)不错,很刺激,就是户外有点热。

第 8 章　从小镇特色到特色小镇：
范式的建立与输出

梦想小镇只是当前中国人追梦、逐梦、圆梦的一个缩影。今日之中国,无论是城市还是乡村,不管是东部沿海还是西部内陆,一种一往无前的开拓力量,一种前所未有的进取精神,一股不可抑制的创新活力,激荡在每个角落。

——这是一种开拓创新的精神。

——《人民日报》,2016 年

8.1　特色小镇"梦想模式"

模式经验的可借鉴与可复制性指在先行先试的基础上形成具有标杆示范作用的、有较强指导性的商业模式构架设计和运作经验,并为跨行业和地域的个体与组织提供学习效仿、运用借鉴和创新的途径。模式经验的可借鉴与可复制性是组织实现价值的关键所在。①

梦想小镇的建设和运营时间不长,仍需要用心观察、用心思考、用心提高。如何找到"打造成生态、生活、生产高度融合的田园城市新样板,让创业者在这里既能享受都市的快捷,又能够留得住青山绿水、记得住乡愁"②的

---

① 赵毅,张晓玲,葛沪飞. 商业模式复制特性对企业经营绩效的多重中介影响:基于关键资源和 TMT 动态管理能力视角[C]. 第九届(2014)中国管理学年会——组织与战略分会场,2014:399－409.

② 夏宝龙调研梦想小镇　寄语省火炬杯创新创业大赛[EB/OL]. https://zj.qq.com/a/20150603/009707.htm.

新路子,更好扮演浙江乃至全国特色小镇建设的领头雁角色,一直是梦想小镇长期潜心研究的一个重大现实议题。

高常水将产业创新平台描述为"创新资源系统集成和共享的网络化支撑体系""技术创新生态链上各环节信息和资源耦合、流动的纽带""官产学研金创各方围绕产业战略性关键技术的突破开展长期战略合作的载体""一个国家或区域的政府为提高本国本区域产业创新能力而构建的支撑和保障产业创新活动的集成系统",主要由公共决策模块、支撑平台模块、创新要素模块、产业环境模块等 4 个模块构成,各个模块又包括若干要素。[①] 受此启发,借助生态学术语和产业生态圈理论,本课题将特色小镇的"梦想模式"定义如下:基于各级党委政府的关心指导及其提供的制度政策、财政资金、土地指标等要素供给,以特色小镇为载体平台充分依托与实现智力与资本的市场主导,供给侧群落、智本群落、资本群落和消费者群落共生共存、共建共享,具有一定边界且能够实现内外自由交换的动态稳定的产业生态圈(图8.1)。

1. 供给侧群落

特色小镇是政府直接推动的一项新生事物。特色小镇从构念、命名、规划、落地、建设到运营,都离不开中央、省、市、区各级党委政府的关心指导,甚至是多次直接的现场视察指导。尤其在当前我国特色宏观环境下,这对于新生类特色小镇的起步发展和老旧类特色小镇的换挡转型,起着极为关键的作用。

梦想小镇的产生,虽然也受到生产要素条件、需求条件、企业的战略与竞争的时空背景、相关及支援性产业、合适的机会和政府作用的综合影响,但政府在其中并非附加要素,而是重要的主导要素。梦想小镇由政府主导编制规划和启动建设,由政府把握市场和产业方向。各级政府部门以行政手段、法律手段、经济手段对小镇的生长环境进行适时调整。主要有:推进"最多跑一次"改革,落实政府"店小二"服务,推出新型政商关系数字平台,营造良好的商事环境;研究制定出台与人才引进、战略性新兴产业发展、大学生创业等相关的各项制度与政策;设置财政专项资金,出台人才租赁房、云服务、创新创业活动等各项奖励补助,推出中小微企业降税减负等纾困扶

---

① 高常水. 战略性新兴产业创新平台研究——以"核高基"产业为例[D]. 天津:天津大学,2011: 17.

持措施;推进项目地块前期平整与相关手续报批,设立创新型供地;高标准高水平编制规划,推进规划落地,推进项目地块的道路、环卫、通信等市政基础设施建设,提供小镇良好的硬件环境;推进生态环境治理与地域历史文化保护修缮,为梦想小镇的发展提供良好的文化环境。

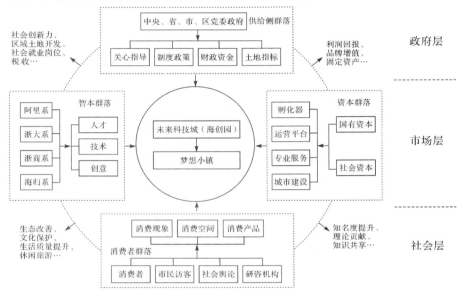

图 8.1　特色小镇"梦想模式"

2.智本群落

智本是智力资本的简称,这一概念作为人力资本的同义词最早由西尼尔(Senior)于 1836 年提出。[①] 智力资本由人力资本、市场资本、结构资本、知识产权资本等部分构成,其中,人力资本包括企业员工的知识、经验;结构资本表现为企业内部的制度、工作方式、习惯、流程、企业文化等;市场资本是企业的客户关系的总和;知识产权资本体现为企业的商业秘密、专有技术、企业研发的各种产出以及通过购买获得的各种技术资源。[②] 有别于以

---

①　张东廷.企业智力资本结构化相关问题分析——基于智力资本特征差异性与动态结构化的视角[J].齐鲁珠坛,2015(4):31-35.

②　陆康,王圣元,刘慧.基于系统动力学的智力资本投资决策研究——以 X 公司为例[J].科技和产业,2011,11(10):92—98,123.

劳动力密集为主要特征的传统产业园区,特色小镇呈现的是智力资本要素的高度密集。因此,智本群落也成为特色小镇产业生态圈的核心主体,是各类创新创业活动的生产者,承担着高端人才的引进与培养、先进技术的引进与研发、创新创意思维的产生与转化、知识的共享与传播流动等承上启下的作用。

本课题所关注的梦想小镇智本群落主要由所谓的"新四军"构成,即以阿里系为代表的年轻创业者、以浙大系为代表的大学科技人员创业者、以浙商系为代表的企业高管及连续创业者、以"千人计划"专家为代表的留学归国创业者(简称海归系)。梦想小镇将"新四军"创客聚集到一起,使得人才、技术、创意源源不断地输入,并与资本这一"活水"交融,实现彼此价值增值,共同打造"有创业梦想的年轻人起步的摇篮"。

3.资本群落

特色小镇产业生态圈的稳定维持离不开资本的扶持。资本是为特色小镇空间功能建设、服务体系运营、产业链运作维系等各项生产活动输送氧气和养分的"动脉血管"。离开资本,供给侧群落的政策制度、财政基金、土地供应和智本群落的创新创业都无异于纸上谈兵,难以掀起惊涛骇浪。

梦想小镇的资本群落由承担资本撬动作用的国有资本和寻求投资回报率的社会资本两个部分构成。国有资本主要指未来科技城管委会下设的杭州余杭创新建设有限公司、杭州未来科技城资产管理有限公司、杭州梦想小镇旅游文化有限公司等国有全资平台,承担小镇的前期地块整理开发、商业地块开发、重大市政基础设施建设、旅游景区创建运营、国有资产保值增值等城市建设功能,其主要作用是通过国有资本的先期投入与先导运作,一方面确保区块内重大公共性项目的有效落地,另一方面则以此吸引与撬动社会资本的跟投与聚集。而各类社会资本主要是通过 PE、VC、天使投资机构等端口切入项目孵化器,对接金融机构与项目孵化,谋求风险投资的最大回报;部分基金项目则由政府和社会资本共同承担,通过由社会资本控股的专业运营平台,向小镇输入运营管理服务。专业服务包括法律事务所、独立审计机构、人才服务机构、城市规划设计机构、策划咨询机构、评估机构、行业协会等提供的各类专业服务,辅助梦想小镇创新创业活动和其他各项活动的顺利开展,并为不同的主体提供信息服务,加速信息传递、要素流通和产品生产,以此减少沟通成本和机会成本。

4. 消费者群落

消费者群落位于特色小镇主导产业链的终端,是特色小镇各项发展成果的最终检验者,特色小镇的发展高度、内容深度和概化广度最终将由消费者决定。本课题使用的"消费者"这个概念并非指法学意义和市场营销学意义上的消费者,而是借用生物学中的概念术语,泛指对特色小镇的空间、业态、产品、文化乃至社会现象等可视化和不可视化的"食材"进行关注、猎取、加工、消化的群体。其主要包括三类:一是本地居民和外地游客对小镇文化服务设施、公共空间及其休闲旅游的空间环境及其业态的消费;二是狭义上的消费者对小镇住宿、餐饮、互联网服务等产品或服务的直接消费;三是媒体单位、社会人物和研究咨询机构等对特色小镇各种社会现象的消费。

在梦想小镇的消费者群落中,本地居民对小镇的空间及其业态的消费频率高,外来访客的消费频率低但不论积极或消极的口碑传播度高。狭义消费者对梦想小镇的产品或服务消费深刻影响小镇的业态布局及其更新更替。以《人民日报》《浙江日报》《浙江在线》等为代表的官方媒体,微信公众号、在线预约平台、社交媒体、微信朋友圈等多媒体,奥运会冠军等社会知名人物,浙江大学、杭州师范大学等机构相关领域学者的学术期刊、毕业设计等,在消费梦想小镇社会现象的同时,又作为新生产的内容沉淀为社会现象。

8.2 特色小镇的"核"动力

习近平总书记指出,深入推进新型城镇化建设,要"以人的城镇化为核心"。[①] 推进新型城镇化建设,不仅仅是推进物的城镇化,更重要的是推进人的城镇化。作为新型城镇化的一种创新载体与有效途径,特色小镇的发展终究要尊重人、依靠人、为了人和塑造人[②],要把人作为一切工作的出发点和落脚点,从以往依赖物质资源叠加开发利用为核心的整合式粗放发展

---

① 习近平对深入推进新型城镇化建设作出重要指示[EB/OL]. http://cpc.people.com.cn/n1/2016/0223/c64094-28144233.html.

② 李琦,敖翔. 尊重人、依靠人、为了人和塑造人——以人为本的思维方式和价值取向[J]. 前沿,2005(3):143—145.

向依赖人力资源的全面提升为驱动的融合式深度发展转型。特色小镇需要充分激发人的能动性与创造力,并最大限度地将创造成果转化为生产力。

　　本课题借鉴陈劲的研究,[①]引入网格化动力体系框架来重点分析特色小镇"人的城镇化"问题。网格化动力体系框架是指包括文化特色、生态环境、产业特色、金融资本、社会治理、空间形态、公共服务、基础设施等多种要素相互作用、相互补充、相辅相成、相互促进的一种动力系统。在此框架指导下,本课题组将推动特色小镇建设发展的动力划分为外部动力和内生动力两大范畴(图 8.2)。

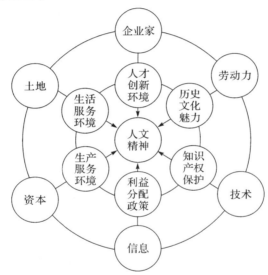

图 8.2　特色小镇的网络化动力体系框架
来源:陈劲(2018)[②],有修改。

1.外部动力

　　特色小镇发展的外部动力主要包括传统的生产要素(如土地、空间、产业、劳动力、资本等)和创新生产要素(如信息、技术等)。这些外部生产要素可以直接有效地引导特色小镇在建设初期快速增长。

---

　　① 　陈劲.特色小镇智慧运营报告(2018):顶层设计与智慧架构标准[M].北京:社会科学文献出版社,2018.
　　② 　陈劲.特色小镇智慧运营报告(2018):顶层设计与智慧架构标准[M].北京:社会科学文献出版社,2018.

2.内生动力

特色小镇的发展需要融合产业、文化、土地、生态等多方面要素,不仅要实现发展方式上的供给侧改革,更要衡量"人的城镇化"的核心部分。由国内外的案例可以发现,"人文精神"构成了特色小镇内生动力的绝对核心,也是一个特色小镇永葆竞争力和生命力的活力之源。特定的人文精神将成为特色小镇的鲜明标签,包含历史文化、人才环境、文化氛围、相关制度政策、生产生活服务配套设施等元素要件。值得注意的是,这些要件不仅包括软硬设施要素,同时也涵盖某一要素下的相关制度政策和标准。如人才环境是一种内生动力的供给,不仅包括吸引人才的相关制度政策,还包括为人才提供的相关工作环境、生产服务配套、福利待遇等方面。

专栏4　　人文精神在硅谷

在美国硅谷的发展初期,其主要优势在于能够提供相对低廉的土地空间要素、便捷的交通,以及开放共享的实验室。到了20世纪80年代,随着进驻的企业越来越多,硅谷成为享誉世界的科创园区。到这一时期,硅谷吸引新企业不断集聚的优势已经不再是廉价的土地空间要素和硬件设备要素,而转为具有浓郁人文气息的工作生活环境、便捷高效的服务网络、以人为本的服务理念、完善明确的产权利益制度和知识产品保护体系、开放共享的交往空间、优美宜居的生态环境等硅谷特有的环境氛围。

当前硅谷已经形成了自己特有的人文精神,这使它能成为有别于其他园区的核心竞争力。这些人文精神也成为硅谷持续创新、不断激发活力的内在动力所在。譬如硅谷在创建之初就确立了非常明确完善的知识产权保护制度,这让创新在这里有了适合生长的肥沃土壤,而且能够持续受到市场经济雨露的滋润和相关法律的严格保护。硅谷建立的完善的知识产权保护体系,相当于赋予创新成果孵化、转化一个公正严格的价值保护闭环。[①]

3.内核构建

人文精神是推动和支撑特色小镇发展的强大内核动力,是特色小镇发展的未来主流趋势,也因此成为区别特色小镇与传统产业园区的鲜明特征。特色小镇的创建、建设和运营,无论从经济发展维度、生态治理维度,还是社

---

① 穆桂斌,黄敏. 美国硅谷人才集聚规律及对雄安新区的启示[J]. 河北大学学报(哲学社会科学版),2018,43(4):63-69.

会文化维度、国家治理维度，均应从根本上倡导与实践对人的尊严感、幸福感、归属感、社区感的追求，实现对人的多元化需求的满足，实现"为了 GDP 的小镇"向"为了人的小镇"的转型蝶变。基于此，本课题组提出以下 3 点建议。

一是保护历史环境，挽留小镇记忆。老楼、老街、老桥、老树等历史环境，是特色小镇空间构成的元素，也是特色小镇社区依恋的底色，构成一个地方的集体生活记忆。历史环境中最为重要也最为敏感最为脆弱的文物遗迹，不能只是躺在博物馆中供访客参观的静态的物品，而应该是在祖国大地上书写中华文明辉煌灿烂的富有生命朝气的活力分子。因此，保护历史环境不仅仅是保护文物、保护历史遗迹，更需要关注与唤起地方集体记忆并重构地方生活共同体。

二是完善制度环境，吸引创新要素。尽管外部动力中传统的廉价土地空间要素可以在相当程度上推动特色小镇初期的快速成长与产业的迅速聚集，但随着城镇化的成本不断上涨和人口红利的日趋式微，以土地要素价格差为产业主要吸引和驱动的模式不可持续，或者说无法在将来留住更多的人。在特色小镇成熟期及二次生长的过程中，吸引创新要素的根本还在于设计并健全一套相对完善的且能够从根本上保护产业生态圈核心要件创新的制度环境，而且必须适应我国的特殊国情，从而能够平稳动态持续地实现要素供给。

三是构建治理环境，倡导共享共治。要在特色小镇的"一亩三分地"上，有效构建一个能够包容、能够共享、能够共治的多元治理环境。如营建创业社群，为创客与创客之间提供平等交流平台。如提供科研机构、技术服务平台、特色产业联盟、人才客栈、学术交流中心、文化广场等一系列软环境，为产业人才解决好技能培训、技术交流、创新孵化、高端社交、医疗教育、娱乐休闲等生产生活需求。人文精神的价值内涵就是倡导多元化的社会环境，倡导以以人为本为核心的社会治理，对特色小镇来说是一个体现软实力的要素供给。通过共享共治的治理，将特色小镇打造成为一个具有包容性的开放型成长小镇，以更好吸引人才、留住人才、发展人才。只有不断吸引更多的人加入特色小镇，才能为特色小镇的可持续长远发展提供取之不尽、用之不竭的能量源泉。

8.3　未来小镇的未来畅想

当今社会发展迅速,急剧变化,充满不确定性和意外性,人们对未来发展的趋势、方向、进程、挑战、机会等的了解与探究,有着迫切的需要和期待。^① 5G、人工智能、大IT革命等未来学层面一个个新科技、新概念不断涌入每个人的生活,为本课题组反思和展望特色小镇的发展前景提供了契机与视角。

未来学这一术语最早由德国学者莱希泰姆(O. K. Flechtheim)于1943年提出并沿用至今。美国社会学家和未来学大师阿尔文·托夫勒(Alvin Toffler)1970年出版的《未来的冲击》,1980年出版的《第三次浪潮》,1990年出版的《权力的转移》等3部著作被誉为"未来三部曲",对当今社会思潮有着广泛而深远的影响。未来学不是凭空去猜测未来,而是通过对过去和现在的了解,根据事物发展规律去推测事物的发展趋势,从而研究未来。未来学遵循"过去已存在的条件将继续到未来"原理,即今天的情况将继续下去,或者这种情况将以现在的变化方式继续变化下去以及类推。

8.3.1　iTown

从苹果公司的iPhone,特斯拉的iCar变身,到海尔公司的iHouse(U-home),都旨在通过智慧化手段提升产品本身的价值。于飞、俞璐、陈劲因此提出了智慧型小镇(iTown)的概念。^② iTown本着城市结构合理、人与自然融合、产业蓬勃发展、居民安居乐业、科技以人为本五大建设目标,以大数据、云计算等高科技技术为创新引擎,释放小镇中大数据的智慧红利,赋能小镇业主,促进小镇产业的有机生长,构建友好生态环境,从而实现整个小镇的智能运营,提升小镇的经济价值,带动区域化经济转型升级。其规划建设的重点是通过物联网、大数据、云计算、城市信息学等技术将小镇升级成

---

① 刘益东. 虚拟科学与大IT革命:支撑未来学的快速崛起[J]. 未来与发展,2019,43(10):1—8.

② 于飞,俞璐,陈劲. 城市互联网在中国发展的典型模式:智慧型特色小镇iTown的内涵及智慧架构标准[J]. 城市发展研究,2018,25(11):65—72.

数字小镇、无线小镇、感知小镇、生态小镇、低碳小镇，智能小镇形态的智慧小镇。智慧架构包括云网、云脑、云擎三大体系（图 8.3）。

图 8.3　iTown 的智慧架构

来源：于飞等（2018）。[①]

如今人工智能技术正逐渐走出实验室，走进我们的生活。未来人工智

---

　　①　于飞，俞璐，陈劲. 城市互联网在中国发展的典型模式：智慧型特色小镇 iTown 的内涵及智慧架构标准[J]. 城市发展研究，2018，25(11)：65—72.

能技术会给我们带来哪些改变？谁都没有答案。诚如《南风窗》刊载的文章所言："今天怎么想象未来，都是幼稚的。"但我们有理由坚信，一个尊重科技的社会一定能够向好而生。① 2019 年 3 月 20 日，浙江省政府印发的《浙江省未来社区建设试点工作方案》(浙政发〔2019〕8 号)指出，浙江省未来社区建设试点将聚焦人本化、生态化、数字化三维价值坐标，以和睦共治、绿色集约、智慧共享为内涵特征，突出高品质生活主轴，构建以未来邻里、教育、健康、创业、建筑、交通、低碳、服务和治理等九大场景创新为重点的集成系统，打造有归属感、舒适感和未来感的新型城市功能单元，促进人的全面发展和社会进步。② 未来社区或许会成为特色小镇未来发展的一个新的调节变量，赋予特色小镇智慧化改进的新思路和新方向。③

8.3.2　平台人

在高度集中的计划经济体制年代，以行政关系为纽带的"单位"构成我国政治、经济和社会体制特有的组织基础。所有个体都是归属于一定单位的"单位人"，其生、老、病、死，乃至结婚、生育、工作、休假等，大小事宜都决定于个人所在的单位。单位成为个体赖以生存的生态圈，是其生活资源的唯一提供者和生存发展空间的直接供应者，脱离单位的个体将很难寻求到更大的发展机遇或充足的资源保障。④

改革开放后，中国特色社会主义市场经济体制逐步确立，党对市场在资源配置中的作用也得到了不断深化。党的十五大提出"使市场在国家宏观调控下对资源配置起基础性作用"；党的十六大提出"在更大程度上发挥市场在资源配置中的基础性作用"；党的十七大提出"从制度上更好发挥市场在资源配置中的基础性作用"；党的十八大提出"更大程度更广范围发挥市场在资源配置中的基础性作用"。党的十八届三中全会全面总结改革开放以来的历程和经验，明确指出"使市场在资源配置中起决定性作用和更好发

---

① 麦肯锡最新报告：媒体工作者等岗位，中国需求将增长 85％[EB/OL]. [2019-01-14]. https://www. sohu. com/a/288742529_351788.

② 浙江省启动未来社区建设试点申报工作[EB/OL]. http://www. gov. cn/xinwen/2019-03/29/content_5378009. htm.

③ 郑芮希. 未来社区赋能特色小镇[J]. 浙江经济，2019 (7)：63－63.

④ 陈范华，何雄浪. "单位人"向"社区人"转型与人的全面发展[J]. 重庆社会科学，2009 (4)：43－46.

挥政府作用"。2020 年 5 月 11 日,中共中央、国务院发布《关于新时代加快完善社会主义市场经济体制的意见》,指出要"构建更加完善的要素市场化配置体制机制,进一步激发全社会创造力和市场活力"①。不难发现,个体和微观主体的独立性、创造性在未来将得到进一步承认,市场活力也将得到进一步释放。"全能型"单位对个体生活资源和生存发展空间供应的唯一性和垄断性将不断被冲击和稀释,主张平等开放的平台型社区依托于互联网将得到快速成长,并吸引各类"平台人"在一定地域范围内实现集聚,构成一种新的社会生活共同体。

1. 未来的平台类型

高常水在 2011 年提出产业创新平台的 3 种类型以及各类型不同的特征与发展侧重点②,可以作为未来特色小镇类产业创新平台的借鉴(表 8.1)。

表 8.1　产业创新平台类型模式

产业创新平台	技术创新模式	创意衍生模式	技能扩散模式
硬件	办公楼	提供工作和生活兼容的环境	职业技能培训机构
对象	高新技术产业领域,电子信息、生物医药、新材料、新能源、先进制造	创意、知识的产品、生产与服务	人力资本领域,企业实习生、技术工人、农民工、下岗工人等
资金供求	发展成熟,引资难度相对较低	对资金需求呈阶段性分布,引资难度相对较高	对仪器、设备和培训师资有一定要求,引资难度一般
专业人才	具备一定的市场嗅觉和科技专业背景	具备一定的专业知识和市场敏感度	熟悉市场,具备中高级操作技能

---

① 中共中央　国务院关于新时代加快完善社会主义市场经济体制的意见[EB/OL]. http://www.gov.cn/zhengce/2020-05/18/content_5512696.htm.

② 高常水. 战略性新兴产业创新平台研究——以"核高基"产业为例[D]. 天津:天津大学,2011:70-71.

续表

产业创新平台	技术创新模式	创意衍生模式	技能扩散模式
管理需求	经济效益最大化,理性化管理	人性化、知识化管理,注重智本管理	教育和培训管理
研究领域	涉及知识经济、技术经济和信息经济	涉及知识经济、技术经济	涉及知识经济、技术经济

来源:高常水(2011)[①],有一定修改。

2. 未来的平台岗位需求

2019 年年初,麦肯锡全球研究院(McKinsey Global Institute)在其发布的报告中称,随着科技进步,未来全球大概有 3.75 亿人口将面临重新就业,其中中国占 1 亿。报告划分了 11 个行业大类以及这些行业在不同国家的岗位需求变化。其中,包括创意工作、技术类工程师、管理类以及社会互动类的岗位需求增长率显著,因为这些领域人工智能技术无法取代。而在可预测环境中进行物理活动的部分岗位需求将下降明显。从数量上看,未来我国将面临最大规模的就业变迁,预计将有 1200 万至 1.02 亿国人需重新就业。[②]

从我国未来的岗位需求增长率预测看(表 8.2),目前已创建的特色小镇,集中于创意人员、技术专家、专业人士、办公支持等几类岗位角色。在未来,迎合岗位需求变化,可以做两类研判:(1)根据需求高增长率的岗位,如教师、医护人员等,可以从教育、培训、实习等人才生产链的前端切入特色小镇项目建设,也可以从教师、医护人员的生活服务、疗休养、子女托教、老人康养等人才生活链切入,寻求小镇建设与运营使用的结合点。(2)根据办公支持、建筑人员等需求低增长率的岗位,结合人工智能研发、人力资源提升等项目,加速岗位的更新换代,以此寻求小镇的发展机会。

---

① 高常水. 战略性新兴产业创新平台研究——以"核高基"产业为例[D]. 天津:天津大学,2011:70−71.

② 麦肯锡最新报告:媒体工作者等岗位,中国需求将增长 85%[EB/OL]. [2019-01-14]. https://www.sohu.com/a/288742529_351788.

表 8.2 我国未来的岗位需求增长率预测

岗位大类	岗位细分	增长率
创意人员	艺术家、设计师、娱乐业从业人员、媒体工作者	85%
技术专家	计算机工程师、专家	50%
教师	学校教师、高等教育、其他教育业专业人士、教育辅助人员	119%
经理及管理人员	—	40%
建筑人员	建筑工程师、建筑工人、安装及维修人员	9%
医护人员	医生、护士、医师助手、药剂师、理疗师、保健员、保育员以及保健技师	122%
专业人士	客户经理、工程师、商业及金融专家、律师及法官、数学专家、科学家以及学者	26%
办公支持	IT 工作者、问讯员、办公文员、部分金融从业者(采购、工资单等)、行政助理	14%
可预测环境中进行物理活动的工作	机器安装修理人员、安保服务、博彩业从业者、洗碗工、清洁人员、食物准备工人	−4%
难以预测环境中进行物理活动的工作	特别领域的机械工人、紧急应急人员、搬运工、机器安装及维修工人、农业从业者、交通维修人员、建筑清洁工人	12%

数据来源:麦肯锡咨询报告,https://www.sohu.com/a/288744198_708049,本研究整理。

3. 未来的平台人群

未来的平台人群集中于原住人群、嵌入人群、产业人群、消费人群等 4 类(表 8.3)。

(1)原住人群

原住人群指原来就住在这里的人们,他们是所在地域民俗文化、集体历史记忆的守护者。缺少原住人群的平台是缺少人情味的平台,在平台打造过程中应充分考虑原住人群的需求,尽量避免因产业人群的集聚而影响原住人群的生活方式和生活状态,尽量保持原有社区的文脉,留住"乡愁"。

（2）嵌入人群

随着平台的开发建设与新主导产业的引入，一批新迁移的外地人口会嵌入原有平台，形成新住人群。也有国内学者将失去土地而嵌入城市的这部分人群描述为"嵌入式社区人"。① 平台的嵌入人群除了一部分所谓的因失地而形成的"嵌入式社区人"外，还应包括出于就业、教育等其他原因而迁入新社区的人群。嵌入人群面临原有社区感消逝的挑战，对新社区产生的社区感存在普遍的归属需求。这有助于促进他们的心理健康和社区事务参与性，从而有益于社区建设。

（3）产业人群

产业人群是平台的固定使用人群，构成了平台可持续发展的基础，也是一个平台具有竞争力与生命力的最佳诠释。如何让产业人群舒心工作，如何让他们愿意留下来、住下来，如何让他们在平台能够获得幸福感，是平台未来开发建设的重中之重。在未来，重点需要完善公共服务，特别是较高质量的教育、医疗、文化、体育资源供给，以此吸引与留住产业人群。

（4）消费人群

消费人群是平台的随机使用人群，也是平台成功与否的检验者，是平台品牌口碑的制造者和传播者。如何让消费人群主动分享与宣传平台，如何吸引与扩大消费人群，平台运营管理者需要从软件与硬件等多方面综合考虑并回答上述两个问题。

表 8.3 "平台人"特征和应对策略

平台人	特征	策略
原住人群	小镇的原住人，小镇集体历史记忆的守护者	以"呵护"为主。避免影响他们的生活方式，考虑他们的需求，防止流失。
嵌入人群	小镇的新迁入人群	以"激活"为主。打造定制化的宜居空间，建设舒适的配套基础设施，营造良好的社区氛围。
产业人群	小镇生命力与竞争力的奠基者	以"培育"为主。充分考虑创业人群需求，提供相应的配套服务设施，打造良好的双创生态环境。

---

① 渠章才. 嵌入式社区人的城市融入问题与对策[J]. 新西部，2019（6）：59－60，47.

续表

平台人	特征	策略
消费人群	小镇使用者及其品牌传播者与推广者	以"吸引"为主。营造良好的社区生态环境、特色街区等旅游项目，来吸引、留住消费人群。

8.3.3　第三空间

早在 1996 年，美国当代著名后现代地理学家爱德华·索亚（Edward W. Soja）在其著作《第三空间：去往洛杉矶和其他真实和想象地方的旅程》中提出了一种新的城市研究思维方式：第三空间认识论。第三空间认识论在质疑第一空间和第二空间思维方式的同时，也在向它们注入传统空间科学未能认识到的新的可能性，使它们以把握空间知识的手段重新恢复青春活力。在第三空间中，一切都汇聚在一起：主体性与客体性、抽象与具象、真实与想象、可知与不可知、重复与差异、精神与肉体、意识与无意识、学科与跨学科等。无论是第三空间本身还是"第三空间认识论"，都将永远保持开放的姿态，永远面向新的可能性，面向去往新天地的种种旅程。[①] 通过规划师、设计师、建筑师和文化工作者们的进一步引用、阐述与实践推广，第三空间从哲学精神领域逐步走入实践应用领域，成为城市规划设计、建筑景观设计、公共文化服务（如图书馆、档案馆）和商业开发等行业倾力关注的一种重要空间精神。

与第三空间容易发生混淆的一个概念是公共空间。一般而言，公共空间指能够为居民的日常生活和社会生活提供公共使用的室外空间，包括公园、广场、街道、户外场地、体育场地等。[②] 与此不同，第三空间往往指非常规的工作场所。家庭是第一空间，办公室作为第二空间，第三空间则是非正式的公共聚会空间。小到一张沙发，中到一家咖啡馆、餐馆、零售店、图书馆，大到一座广场，都可以成为第三空间。第三空间作为社会互动中心的角色，通过打造社交互动、企业间合作、观点交流和办公空间扩展的物理场所，被以许多不同的方式使用，以增强后工业社会的经济活动。全力塑造第三

---

① 陆扬. 析索亚"第三空间"理论[J]. 天津社会科学，2005(2)：32－37.

② 刘帅. 基于"创新街区"理念的产业园区发展模式研究[J]. 上海城市规划，2020(1)：93－98.

空间被认为是促进街区人员年轻化和经济多元化进而激发城市街区创新活力的本源。[①]

第三空间的本质是帮助人们在"反邻里"与"强邻里"之间形成一个相对的缓冲状态,使空间更具包容度和舒适度。第三空间的营造需要遵循 4 个原则。

(1)以企业及就业人员需求为配置导向

企业的公共服务配套以生产性服务设施配套为主,集中体现在服务机构办公和服务平台建设两方面。创新人员的公共服务配套以生活性服务配套为主,以满足创新型人才在工作地能够方便地开展购物、就餐、文娱、健身、医疗等大部分日常活动,以提升工作学习效率和生活质量。这部分需求主要包含基础保障性需求、文娱休闲性需求和职业成长性需求等 3 类。[②]

(2)以功能混合为配置原则

第三空间需实现功能的混合,在功能上包含居住(商业公寓、人才公寓等)、办公(私人办公楼宇或共享办公等)与服务(如文化、教育、餐饮、娱乐或旅馆等)、公共服务设施等(如绿地、广场等社交型公共空间以及加速器、公共创新中心等创新空间),以提高设施的集中使用效率。[③] 同时,在时间轴维度上也可以实现不同功能与功能之间的转化。如上午 9 点—11 点可以是创业者交谈社交的空间,下午 1 点到 4 点可以是企业团建和商务会谈的空间,下午 4 点到 5 点可以是亲子体验和晚托的空间。晚上 6 点之后可以是供创客练习瑜伽、加入电玩俱乐部、学习充电的空间。

(3)以简洁轻快为配置风格

在空间设计上,第三空间可以加入独特创意元素,利用大面积玻璃,提高自然光的利用率;在内部空间设计上,可以参考 Google、Adobe、Airbnb、微软的跨国型创新企业的空间环境营造(图 8.4),改变"死气沉沉"的、刻板的、凝重的办公空间风格,注重体现科技范儿。可以选用现代简约的装修风格,通过巧妙的冷暖色彩搭配、流畅的线条设计、敞开式的办公空间,营造出

---

① 邓智团. 第三空间激活城市创新街区活力——美国剑桥肯戴尔广场经验[J]. 北京规划建设,2018(1):178—181.

② 刘帅. 基于"创新街区"理念的产业园区发展模式研究[J]. 上海城市规划,2020(1):93—98.

③ 邓智团. 第三空间激活城市创新街区活力——美国剑桥肯戴尔广场经验[J]. 北京规划建设,2018(1):178—181.

自由开放的工作氛围和浓厚的科技文化,符合年轻人的审美风格。

图 8.4 国际流行的第三空间配置风格

(左上:Adobe 伦敦办公室;右上:Uber 香港办公室;左下:Airbnb 日本;右下:微软新英格兰研发中心)

来源:https://www.baidu.com/。

(4)以步行适宜为配置尺度

第三空间的公共服务性设施强调以生产空间为圆心,以步行 15 分钟为半径的空间可达。步行 15 分钟所及范围为半径形成的一个满足日常活动需求的辐射区域,正是人们可接受的理想上限。重点需要研究调查不同人群对生活服务设施的使用特点与频率,在步行 15 分钟的范围内解决基本的购物、餐饮、休闲健身、医院、学校、快递点、图书馆、美术馆、市民中心、地铁站、公交站等配套服务设施,形成一个生活服务圈。譬如对于中青年人群来说,他们可自由支配时间少,使用设施的时间高度集中在早上和晚上,且短时使用强度较高。主要使用设施围绕着体育健身点、商场、餐饮店、农贸市场、便民小菜店、水果店、早餐店、24 小时便利店、书店等展开,在未成年子女放学后,可能还会接送子女去参加课外辅导。创新创业型青年人才除了一般青年的设施需求外,另外表现出对银行、ATM、休闲娱乐、影院、酒吧、健身房、鲜花店、咖啡甜品店等设施的需求,体现了这些群体在工作之余,对社交、理财、健身、休闲娱乐等设施的偏爱。

在具体服务设施布局上,可以采用混合式布局。将一些使用频率较高的服务设施接近项目地块的中心适度集中布置,成为空间活力中心。整合周边分散的功能,将一些咖啡、影院、健身房等设施进行分散布置,灵活穿插于生产空间,方便就近使用。将一些药店、餐厅、车库等生活性设施设置于边界,实现在最大程度上与周边资源共享。[1]

8.3.4　小镇学院

"大业欲成,人才为重。"长期以来,我国高等教育与职业教育重点依托的是专业(群)建院(即专业学院),通过一个专业对应一个岗位或一个专业对应多个岗位的点对点人才培养模式,试图在特定的产业环境中实现与特定工作岗位的精准对接。但随着区域产业高阶化发展及区域人力资源需求结构的变化,专业学院内的专业(群)往往与区域产业的快速发展出现脱钩,也不能满足产业生态圈对人才生态系统的要求。[2]

2017年2月,教育部与30家国内主要高校达成"复旦共识",要"深入推进产学合作、产教融合、科教协同,通过校企联合制定培养目标和培养方案、共同建设课程与开发教程、共建实验室和实训实习基地、合作培养培训师资、合作开展研究等"[3]。2017年,国家教育部《新工科研究与实践项目指南》("北京指南")提出,要"推动大学组织创新,探索建设一批与行业企业等共建共管的产业化学院,建设一批集教育、培训及研究于一体的区域共享型人才培养实践平台"[4]。在此背景下,依托相关产业集群,满足产业生态圈特点,以区域产业链的价值活动分析为基础,打通产业链、教育链和创新链,采用面对面、面对链的方式共同构建产业学院,成为解决实践之惑的一种应

① 袁志华. 创新型产业园生活性服务设施配置模式研究[D]. 广州:华南理工大学,2017:83.

② 李海东,黄文伟. 粤港澳大湾区视阈下区域产业学院发展的若干思考[J]. 高教探索,2020(3):23-28.

③ "新工科"建设复旦共识[EB/OL]. http://www.moe.gov.cn/s78/A08/moe_745/201702/t20170223_297122.html.

④ 新工科建设指南("北京指南")[EB/OL]. http://education.news.cn/2017-06/13/c_129631611.htm.

对良策。

产业学院被定义为一种以资源共享与合作共赢为目标，依托高校建立的具有健全的独立运行机制，服务于某个行业企业的新型办学机构。从功能考察，产业学院可以被划分为资源共享型、共同发展型和产业引领型等 3 种类型。①

特色小镇作为一个实实在在的集产业、文化、旅游和社区功能于一体的经济发展有效引擎和主要推手，从中央到地方，从产业到企业，引起了各方的高度重视与广泛关注。然而，作为在全国范围内兴起的一种实践先于理论的新生事物，特色小镇的类型不同、所处阶段不同、内外发展环境不同，面临的形形色色的困惑与困难也不尽相同。对特色小镇涌现出的各种现象进行抓取、特写与聚焦，解构要素，重构体系，以找寻与凝练普遍性的发展规律，是学界未来的一项重要内容。而特色小镇未来的产业升级、功能匹配、规划设计、运营管理、社区治理和可持续发展等潜在矛盾与实际瓶颈的突破，也同样无法缺少理论研究工作的反馈、支撑与引导。依托特色小镇实践现象与各类活动共同筹建"小镇学院"，充分发挥产业与教育的跨界优势，最大限度地实现特色小镇成长规律、演化路径、运营模式、社区治理、文化保护、生态治理等成果的输出与反哺，成为未来或者不久的将来的一件非常有必要而且十分可行的"头等大事"（表 8.4）。

表 8.4　小镇学院主要职责与内容构想

主要职责	内容
特色小镇理论研究	1.深入研究、总结提炼特色小镇本质内涵、成长规律、演化路径、管理机制、运营模式等方面 2.研究特色小镇有关的政策制度、社区发展、经济带动等问题 3.持续形成一系列具有实践借鉴价值、可公开发表、具有影响力的学术成果

---

① 朱为鸿，彭云飞.新工科背景下地方本科院校产业学院建设研究［J］.高校教育管理，2018，12(2)：30—37.

续表

主要职责	内容
教育与培训	1.针对特色小镇建设的核心问题,通过法规政策传导、实践经验分享、典型案例解读等培训手段。让学习者理解特色小镇规划建设的新理念、新思路、新方式、新途径 2.通过经典案例,让学习者熟悉掌握特色小镇的定位规划、设计策略、空间特色、产业布局、文化挖掘、开发模式、建设运营、投融资体制等 3.提高学习者特色小镇规划、投融资、建设运营等实操能力
咨询与管理服务	1.基于"城市大脑"大数据平台和智库团队地方产业经济深度分析,为各地政府及企业特色小镇建设提供"大数据＋研究＋规划＋招商＋资本＋管理"一体化咨询和服务 2.帮助其他特色小镇明确发展方向,从产业选择、产业规划、产业培育,再到产业集群,最终提升到产业品牌,并在此基础上汇总形成小镇创建及运营的各项规划目标 3.从主题选择、小镇选址、功能定位、空间组织和实施计划等方面着手,帮助特色小镇构造完整的特色产业发展路径 4.从系统工程的角度出发,利用发债、融资租赁、基金、PPP、资产证券化、收益信托等创新投融资模式,解决特色小镇的投融资问题,在规划与建设运营之间、项目与资本之间、政府与市场之间、产业与要素之间架起桥梁 5.帮助特色小镇进行招商服务平台、投融资平台、公共资源交易平台、人才服务平台、智慧服务平台等的搭建

　　未来的小镇学院将围绕建设创新型国家、深化供给侧结构性改革、实施乡村振兴、实施区域协调发展等国家战略,秉承"实务、创新、开放、共享"的理念,整合政府、高校、企业等多方资源,成立特色小镇研究智库,深度研究与解读全国范围内特色小镇典型案例,为特色小镇的发展和管理提供新理论和新方法。此外,结合理论与实践,设立系统科学的教学培训体系,为特色小镇管理者和工作者提供教育培训服务;基于"城市大脑"大数据平台和智库团队地方产业深度分析,为各地政府及企业特色小镇建设提供"大数据＋研究＋规划＋招商＋资本＋管理"一体化咨询和运营管理服务。

8.4　你好，小镇生活

2020 年爆发的新冠肺炎疫情，是中华人民共和国成立以来在我国发生的传播速度最快、感染范围最广、防控难度最大的一次重大突发公共卫生事件。[①] 在以习近平总书记为核心的党中央坚强领导下，全国特色小镇立足产业特而强、功能聚而合、机制新而活的优势，全力投入、英勇奋战，一手抓疫情防控、一手抓改革发展，打好疫情防控阻击战和改革发展攻坚战。[②]

本次新冠肺炎疫情不仅给人民群众的生命健康安全带来极大威胁，也对经济社会发展带来严重影响，对城市的发展和治理带来严峻挑战。对特色小镇而言，这次突如其来的疫情是一次危机，也是一次大考。未雨绸缪，痛定思痛。在后疫情时代，在如何研究制定更为及时、有力、有效的政策措施，继续推进特色小镇改革发展攻坚战的同时加快补齐特色小镇公共卫生的短板，提高重大突发性公共事件的风险抵抗能力，成为特色小镇必须思考的问题。

一是强化特色小镇的空间柔性。在以往关于特色小镇的城市规划设计中，一个普遍做法是突出强调所规划的小镇要在空间上有一个绝对中心，能够承载对外形象、消费导流、交通集散、社区综合服务等功能。空间设计的逻辑是由外围导入中心，再由中心分流至内部组团，进而形成消费客流人气。虽然小镇在空间中心上的集聚所带来的客流集聚及其后的连锁反应是积极的、快速的、显著的，但也有可能同时导致诸如新型冠状病毒等公共卫生突发事件爆发概率与传播速度的提高。一定程度而言，"外围—中心—功能分区"的空间结构规划划分是刚性的，高密度的客流集聚将带来小镇每单位空间所承载的访客人数提高，人与人之间的空间距离将有所压缩。一旦遭遇诸如疫情的公共卫生突发事件，则会加速其扩散与传播，空间可回旋余地就会显得非常小。基于此点考虑，特色小镇的前期规划设计在满足人口

---

① 习近平出席统筹推进新冠肺炎疫情防控和经济社会发展工作部署会议并发表重要讲话[EB/OL]. http://www.gov.cn/xinwen/2020-02/23/content_5482453.htm.

② 国家发展和改革委员会. 国家新型城镇化报告（2019）[M]. 北京：人民出版社，2020：265.

等要素向小镇集聚的同时,需要有效调整和突破传统的"点—轴—组团"式静态的单一空间结构布局,由单一中心的刚性空间向多中心的有机网络空间转型,形成更健康生态的自然环境、更安全低密的社交空间、更舒适宽阔的独处空间、更交互智能的"云"上空间的丰富形态,提高空间单元与空间单元之间的相对独立性、流动性和柔性,以保证在发生诸如新冠肺炎病毒疫情的重大突发性公共卫生事件时,可以在相对更小的空间单位内实现更灵活的管理,进而降低疾病传播风险和由此可能给小镇各项生产活动所带来的潜在损失。

二是强化特色小镇的数字睿性。数字经济是新时代的一场新经济革命。为加强疫情防控,杭州在全国率先推出健康码。红、黄、绿三色的健康码,成为杭州数字化战"疫"的创新之举。由未来科技城的企业钉钉开发的杭州健康码首先在 2 月 9 日在余杭区以"余杭绿码"的名义推出,之后在杭州全市推广,再到浙江 11 地市全覆盖,到 2 月 20 日已落地全国 100 余座城市,①为打好疫情防控阻击战贡献了杭州方案。不难看出,数字赋能提高了特色小镇生产生活的便利性和高效性。健康码在杭州的全国首创,在梦想小镇所在地余杭区的率先推行,与余杭、与杭州长期以来主导的数字经济第一产业所积淀的大数据优势是密切相关的。从杭州健康码的案例中可以看到传统数据收集、处理和存储模式存在的弊端,若数据资源还停留在人工询问或观察式采集、人工录入、档案柜保管的"手工作坊"阶段,缺少平台技术的支撑,对突发事件中的信息是无法有效实现快速利用的。特色小镇通过实施云计算、大数据、人工智能、智能硬件等方法实现数字赋能,最重要的是集中有限资源实现确定性目标,在实现自身发展的同时,可以打开包括传统制造业在内的其他产业的发展空间,再造其流程,提升其品质,拓展其边界,进而形成"数字赋能平台,平台赋能服务商,服务商赋能中小企业"的业务模式,不断放大特色小镇的平台服务能力。

三是强化特色小镇的社区韧性。韧性(resilience)原属于物理学概念,指物体受到外力挤压时的回弹。后被心理学界广泛引用,美国心理学会(American Psychology Association)将韧性定义为个人面对生活逆境、创伤、悲剧、威胁及其他生活重大压力的良好适应。近年来,社区韧性作为韧

---

① 杭州健康码 "码"上见效[N]. 杭州日报,2020-02-20.

性理论在城市内部空间最具有实践意义的典型代表①，尤其在风险社会下"与灾共生"城市治理中所日益凸显的核心作用，成为当今城市发展的重要议题与研究前沿热点，代表了未来城乡建设发展的新方向。② 结合本次新冠肺炎疫情防治经验，强化特色小镇的社区韧性，应改变自然灾害、重大公共卫生事件、贸易科技外部封锁等突发性风险防治单纯依赖政府和社会力量的传统模式，而在政府主导和社会力量参与的前提下将"小镇居民"作为社区韧性建设和依靠的主体。可以理想现实差为导向，重视风险应对及恢复愿景的拟定，并落实到小镇即将开展或远期规划实施的具体工程和各社会系统上。拟定某个系统在风险发生后支撑社会政策运转的时间预期，同时对小镇现阶段表现进行评估，以识别差距所在。以差距为导向制定针对风险前建设和准备、风险中应对、风险后恢复和重建的规划实施方案，根据评估结果明确方案实施时序。搭建政府、市场主体、民间组织、社会团体或个人、居民等相关利益者平台，实现小镇社区韧性的主体多元化，努力营造持续安全健康的小镇美好生活。

---

① 彭翀，郭祖源，彭仲仁. 国外社区韧性的理论与实践进展[J]. 国际城市规划，2017(4)：60-66.

② 杨丽娇，蒋新宇，张继权. 自然灾害情景下社区韧性研究评述[J]. 灾害学，2019，34(4)：159-164.

附　录

附录 1　1978—2019 年中国城镇化统计数据表

1978—2019 年中国城镇化统计数据

年份	总人口/万人	城镇人口/万人	城镇化率
1978	96259	17245	17.92%
1979	97542	18495	18.96%
1980	98705	19140	19.39%
1981	100072	20171	20.16%
1982	101654	21480	21.13%
1983	103008	22274	21.62%
1984	104357	24017	23.01%
1985	105851	25094	23.71%
1986	107507	26366	24.52%
1987	109300	27674	25.32%
1988	111026	28661	25.81%
1989	112704	29540	26.21%
1990	114333	30195	26.41%
1991	115823	31203	26.94%

年份	总人口/万人	城镇人口/万人	城镇化率
1992	117171	32175	27.46%
1993	118517	33173	27.99%
1994	119850	34169	28.51%
1995	121121	35174	29.04%
1996	122389	37304	30.48%
1997	123626	39449	31.91%
1998	124761	41608	33.35%
1999	125786	43748	34.78%
2000	126743	45906	36.22%
2001	127627	48064	37.66%
2002	128453	50212	39.09%
2003	129227	52376	40.53%
2004	129988	54283	41.76%
2005	130756	56212	42.99%
2006	131448	58288	44.34%
2007	132129	60633	45.89%
2008	132802	62403	46.99%
2009	133450	64512	48.34%
2010	134091	66978	49.95%
2011	134735	69079	51.27%
2012	135404	71182	52.57%
2013	136072	73111	53.73%
2014	136782	74916	54.77%
2015	137462	77116	56.10%
2016	138271	79298	57.35%

续表

年份	总人口/万人	城镇人口/万人	城镇化率
2017	139008	81347	58.52%
2018	139538	83137	59.58%
2019	140005	84843	60.60%

数据来源：国家统计局。

注：1981 年及以前人口数据为户籍统计数；1982 年、1990 年、2000 年、2010 年数据为当年人口普查数据推算数；其余年份数据为年度人口抽样调查推算数据。总人口和按性别分人口中包括现役军人，按城乡分人口中现役军人计入城镇人口。

附录 2　浙江省人民政府关于加快特色小镇规划建设的指导意见

浙政发〔2015〕8 号

各市、县(市、区)人民政府,省政府直属各单位:

特色小镇是相对独立于市区,具有明确产业定位、文化内涵、旅游和一定社区功能的发展空间平台,区别于行政区划单元和产业园区。加快规划建设一批特色小镇是省委、省政府从推动全省经济转型升级和城乡统筹发展大局出发作出的一项重大决策。为加快特色小镇规划建设,现提出如下意见:

一、总体要求

(一)重要意义。在全省规划建设一批特色小镇,有利于推动各地积极谋划项目,扩大有效投资,弘扬传统优秀文化;有利于集聚人才、技术、资本等高端要素,实现小空间大集聚、小平台大产业、小载体大创新;有利于推动资源整合、项目组合、产业融合,加快推进产业集聚、产业创新和产业升级,形成新的经济增长点。

(二)产业定位。特色小镇要聚焦信息经济、环保、健康、旅游、时尚、金融、高端装备制造等支撑我省未来发展的七大产业,兼顾茶叶、丝绸、黄酒、中药、青瓷、木雕、根雕、石雕、文房等历史经典产业,坚持产业、文化、旅游"三位一体"和生产、生活、生态融合发展。每个历史经典产业原则上只规划建设一个特色小镇。根据每个特色小镇功能定位实行分类指导。

(三)规划引领。特色小镇规划面积一般控制在 3 平方公里左右,建设面积一般控制在 1 平方公里左右。特色小镇原则上 3 年内要完成固定资产投资 50 亿元左右(不含住宅和商业综合体项目),金融、科技创新、旅游、历史经典产业类特色小镇投资额可适当放宽,淳安等 26 个加快发展县(市、区)可放宽到 5 年。所有特色小镇要建设成为 3A 级以上景区,旅游产业类特色小镇要按 5A 级景区标准建设。支持各地以特色小镇理念改造提升产业集聚区和各类开发区(园区)的特色产业。

（四）运作方式。特色小镇建设要坚持政府引导、企业主体、市场化运作，既凸显企业主体地位，充分发挥市场在资源配置中的决定性作用，又加强政府引导和服务保障，在规划编制、基础设施配套、资源要素保障、文化内涵挖掘传承、生态环境保护等方面更好发挥作用。每个特色小镇要明确投资建设主体，由企业为主推进项目建设。

二、创建程序

按照深化投资体制改革要求，采用"宽进严定"的创建方式推进特色小镇规划建设。全省重点培育和规划建设 100 个左右特色小镇，分批筛选创建对象。力争通过 3 年的培育创建，规划建设一批产业特色鲜明、体制机制灵活、人文气息浓厚、生态环境优美、多种功能叠加的特色小镇。

（一）自愿申报。由县（市、区）政府向省特色小镇规划建设工作联席会议办公室报送创建特色小镇书面材料，制订创建方案，明确特色小镇的四至范围、产业定位、投资主体、投资规模、建设计划，并附概念性规划。

（二）分批审核。根据申报创建特色小镇的具体产业定位，坚持统分结合、分批审核，先分别由省级相关职能部门牵头进行初审，再由省特色小镇规划建设工作联席会议办公室组织联审，报省特色小镇规划建设工作联席会议审定后由省政府分批公布创建名单。对各地申报创建特色小镇不平均分配名额，凡符合特色小镇内涵和质量要求的，纳入省重点培育特色小镇创建名单。

（三）年度考核。对申报审定后纳入创建名单的省重点培育特色小镇，建立年度考核制度，考核合格的兑现扶持政策。考核结果纳入各市、县（市、区）政府和牵头部门目标考核体系，并在省级主流媒体公布。

（四）验收命名。制订《浙江省特色小镇创建导则》。通过 3 年左右创建，对实现规划建设目标、达到特色小镇标准要求的，由省特色小镇规划建设工作联席会议组织验收，通过验收的认定为省级特色小镇。

三、政策措施

（一）土地要素保障。各地要结合土地利用总体规划调整完善工作，将特色小镇建设用地纳入城镇建设用地扩展边界内。特色小镇建设要按照节约集约用地的要求，充分利用低丘缓坡、滩涂资源和存量建设用地。确需新增建设用地的，由各地先行办理农用地转用及供地手续，对如期完成年度规划目标任务的，省里按实际使用指标的 50％给予配套奖励，其中信息经济、环保、高端装备制造等产业类特色小镇按 60％给予配套奖励；对 3 年内未达到规划目标任务的,加倍倒扣省奖励的用地指标。

(二)财政支持。特色小镇在创建期间及验收命名后,其规划空间范围内的新增财政收入上交省财政部分,前 3 年全额返还、后 2 年返还一半给当地财政。

各地和省级有关部门要积极研究制订具体政策措施,整合优化政策资源,给予特色小镇规划建设强有力的政策支持。

四、组织领导

(一)建立协调机制。加强对特色小镇规划建设工作的组织领导和统筹协调,建立省特色小镇规划建设工作联席会议制度,常务副省长担任召集人,省政府秘书长担任副召集人,省委宣传部、省发改委、省经信委、省科技厅、省财政厅、省国土资源厅、省建设厅、省商务厅、省文化厅、省统计局、省旅游局、省政府研究室、省金融办等单位负责人为成员。联席会议办公室设在省发改委,承担联席会议日常工作。

(二)推进责任落实。各县(市、区)是特色小镇培育创建的责任主体,要建立实施推进工作机制,搞好规划建设,加强组织协调,确保各项工作按照时间节点和计划要求规范有序推进,不断取得实效。

(三)加强动态监测。各地要按季度向省特色小镇规划建设工作联席会议办公室报送纳入省重点培育名单的特色小镇创建工作进展和形象进度情况,省里在一定范围内进行通报。

浙江省人民政府

2015 年 4 月 22 日

(此件公开发布)

附录3 浙江特色小镇命名、创建、培育名单

浙江特色小镇命名、创建、培育名单

产业主导	命名名单(22个)	创建名单(110个)	培育名单(62个)
高端装备制造 (41个)	江北膜幻动力小镇、长兴新能源小镇、秀洲光伏小镇、新昌智能装备小镇	余杭梦栖小镇、桐庐智慧安防小镇、萧山机器人小镇、临安云制造小镇、宁海智能汽车小镇、余姚智能光电小镇、余姚机器人智谷小镇、鄞州现代电车小镇、宁波杭州湾汽车智创小镇、乐清智能电气小镇、乐清智能电力科技小镇、瑞安智控装备小镇、平阳高端印包装备智造小镇、德清通航智造小镇、南浔智能电梯小镇、平湖光机电小镇、海盐核电小镇、海宁阳光科技小镇、新昌万丰航空小镇、金华新能源汽车小镇、义乌绿色动力小镇、婺城飞扬智能制造小镇、常山云耕小镇、龙游超精密制造小镇、黄岩智能模具小镇、路桥吉利汽车小镇、台州无人机航空小镇、缙云机床小镇	江干钱塘智造小镇、余姚模客小镇、湖州智能电动汽车小镇、永康众泰汽车小镇、柯城新材料小镇、衢江光导小镇、开化智驿小镇、温岭泵业智造小镇、莲龙泉汽车空调小镇
数字经济 (41个)	西湖云栖小镇、余杭梦想小镇、萧山信息港小镇、德清地理信息小镇、上虞e游小镇	下城跨贸小镇、江干丁兰智慧小镇、富阳硅谷小镇、滨江互联网小镇、滨江物联网小镇、拱墅智慧网谷小镇、余杭人工智能小镇、杭州大创小镇、萧山图灵小镇、西湖紫金众创小镇、江北前洋E商小镇、镇海I设计小镇、慈溪息壤小镇、瑞安侨贸小镇、苍南台商小镇、嘉善归谷智造小镇、平湖国际游购小镇、桐乡乌镇互联网小镇、南湖云创小镇、义乌云驿小镇、丽水绿谷智慧小镇	下城电竞数娱小镇、江干东方电商小镇、拱墅上塘电商小镇、西湖云谷小镇、滨江创意小镇、滨江智造供给小镇、拱墅汽车互联网小镇、余杭淘宝小镇、温州文昌创客小镇、浙南电竞小镇、安吉两山创客小镇、秀洲智慧物流小镇、金东金义宝电商小镇、金华互联网乐乐小镇、遂昌农村电商创业小镇
时尚 (27个)	余杭艺尚小镇、西湖艺创小镇、桐乡毛衫时尚小镇、诸暨袜艺小镇、海宁皮革时尚小镇	慈溪小家电智造小镇、瓯海时尚智造小镇、永嘉教玩具小镇、苍南印艺小镇、吴兴美妆小镇、海盐集成家居小镇、诸暨珍珠小镇、嵊州领尚小镇、东阳花园红木家具小镇、玉环时尚家居小镇、椒江智能马桶小镇	温州汽车时尚小镇、平阳宠物小镇、桐乡时尚皮草小镇、上虞伞艺小镇、柯桥蓝印时尚小镇、浦江水晶小镇、江山木艺时尚小镇、临海时尚眼镜小镇、天台时尚车品小镇、青田欧洲小镇

续表

产业主导	命名名单(22个)	创建名单(110个)	培育名单(62个)
环保 (8个)	—	诸暨环保小镇、兰溪光膜小镇、义乌光源科技小镇、江山光谷小镇、柯城航埠低碳小镇、衢州锂电材料小镇	天子岭静脉小镇、莲都万洋低碳智造小镇
健康 (12个)	—	杭州医药港小镇、桐庐健康小镇、富阳药谷小镇、瓯海生命健康小镇、嘉兴马家浜健康食品小镇、定海远洋渔业小镇、椒江绿色药都小镇	杭州树兰国际生命科技小镇、临安颐养小镇、太湖健康蜜月小镇、三门滨海健康小镇、临海国际医药小镇
金融 (11个)	上城玉皇山南基金小镇、鄞州四明金融小镇	拱墅运河财富小镇、西湖西溪谷互联网金融小镇、海曙月湖金汇小镇、南湖基金小镇、义乌丝路金融小镇	富阳黄公望金融小镇、萧山湘湖金融小镇、梅山海洋金融小镇、台州微金融小镇
旅游 (40个)	建德航空小镇、嘉善巧克力甜蜜小镇、开化根缘小镇、莲都古堰画乡小镇、仙居神仙氧吧小镇	上城南宋皇城小镇、淳安千岛湖乐水小镇、宁海森林温泉小镇、象山星光影视小镇、杭州湾滨海欢乐假期小镇、文成森林氧吧小镇、泰顺氡泉小镇、洞头同心旅游小镇、长兴太湖演艺小镇、吴兴世界乡村旅游小镇、柯桥酷玩小镇、杭州湾花田小镇、武义温泉小镇、龙游红木小镇、常山赏石小镇、普陀沈家门渔港小镇、朱家尖禅意小镇、天台山和合小镇、景宁畲乡小镇、云和木玩童话小镇	奉化时光文旅小镇、乐清雁荡山月光小镇、永嘉楠溪诗画小镇、苍南鱼寮湾乐活小镇、安吉天使小镇、吴兴原乡蝴蝶小镇、长兴乡村民宿小镇、海宁潮韵小镇、海盐六旗欢乐小镇、柯桥兰亭书法小镇、浦江仙华小镇、永康赫灵方岩小镇、嵊泗十里金滩小镇、路桥游艇小镇、青田千峡小镇
历史经典产业 (14个)	西湖龙坞茶镇	湖州丝绸小镇、南浔善琏湖笔小镇、绍兴黄酒小镇、嵊州越剧小镇、磐安江南药镇、东阳木雕小镇、龙泉青瓷小镇、龙泉宝剑小镇、青田石雕小镇、庆元香菇小镇、遂昌汤显祖戏曲小镇、松阳茶香小镇	磐安古茶场文化小镇

数据来源:浙江特色小镇官网,http://tsxz.zjol.com.cn/#ditu,有整理。

附录4　国家发展改革委办公厅关于建立特色小镇和特色小城镇高质量发展机制的通知

发改办规划〔2018〕1041号

各省、自治区、直辖市及计划单列市、新疆生产建设兵团发展改革委,住房城乡建设部、国家体育总局、国家开发银行、中国农业发展银行、中国光大银行办公厅(室):

特色小镇和特色小城镇是新型城镇化与乡村振兴的重要结合点,也是促进经济高质量发展的重要平台。党中央、国务院高度重视,国家发展改革委等部门先后印发实施《关于加快美丽特色小(城)镇建设的指导意见》《关于规范推进特色小镇和特色小城镇建设的若干意见》,引导特色小镇和特色小城镇发展取得一定成效,概念不清、盲目发展及房地产化苗头得到一定纠正。为进一步对标对表党的十九大精神,巩固纠偏成果、有力有序有效推动高质量发展,现通知如下。

一、总体要求

(一)指导思想。全面贯彻党的十九大精神,以习近平新时代中国特色社会主义思想为指导,坚持以人民为中心,坚持稳中求进工作总基调,坚持新发展理念,坚持使市场在资源配置中起决定性作用和更好发挥政府作用,以引导特色产业发展为核心,以严格遵循发展规律、严控房地产化倾向、严防政府债务风险为底线,以建立规范纠偏机制、典型引路机制、服务支撑机制为重点,加快建立特色小镇和特色小城镇高质量发展机制,释放城乡融合发展和内需增长新空间,促进经济高质量发展。

(二)基本原则。

——坚持遵循规律。立足各地区发展阶段,遵循经济规律和城镇化规律,实事求是、因地制宜、量力而行,使特色小镇和特色小城镇建设成为市场主导、自然发展的过程。

——坚持产业立镇。立足各地区比较优势,全面优化营商环境,引导企业扩大有效投资,发展特色小镇投资运营商,打造宜业宜居宜游的特色小镇和特色小城镇,培育供给侧小镇经济。

——坚持规范发展。统筹规范特色小镇和特色小城镇创建工作,把握内涵、纠正偏差、正本清源,坚决淘汰一批缺乏产业前景、变形走样异化的小镇和小城镇。

——坚持典型引路。逐步挖掘特色小镇和特色小城镇典型案例,总结提炼、树立标杆、推广经验、正面引导,以少带多引领面上高质量发展,确保沿正确轨道健康前行。

——坚持优化服务。明确政府角色定位,顺势而为、因势利导,重在理念引导、规划制定、平台搭建和政策创新,使特色小镇和特色小城镇建设成为政府引导、高质量发展的过程。

二、建立规范纠偏机制

以正确把握、合理布局、防范变形走样为导向,统筹调整优化有关部门和省级现有创建机制,强化年度监测评估和动态调整,确保数量服从于质量。

(三)规范省级创建机制。各地区要依据特色小镇与特色小城镇本质内涵的差异性,调整并分列现有省级特色小镇和特色小城镇创建名单,分类明确功能定位和发展模式;在创建名单中,逐年淘汰住宅用地占比过高、有房地产化倾向的不实小镇,政府综合债务率超过100%市县通过国有融资平台公司变相举债建设的风险小镇,以及特色不鲜明、产镇不融合、破坏生态环境的问题小镇;对创建名单外的小镇和小城镇,加强监督检查整改。省级发展改革委于每年12月,将调整淘汰后的省级特色小镇和特色小城镇创建名单、数据(表2、3),报送国家发展改革委。

(四)优化部门创建机制。发挥推进新型城镇化工作部际联席会议机制作用,国家发展改革委会同国务院有关部门优化现有创建机制,统一实行有进有退的创建达标制,避免一次性命名制,防止各地区只管前期申报、不管后期发展与纠偏。有关部门按照《关于规范推进特色小镇和特色小城镇建设的若干意见》要求,在已公布的96个全国运动休闲特色小镇、两批403个全国特色小城镇创建名单中,持续开展评估督导和优胜劣汰,适时公布整改名单,有关情况及时送国家发展改革委。对创建名单外的小镇和小城镇加强监测,视情况动态公布警示名单。

三、建立典型引路机制

以正面引领高质量发展为导向,持续挖掘典型案例、总结有益经验、树立示范性标杆,引导处于发展过程中的小镇和小城镇对标典型、学习先进。

（五）建立典型经验推广机制。逐年组织各地区挖掘并推荐模式先进、成效突出、经验普适的特色小镇和特色小城镇，按少而精原则从中分批选择典型案例，总结提炼特色产业发展、产镇人文融合和机制政策创新等典型经验，以有效方式在全国范围推广，发挥引领示范带动作用。2018 年 9 月底前，省级发展改革委将第一批特色小镇推荐案例（2 个以内，表 1），报送国家发展改革委。

（六）明确典型特色小镇条件。基本条件是：立足一定资源禀赋或产业基础，区别于行政建制镇和产业园区，利用 3 平方公里左右国土空间（其中建设用地 1 平方公里左右），在差异定位和领域细分中构建小镇大产业，集聚高端要素和特色产业，兼具特色文化、特色生态和特色建筑等鲜明魅力，打造高效创业圈、宜居生活圈、繁荣商业圈、美丽生态圈，形成产业特而强、功能聚而合、形态小而美、机制新而活的创新创业平台。

（七）明确典型特色小城镇条件。基本条件是：立足工业化城镇化发展阶段和发展潜力，打造特色鲜明的产业形态、便捷完善的设施服务、和谐宜居的美丽环境、底蕴深厚的传统文化、精简高效的体制机制，实现特色支柱产业在镇域经济中占主体地位，在国内国际市场占一定份额，拥有一批知名品牌和企业，镇区常住人口达到一定规模，带动乡村振兴能力较强，形成具有核心竞争力的行政建制镇排头兵和经济发达镇升级版。

（八）探索差异化多样化经验。鼓励各地区挖掘多种类型小镇案例，避免模式雷同、难以推广。立足不同产业门类，挖掘先进制造类、农业田园类及信息、科创、金融、教育、商贸、文旅、体育等现代服务类案例。立足不同地理区位，挖掘"市郊镇""市中镇""园中镇""镇中镇"等特色小镇案例，以及卫星型、专业型等特色小城镇案例。立足不同运行模式，挖掘在机制政策创新、政企合作、投融资模式等方面的先进经验。

四、建立服务支撑机制

以政府引导、企业主体、市场化运作为导向，稳步推动符合规律、富有潜力的特色小镇和特色小城镇高质量发展，为产生更多先进典型提供制度土壤。

（九）鼓励地方机制政策创新。鼓励全面优化营商环境，加强指导、优化服务、开放资源。创新财政资金支持方式，由事前补贴转为事中事后弹性奖补。优化供地用地模式，合理安排建设用地指标，依法依规组织配置农业用地和生态用地，鼓励点状供地、混合供地和建筑复合利用。合理配套公用设施,切实完善小镇功能、降低交易成本。推行特色小镇项目综合体立项,允许子项目灵活布局。鼓励商业模式先进、经营业绩优异、资产负债率合理的企业牵头打造特色小镇,培育特色小镇投资运营商。

(十)搭建政银对接服务平台。引导金融机构逐年为符合高质量发展要求的特色小镇和特色小城镇,在债务风险可控前提下提供长周期低成本融资服务,支持产业发展及基础设施、公共服务设施、智慧化设施等建设。2018 年 12 月底前,省级发展改革委组织收集特色小镇信息(表 4),汇总印送省级开发银行、农业发展银行和光大银行,并会同省行将完成尽调小镇信息报送总行,抄送国家发展改革委。各总行开辟绿色通道,2019 年 1 月底前完成评审和融资服务,将批复投放情况报送国家发展改革委。

五、组织保障

(十一)强化上下联动。依托推进新型城镇化工作部际联席会议机制,国家发展改革委强化统筹协调和跟踪督导,建立数据共享平台;各有关部门统一行动、合理参与、把握节奏、精益求精。省级发展改革委要增强责任意识,会同有关部门以钉钉子精神抓好落实。

(十二)加强宣传引导。逐年组织现场经验交流会,指导有关方面开展培训和论坛,引导社会各界学习典型、防范风险。发挥主流媒体舆论导向作用,持续报道建设进展,宣传好案例好经验,形成良好舆论氛围。

2018 年 8 月 30 日

附录5 杭州未来科技城(海创园)孵化器考核管理办法

为加强对孵化器的管理和服务,引导孵化器健康发展,促进孵化器提升孵化效能,更好地发挥孵化器促进创新创业的作用,特制定本办法。本办法用于经杭州未来科技城(海创园)管委会认定的孵化器绩效考核,并作为孵化器动态管理及签订孵化器入驻协议的依据。

一、考核对象

自 2018 年 1 月 1 日起与管委会签订《孵化器合作协议》的孵化器(人工智能小镇除外)。本办法所述孵化器,是指经管委会认定,办公面积一般在1000 平方米以上,为初创企业提供办公场地、设备、咨询、资金等服务的企业。

二、考核指标

共分为 4 项一级指标和 18 项二级指标,详见杭州未来科技城孵化器年度考核评价指标计分标准(附件)。

三、考核程序

采取孵化器材料报送、实地考察、审计评分相结合的方式,形成最终考核评价成绩。

(一)孵化器按照本办法计分标准提交年度考核所需的相关佐证材料,在《孵化器合作协议》约定的年度考核期到期日后 15 天内报送至管委会。

(二)审计单位根据本办法和孵化器提供的相关材料出具审计报告,由管委会根据审计报告形成考核结果,并将考核结果告知孵化器。

四、考核奖励及补助

(一)考核结果认定

考核年度内,考核评价成绩 90 分及以上为优秀,75 分(含 75 分)～90分(不含 90 分)为良好,50 分(含 50 分)～75 分(不含 75 分)为合格,50分(不含 50 分)以下为不合格。

(二)租金补助政策

入驻孵化器根据签约面积(产证建筑面积)按年度全额缴纳房租,管委会按照孵化器考核成绩对孵化器实施租金补助政策,物业、能耗、水电等费用由孵化器自行承担。

（1）国家级众创空间申报成功、年审合格，或前三年连续考核良好及以上的孵化器（2018 年 1 月 1 日前孵化器考核成绩只有合格、不合格区分的，以考核合格为认定标准），入驻管委会自持或者返租物业的，直接免交房租；入驻非管委会自持或者返租物业的，在缴纳房租后两个月内全额补助（房租以同地段同标准的空间市场租金价格为准）。

（2）考核年度孵化器考核得分在 90 分及以上的，考核完成后全额拨付上一考核年度租金补助。下一年度入驻管委会自持或者返租物业的，直接免交房租；入驻非管委会自持或者返租物业的，在缴纳房租后两个月内全额补助（房租以同地段同标准的空间市场租金价格为准）。

（3）考核年度孵化器考核得分在 75～90 分的（不含 90 分），考核完成后全额拨付上一考核年度租金补助。下一年度入驻管委会自持或者返租物业的，缴纳半年房租；入驻非管委会自持或者返租物业的，在缴纳房租后两个月内预拨半年房租补助（房租以同地段同标准的空间市场租金价格为准）。

（4）孵化器考核得分在 50～75 分的（不含 75 分），考核完成后拨付上一考核年度租金补助，租金补助根据考核得分按比例扣除后兑现，且下一年度房租须按实际缴纳，并须待当年度考核完成后视考核结果再予以兑现。

（5）孵化器考核得分在 50 分以下的（不含 50 分），孵化器合作协议自动终止，考核期内所产生房租须孵化器全部自行承担，管委会不予补助。

（三）鼓励政策

鼓励孵化器内企业毕业。

（1）毕业条件。在未来科技城范围内办理工商注册及纳税登记，具有健全财务管理制度和会计核算体系，符合未来科技城产业导向的企业在孵化器内度过初创期，无不良记录，并满足以下任意 1 个条件：

①年缴税收 30 万元；

②年营业收入 500 万元；

③企业入驻孵化器后获得经中国证券投资基金业协会备案的专业投资机构累计 500 万元及以上投资；

④企业社保缴纳在余杭区且连续缴纳六个月以上的参保员工达到 50 人；

⑤被认定为市级及以上高新技术企业、雏鹰企业、青蓝企业或被认定为余杭区科创型企业且年研发投入不低于 50 万元；

⑥通过人工智能小镇、海创园项目评审的；

⑦特别优秀或有特殊贡献的企业,如被认定为准独角兽企业或独角兽企业,在浙江省股权交易中心或国际人才创新创业板挂牌、被列入余杭区上市培育计划、列入浙江省证监局辅导备案或新三板挂牌、被上市企业并购、主板上市的企业,被列入"鲲鹏计划"的企业等,可以通过"一事一议"方式,由管委会认定为毕业。

毕业企业需在毕业后迁出孵化器,迁出当年可算作该孵化器孵化的企业,企业毕业需由孵化器自主申报并经企业同意。若毕业企业未搬出,在孵化器考核时该企业不重复计入孵化器完成指标。

(2)毕业奖励及政策享受。

①毕业企业注册在未来科技城范围内的,管委会给予毕业企业5万元/家的一次性奖励。

②符合《杭州未来科技城科创型企业产业化政策实施细则(试行)》(杭科(创)管〔2017〕57号)要求的毕业企业可享受产业化政策。

鼓励孵化器使用自有基金(注册在孵化器内的基金或者孵化器股东/法人是此基金GP的才可算做孵化器自有基金)投资孵化器内企业或招引余杭区外企业入驻孵化器并对其进行投资,企业注册地址在未来科技城且实际办公连续三个月以上的,经管委会认定,给予孵化器投资额2%资金补助,最高不超过30万元。

管委会给予孵化器一套不高于80平方米的免租金简装创业者公寓(物业费、水电费需孵化器自理)或等额房租补助,免租或补助期限为三年。

(四)运营奖励政策

为了提高孵化器培育和引进优质项目的积极性,按照考核结果给予运营奖励。原则上年度考核结果为优秀且评定分数最高的5家孵化器,管委会给予每家孵化器100万元运营奖励;年度考核结果为良好以上且评定分数最高的20家孵化器(含年度考核评价成绩90分及以上但未能排进前5名的孵化器),管委会给予每家孵化器50万元运营奖励。如孵化器考核分数相同,则按照孵化绩效、引进绩效、服务绩效、增值绩效顺序分高者先得。具体运营奖励家数和金额由管委会根据孵化器实际成效专门组织会议协商决定。

五、其他事项

(一)孵化器内企业享受政策时间最长不超过三年。企业入驻孵化器时间超过三年的,不纳入孵化器考核评价指标计分内容。

（二）同一孵化器在三年协议期内获得任意两年考核优秀的，管委会在下一轮孵化空间上予以优先安排。

（三）考核年度孵化器内企业出现以下两种情况的，取消孵化器年度考核运营奖励政策享受资格：一是出现安全生产、食品安全、环境污染、金融风险等重大责任事故和发生较大群体性事件的；二是孵化器内企业存在恶意欠薪、欠租、提供虚假材料等失信行为，孵化器知晓后故意隐瞒不报的。有其他不适于享受运营奖励政策情况的，经管委会会议讨论决定后取消享受资格。

（四）同一事项按"从优、从高、不重复"原则进行奖励。

（五）本办法自 2018 年 1 月 1 日起实行，试行期一年。原则上 2018 年 1 月 1 日前签订《孵化器合作协议》的，根据协议要求进行考核。2018 年 1 月 1 日后签订《孵化器合作协议》的，无特殊情况，相关协议需按本办法有关规定签订。

（六）本办法由杭州未来科技城（海创园）管委会负责解释。

附件：杭州未来科技城孵化器年度考核评价指标计分标准

附件：

杭州未来科技城孵化器年度考核评价指标计分标准

一级指标	二级指标	分值	计分标准	备注
增值绩效 (25分)	1.1 每百平方米孵化企业数	10	无,0分;<0.5个,4分;0.5(含)～0.8个,6分;≥0.8个,10分。	孵化器增值绩效与服务绩效得分总和不得低于 20 分,低于 20 分的,合作协议自动终止,管委会予以清退。
	1.2 考核年度内每百平方米余杭区参保就业人数	15	0 人,0 分;0～2 人,2 分;2(含)～3 人,5 分;3(含)～4 人,8 分;4(含)～5 人,11 分;≥5 人,15 分。	
服务绩效 (20分)	2.1 在未来科技城范围内主办或联合主办的创新创业活动,并事前审核备案的	20	每次由孵化器发起主办的创新创业活动(联合主办活动方不得超过 2 个,超过 2 个按 2 个计算)。活动规模 20(含)～100 人的,得 2 分/场;活动规模在 100(含)～300 人的,得 4 分/场;活动规模在 300(含)～500 人的,得 6 分/场;活动规模≥500 人的,得 8 分/场。最高得分不超过 20 分。	
引进绩效 (25分)	3.1 考核年度内每千平方米新增估值(单家公司最近一轮轮次融资金额不低于现有估值的 5%)	25	<200 万元,0 分;200 万(含)～400 万元,1 分;400 万(含)～700 万元,2 分;700 万(含)～1000 万元,5 分;1000 万(含)～1300 万元,8 分;1300 万(含)～1600 万元,11 分;1600 万(含)～2000 万元,14 分;2000 万(含)～2400 万元,17 分;2400 万(含)～2700 万元,21 分;≥2700 万元,25 分。	引进绩效 3.1 和 3.2 孵化器可任选一项进行考核
	3.2 考核年度内每平方米孵化面积税收总额	25	<100 元,0 分;100(含)～200 元,5 分;200(含)～300 元,10 分;300(含)～400 元,15 分;400(含)～500 元,20 分;≥500 元,25 分。	
孵化绩效 (30分)	4.1 考核年度内新增毕业企业数量	30	0 家,0 分;1 家,10 分;2 家,15 分;3 家,20 分;≥4 家,30 分。	
加分项	5.1 考核年度内新认定、引进高新技术企业(需注册在未来科技城并在未来科技城区域内有实际办公场地)数量、被认定为省级以上优秀工业新产品或首台套		市级高新技术企业,加 10 分/家;国家级高新技术企业,加 30 分/家;被认定为省级以上优秀工业新产品或首台套的,加 20 分/家。累计加分不超过 50 分。	

续表

一级 指标	二级指标	分值	计分标准	备注
加分项	5.2 在浙江省股权交易中心或国际人才创新创业板挂牌、被列入余杭区上市培育计划、列入浙江省证监局辅导备案或新三板挂牌、被上市企业并购、主板上市的企业		在浙江省股权交易中心或国际人才创新创业板挂牌的,加5分/家;列入余杭区上市培育计划的,加20分/家; 列入浙江省证监局辅导备案的或新三板挂牌的,加30分/家; 被上市企业并购的,加40分/家; 主板上市的,加100分/家。	
	5.3 孵化空间内新增专利		当年度新增发明专利,加5分/个;发明专利被国家知识产权局受理并进入实质审查的,加3分/个。累计加分不超过30分。	
	5.4 孵化空间内人才引进		自主申报国家"千人计划"人才、省级"千人计划"人才、市级D类以上领军人才,分别加50分/人、30分/人、10分/人;区外新引进国家"千人计划"人才、省级"千人计划"人才、市级D类以上领军人才,分别加10分/人、5分/人、2分/人。累计加分不超过50分。	
	5.5 国家级众创空间		获得国家级众创空间认定或考核年度国家级众创空间年审合格的,加10分,并可以直接评定为考核成绩良好以上。	
	5.6 新增估值规模或考核年度孵化器内获得专业投资机构200万元及以上融资企业家数		考核年度孵化器内单家企业新增估值2亿元及以上的,加15分/家,累计加分不超过30分; 考核年度内孵化器每千平方米新增估值超过2700万的,每增加1000万,加1分。 考核年度孵化器内获得专业投资机构200万元及以上融资企业超过3家的,每超过一家加5分,累计加分不超过10分。	
	5.7 考核年度招引市外内资企业实际到账额或招引外资企业实际到账额		考核年度招引市外内资企业(注册在未来科技城并实地办公)且实际到账每500万元加1分;考核年度招引外资企业(注册在未来科技城并实地办公)且实际到账每100万美元加1分。累计加分不超过15分。	

续表

一级指标	二级指标	分值	计分标准	备注
加分项	5.8 孵化器或孵化器内企业获得省级、国家级、海外专业媒体机构正面报道的		获得省级专业媒体机构正面报道的,经管委会认可,加1分/次; 获得国家级、海外专业媒体机构正面报道的,经管委会认可,加2分/次。 累计加分不超过10分。	
	5.9 获得市级、省级、国家级及以上科技奖项的		获得市级科技奖项的,经管委会认可,加5分/家; 获得省级科技奖项的,经管委会认可,加10分/家; 获得国家级及以上科技奖项的,经管委会认可,加20分/家。 累计加分不超过50分。	
	5.10 管委会各部门综合评定加分		根据孵化器工作配合度、接待批次等情况,由管委会各部门予以加分,加分不超过10分。	
减分项	6.1 未配合管委会推进孵化工作情况		①未按时上报项目表、融资统计表、每月创新创业活动统计表等,未及时更新云服务平台数据;②未配合参加管委会组织的创新创业活动及参观考察活动;③以梦想小镇运营方、管理方等为主体进行宣传;④平时接待考察过程中出现收取经营性费用情况。出现以上情况的扣2分/次。	
	6.2 考核年度内孵化器内企业出现以下两种情况:一是出现安全生产、食品安全、环境污染、金融风险等重大责任事故和发生较大群体性事件的;二是孵化器内企业存在恶意欠薪、欠租、提供虚假材料等失信行为,孵化器知晓后故意隐瞒不报的。		扣10分/次,并取消年度考核运营奖励政策享受资格。 造成恶劣影响的,管委会予以清退。	

附录6　梦想小镇网络志点评原始数据（携程网）

携程网上关于梦想小镇的点评摘录

序号	点评者	点评时间	点评内容
01	喜欢旅行世界的金家四小姐	2020/5/4	五一假期去哪玩？就去余杭仓前梦想小镇玩。详细地址：良睦路1399号，创意园免费。 交通攻略：公交可以乘坐286路、148路、382路、B2C路到达仓前，下车步行10分钟即到。地铁5号线到达良睦路口，然后步行也可以到达。自驾前往请用导航，停车场可以免费停车。 亮点特色一：环境好。梦想小镇沿着余杭塘路依水而建，园区具有园林设计的建筑风情，是自然、人文历史、现代科技孵化园相融合的一个工业园区。推荐理由：古朴而典雅的木质结构房屋，庭院式的小桥流水，木制雕刻窗棂下的花朵点缀，中心水域更为唯美，睡莲花开，典雅的粉墙黛瓦呈现水面倒影，更有江南水乡之韵味。夜晚的风景更为美好，灯光梦幻而美丽，让仓前古镇焕发了新颜，得到了活力，提升了知名度。 亮点特色二：历史遗迹章太炎故居。章太炎故居就位于仓前老街的中段，包括故居本体、游客服务中心、国学研修中心、国学讲堂和临时展厅等部分。开放时间为周二至周日，9:00到16:30，周一闭馆。推荐理由：现代潮流的办公区域，最为亮眼就是穿越走廊和稻田，整个小镇被一个基本呈环形的稻田地带围绕，和既有的湿地味道的天然池塘、水面一起成为一条真正的田园生态带。远眺梦想小镇的建筑，呈现的是"种"在金黄稻黍中的视觉效应。 美食攻略：园区内有餐厅、咖啡厅，有高端的仟茶院茶楼，也有"小牛家"牛肉火锅店。周边有美食街，各种小吃都能找到。
02	杉尼	2020/4/29	白天去梦想小镇多次，已经被其美丽征服，听闻夜景更赞，于是特地专程选择夜晚，去梦想小镇拍摄。才到余杭塘河，就被光带勾勒出的江南水乡建筑所吸引，进入小镇中心，更是被惊艳！水中倒影之下的徽派建筑，如流淌的诗，静谧无声。人耸立池边，已然无言，光影交错，欲言又止……唯有沉醉……
03	安森殿下	2020/4/28	还算蛮热闹的地方。创业小镇然后装修的风格是古镇那种，街上有很多实惠的餐厅水果店这些，都是很平价的。【景色】像公园一样【性价比】免费哦【趣味】逛逛街吃东西蛮不错的，适合散步约会。
04	早春二月一_一	2020/4/23	位于杭州城西方向仓前镇的梦想小镇，是余杭区新打造的互联网创业小镇，与市区有点距离。梦想小镇的核心景点是章太炎故居，深厚的历史文化底蕴集合了周边的阿里巴巴为龙头的未来科技城，形成了具有古今特色的小镇风格。

续表

序号	点评者	点评时间	点评内容
05	未未草莓	2020/4/21	草莓姐姐出游记 景点：梦想小镇。地址：仓前塘路，章太炎旧房旁。是否需要买票：门票免费。建议参观时间：1～2小时。梦想小镇以江南水墨画的湿地风情，与现代化高科技互联网创业板块联手打造，一个追梦圆梦的地方。短暂的四月即将结束，来领略一下小镇的人间四月天。远离城市的喧嚣，恬静、安逸的样貌还真有点喜爱。周边有不错的美食餐饮，以及章太炎旧居，还有雷迪森旗下的民宿风情。这里也别有一番风味。
06	雨中之苇	2020/4/9	杭州的古镇不少，梦想小镇是我最爱打卡的点之一。不光是因为离得近，更在于它由内而外的魅力。清明出游，梦想小镇又是我其中的一站。这里是曾经的仓前古镇，历史文化悠久，是国学大师章太炎的故乡。而如今，它摇身一变，成了梦想小镇，很多互联网创业公司、电子商务企业在这里扎根发芽。走在小镇里，感受科技带来的改变，思绪万千。 梦想小镇的最佳游览时间莫过于下午临近傍晚时分。网红景点金拱门在远处的夕阳余晖下熠熠生辉。白墙黛瓦的房子倒映在水面中，如诗如画。待到夜幕降临，再到仓前塘路，漫步青石板路，吹吹余杭塘河的风，看沿河老宅星星点灯……生活的惬意不过如此。
07	杉尼	2020/3/31	到了梦想小镇，怎能不去体验馆体验一下？体验活动在进门口的第一幢白色房屋里，外面的环境布置很江南水乡风情，一个小巧的园林景观把体验馆烘托得像是一个私家别墅。体验馆内很多现代科技，机器人、科技屏，炫丽多彩，值得体验。
08	杉尼	2020/3/30	到了梦想小镇，你就不会想走了！这个大众创业万众创新的小镇，甚至引来了众人点赞！小镇前的余杭塘河水清岸绿，小桥流水人家，让人不免流连江南水乡的秀美。"有梦想、有激情、有知识、有创意"，这就是梦想小镇的话语。是啊！一个年轻人，没有梦想，还谈什么只争朝夕！梦，是人的起点；想，是人的动力！来吧，开启。创业创新之之路，为人生的旅途点亮光彩的一笔！
09	qtrqqcl	2020/2/3	很值得去，特色小店超多，看到朋友拍的夜景超美。
10	qtrqqcl	2020/2/1	梦想小镇离我单位不远，趁春节值班结束，前往一观，感觉不错，古代与现代并存。不过古店铺很多都空着，现代店铺超多。
11	qtrqqcl	2020/1/31	很不错的街区，原以为全是现代建筑，不成想还有很多老建筑，现代与古代并存。原来章太炎故居也在里面啊。
12	Gracea	2019/12/27	傍晚夜色很迷人，章太炎的故居，美味的小吃，桥底的灯映舞台，拼搏的年轻人，李克强总理曾来小镇参观，赞小镇的风貌，扬创新的精神。
13	_WB2 ＊＊＊＊ 1346	2019/12/24	创业者的优选之地！江南景致，美！

序号	点评者	点评时间	点评内容
14	瑞秋Rachel123-_456	2019/12/21	这边有个章太炎故居,没事散步遛弯挺好的。
15	minnie72	2019/12/10	挺好的,离杭师大仓前校区很近,旁边马路上就有公交路线,站点密,可以直达古荡。附近梦想小镇公交站更是多路公交车的起终点。这里有章太炎的故居,更多的是统一规划、风格接近的馆舍、商铺,各色餐饮聚集,最宜休闲。
16	时光搁浅风儿依旧	2019/12/9	梦想小镇坐落于余杭区仓前街道,占地面积约 3 平方公里,于 2014 年 9 月正式启动建设。"梦想小镇"涵盖了互联网创业小镇和天使小镇两大内容,其中,互联网创业小镇重点鼓励和支持"泛大学生"群体创办电子商务、软件设计、信息服务、集成电路、大数据、云计算、网络安全、动漫设计等互联网相关领域产品研发、生产、经营和技术(工程)服务的企业;天使小镇重点培育和发展科技金融、互联网金融,集聚天使投资基金、股权投资机构、财富管理机构,着力构建覆盖企业发展初创期、成长期、成熟期等各个不同发展阶段的金融服务体系。免费开放,建议一定要请个讲解员,非常值得一来。
17	hy8118	2019/10/31	余杭梦想小镇是个休闲放松的地方。
18	江南的竹	2019/10/21	梦想小镇坐落于余杭区仓前街道,占地面积约 3 平方公里,于 2014 年 9 月正式启动建设,17 万平方米先导区块即将运营。"梦想小镇"涵盖了互联网创业小镇和天使小镇两大内容,其中,互联网创业小镇重点鼓励和支持"泛大学生"群体创办电子商务、软件设计、信息服务、集成电路、大数据、云计算、网络安全、动漫设计等互联网相关领域产品研发、生产、经营和技术(工程)服务的企业;天使小镇重点培育和发展科技金融、互联网金融,集聚天使投资基金、股权投资机构、财富管理机构,着力构建覆盖企业发展初创期、成长期、成熟期等各个不同发展阶段的金融服务体系。
19	杉尼	2019/10/9	如江南水乡特色,如诗如画梦幻,处处是风景,处处充满惊喜。梦想小镇,梦想成真!

续表

序号	点评者	点评时间	点评内容
20	M22＊＊＊＊622	2019/10/4	梦想小镇的建筑,给人一种古今融合的即视感。仿佛以那条运河小支流为界,一边是现代的高楼林立,一边是古色古香的亭台楼阁和精致的园林。它闹中取静,无论春夏秋冬,别有一番韵味,尤其是春雨季节,坐在河边的长廊上,看河面细雨纷飞,万物萌芽之绿,仿佛时空交错,回到了那个烟雨朦胧的旧忆江南,那一刻,有种守望的沧桑。而夏夜,河边蛙声连连,那一方稻田散发着淡淡的清香,映着月光,让人如痴如醉。稻田旁边的芸台书舍,书香弥漫,给这个小镇增添了些许人文意境,就像时空的纽带,让过去和现在在这里相遇,不负时光。隔壁的迷你电影院上映着古今历史更迭不休。其次星巴克、肯德基依次环绕,那白墙灰瓦,古色古香,也许应了他们的复古梦。现已深秋,金色的稻田把收获给了梦想,把根茬留在了田里,以待来年,重新耕耘希望,再次收获梦想,轮回不朽。梦想小镇,无论春夏秋冬,我都期许与它相约。
21	dorislee	2019/9/24	在阿里巴巴附近隐藏着这个古香古色的街区,这里离地铁站很近,由于是新建的景区,所以游客不多,旁边都是创业园区以及各种公司。星巴克,肯德基,还有几家餐厅。沿街的酒吧要到晚上才开放,这里的夜景还是不错的,如果住在附近的酒店,可以来游览一下。
22	齐步走123	2019/9/2	本地的朋友带过来的,周围环境很不错,比较适合自己有车过来,当然坐地铁过来也可以的,不过会比较花时间,景色可以,人也少,比较舒服。
23	M28＊＊7546	2019/8/24	环境很好 卫生干净 下次来杭州 会继续入住
24	带着儿子走天下	2019/8/22	我觉得这里应该是政府对大学生创业的支持项目。这些年杭州的互联网＋做的是有声有色,在这个基础上为有想法有能力的大学生提供这么一个创业机会,真的是留住人才的好举措啊。梦想小镇,设计得非常合理,环境优美舒适,相信来过的人都会有种创业的激情。
25	心素如简	2019/8/3	梦想还是要有的,万一哪天实现了呢。
26	小懒Amber	2019/7/31	来杭州一直听说梦想小镇,名声很响,周末在附近吃饭,刚好来逛一逛,地下停车场免费。很多创业公司在这里。有个章太炎故居在整修没有开放,有一家中医诊所能推拿还能用医保。现在这季节太热了,不太适合白天来逛,太晒了,没有树荫乘凉。但是有一家书店,还有电影院,是消暑的好地方,书店非常漂亮,还有文创纪念品在卖,有果汁饮品,有教油画的小课堂,书架上很多画作,很有趣。金色的长廊非常美,走出长廊可见稻田,寓意水到渠成很贴切。蓝天、绿色稻田,金色长廊,很美,听说晚上看也很美。
27	Moevn	2019/7/26	梦想小镇,一个怀揣创意与梦想的地方,为你的初心加点动力,在这里,高端的VR虚拟体验,智能的应用实行,给你的生活加点创意,灵感加点素材。

续表

序号	点评者	点评时间	点评内容
28	在爱的天空自由呼吸	2019/7/9	杭州网红打卡地梦想小镇,景色优美,四季皆宜。仓前街道的梦想小镇这一带有很多的创业园,我在杭州的朋友就在这附近办公。最近正好休年假,趁这个机会我打算去梦想小镇这边找他玩,顺便在附近逛一逛,来这个网红打卡地打卡。这个小镇还蛮诗情画意的,来到这里,让我仿佛身在江南水乡——不仅有湖有石头拱桥有人工造景,还有荷花池塘木质的房子。我来到这里的时候是工作日,游客不是很多,偶尔有三三两两的行人从这里路过,非常安静。这附近的美食还是挺多的,都在仓兴街那一带,不仅有西湖醋鱼,叫花鸡之类的当地特色菜,还有烤肉火锅之类的大家喜闻乐见的菜肴。我和同事去了一家韩国炭烤,感觉味道还不错,肉质鲜美,沾上餐厅特制的烧烤酱,味道美上天。朋友在的互联网村那边环境是最好的了,有长廊和麦田,还有书店,电影院目前还在修建中,估计不久之后就能和大家见面了。
29	顶一艾诺	2019/6/29	地方很美啊,主要还是有人有风景,人文气息,带上大自然的漂亮和谐,总是那么舒适怡心。
30	132＊＊1573	2019/6/24	很好吃,又不贵。还有很多饭馆可以选择,口味丰富。
31	不纠结没烦恼	2019/6/15	梦想小镇的店面因为规范统一,少有特色。所以店面看起来其貌不扬,走进去才发现别有洞天!浓浓的日式风貌,店员都是穿着和服的小姐姐们,摆设装修都是居酒屋的感觉。两人食,厚切牛舌超大块,鳗鱼饭甜而不腻,猪颈肉酥香里嫩,豚骨拉面有弹劲——赞!
32	lisza	2019/6/9	杭州梦想小镇坐落在余杭区仓前街道,这是一座很有诗意的小镇。景区24小时免费对外开放,小镇由互联网村、天使村、章太炎故居、未来科技城国际会议中心及仓前美食街等组成。整个小镇被一个基本呈环形的稻田地带围绕,和既有的湿地味道的天然池塘、水面一起成为一条真正的田园生态带。来这里的游客目前并不是很多,所以整个小镇还是比较安静的,利用周末来休闲游玩也不错。
33	_WeCh＊＊＊＊37227	2019/4/19	春天景色如画,万物生长一片生机。
34	滢萱	2019/4/15	航拍杭州网红打卡地:梦想小镇坐落在余杭区仓前街道,占地面积约3平方公里。梦想小镇涵盖了各种特设的吃喝玩乐,2019年梦想小镇入选最美特色小镇50强。梦想小镇以章太炎故居、"四无粮仓"深厚的历史底蕴和"在出世与入世之间自由徜徉"的自然生态系统为主要吸引游客的内容!最佳游览时间:四季皆宜。购物推荐:山核桃、西湖藕粉、天目笋干、杭白菊、西湖龙井等。美食:叫花鸡、西湖醋鱼、东坡肉、西湖莼菜汤、龙井虾仁、宋嫂鱼羹、干炸响铃等。景区位置:中国、浙江省、杭州市,余杭区,仓前街道。乘车路线:乘461a路、461路,在仓前梦想小镇站下车即可。驾车路线:市内走仓兴路等即可。梦想小镇门票价格:无门票。景区开放时间:全天。

续表

序号	点评者	点评时间	点评内容
35	Choco_late	2019/1/4	一切都是这么刚刚好,刚刚好的时间,刚刚好的人,刚刚好的骰子点数……刚刚好在迪岸酒吧遇到你们。地点:杭州·迪岸咖啡音乐酒吧(仓兴街116—1号)。这次本来是去杭州的告别之旅,告别我一年多的工作。起飞前拿好假期,选择在安静又未来的西溪。住宿:西溪蓝海(是个公寓民宿)。打车出门去到梦想小镇,看到一间间古色古香的房子,我以为全是饭店,近一点看看,喔,是办公室。忽而想起,这里是创意园,梦想的地方。每个地方都有加班加点的人儿。晃了一圈,晃到了快打烊的芸台书舍,进去逛了一下,现代感带着书香气息的地方。出了书店,斜对面有家KFC。KFC旁边有个小小的logo,上面有咖啡标志、红酒瓶标志、还有一个忘了(老板说那是啤酒瓶,我说我只看到红酒瓶)。有酒有故事。有酒的地方就是好地方。跨过门槛,走过门帘,有个小装饰木楼梯。进去一切都温暖了。室外是飘雨的杭州冬天,室内是温暖的迪岸酒香。这里有有酒有故事的胡子大叔、有很会煮的调酒师小陈、有美丽知性气质高雅的奥利奥、还有会唱歌俏皮可爱漂亮的爱吃小蔡和她也很会唱歌的我未知道名字的小弟弟。有酒、有歌、有方便面、有骰子、有牙签、有我……
36	贺贺—贺小晞	2019/1/2	未来科技城是杭州为了聚集互联网高端创业者而兴建的一个小镇,这里有许多新兴的互联网产业,整个小镇里面都是现代感的建筑高楼,这里繁华却不失静溢,办公的生态环境融合了江南园林的意境,也开始有点开始羡慕在这里办公的时尚白领,如今这里也被杭州本地人认为是余杭小镇中的一颗夺目的明珠。天使小镇并不大,半个多小时就能走完,但小巷子中所见的风景确实会给人带来惊喜,以江南老街为设计理念,一砖一瓦,一树一木,面对着水平如镜的小河,搭配着宅院四合的老房子,整个小镇并不需要刻意过多的去装饰,随处都透着生活写意,细致入微的细节体现了这个小镇的内涵所在。天使小镇也承载着良渚居民几代人的生活记忆,这里曾是民主革命家"章太炎"老先生的故居,更有着"四无粮仓"深厚的历史底蕴,如今以旧修旧将这里作为互联网的办公基地,新老文化空间相融合刚好恰当,以原始生态环境作为载体,在大自然里办公,漫步在小镇之内,看见有许多充满艺术感有情调的咖啡馆,如果时间足够,点上一杯咖啡,坐在湖边能悠闲的看上一下午的书。

续表

序号	点评者	点评时间	点评内容
37	贺贺一贺小晞	2019/1/2	浙江余杭自古就是长江三角洲的圆心地,历经数千年的历史沉淀,无论从哪方面来说,它都是一个深邃渊博的城市,文化底蕴和人文景观是其他江南小镇无法比拟的。被誉为"中华文明之光"的良渚文化发源地就是余杭的良渚镇,这个很普通的江南小镇是在 1936 年之后因为良渚文化的出土而被广为人知,良渚给我的惊喜,来自于博物馆门前的几条马路,一条长满银杏树和红枫树的大道绵延千米,一直延伸至视野的尽头,火红的红枫和金黄的银杏交相辉映,美得恍如隔世,对十一月已接近冬季,能在此偶遇一片秋意,颇为惊讶,秋天的颜色把很普通的一条马路装饰的五彩斑斓,十足生动。对于在南方长大的孩子来说,能够一眼目睹秋日的真面目,看着这番极富层次感的景致,内心的情怀和激动是难以表达的。大概是初次目睹了这般炫目的秋日景象,对于后面的行程也更为期待,抵达梦想小镇的时候,时间已经接近晚暮,踏足在这片村落之内,一种慢生活的节奏油然而生,竟有了一种江南之外再无深闺小镇的感觉,梦想小镇是一个实现了自然中城市生活的小镇。
38	行者无疆51	2018/12/30	水"稻"渠成,梦想成真,这就是传说中的梦想小镇。大气舒适,生态宜居。
39	大侠 V5	2018/12/26	杭州有个梦想小镇,是年轻人创业的梦想之地,也是他们生活的梦想之地。梦想小镇坐落在余杭区仓前街道,涵盖了互联网创业小镇和天使小镇两大内容,其中,互联网创业小镇重点鼓励和支持"泛大学生"群体创办电子商务、软件设计、信息服务等等。当然,小镇撇开梦想而言,也是一个微缩的江南水乡风情以及时尚休闲街区。每当夜幕降临,华灯初上,宁静素雅的梦想小镇格外的安详。流水匆匆,清风含香,抒发着水乡梦境一样的情感。漫步其中,唯美浪漫,让人久久不想离开,完全不属于江南传承千年的水乡古镇风情。据说整个小镇被一个基本呈环形的稻田地带围绕,和既有的湿地味道的天然池塘、水面一起成为一条真正的田园生态带。如果远眺梦想小镇的建筑,呈现的是"种"在金黄稻黍中的视觉效应。除了互联网的创业梦想,这里也有很多环境优雅的咖啡馆、书舍、茶馆和餐厅一类,是一个个人极为推荐的时尚休闲街区。
40	沈小娴 96	2018/12/24	阿基米德曾经说:给我一个支点,我将撬动地球;而这个梦想小镇的创客说:给我一个梦想,我将撬动未来。
41	M27＊＊＊＊2137	2018/11/27	杭州一直是旅游城市,科技城市的代表,第一次到杭州,选择了这样一家民宿,这家民宿干净卫生,房间整洁,真是在杭州处处都有惊喜!

续表

序号	点评者	点评时间	点评内容
42	amiber 198867	2018/11/10	环境优美的小镇,各种老式房间,同时又充满文化气息。
43	加兹-纳杰孔-索尔诺克州加菲尔德	2018/10/3	很不错,节假日没啥人,打工的回家去,外地人不会来,很休闲。
44	sy＊＊＊＊666	2018/8/23	离市区较远,值得一看,现代与古代建筑的融合,个人比较喜欢书舍,一种宁静的感觉,这是一个为实现梦想而努力的地方,杭州已不是白娘子的时代。
45	njcpa000	2018/6/26	总体而言,除了是个很美的办公地方之外更像一个靠近小河边的魅力古镇！希望更棒。
46	M22＊＊＊＊1316	2018/6/12	环境好,可以去散步,还可以吃好多东西,喝奶茶。
47	二十八画爱	2018/6/7	一直以为梦想小镇只是个游戏而已,没想到这个地方是真实的存在的,所以我迫不及待地想来这里看看这是一个怎样的小镇。肯定是非常梦幻的。来到这个小镇,跟我想象的基本上是一样的,但是这里的地形地貌还是惊喜到我的,这是一个非常生态化的田园风格,整个小镇都被稻田所环绕,这是我从来没有看到过的,走在这个小镇上看到了有章太炎故居,还有一些科技会议中心,给我的感觉就是科技与古代相结合,真是非常有意思,这里还有一些非常老式的房间,给人一种非常安静的感觉,这里的书舍一直是我特别喜欢的,在这里我感受到了古色古香的韵味,真的是让我十分沉醉。所以说如果你也想来这个不一样的小镇看一看的话,这里绝对值得你去,既可以欣赏到科技的进步,又可以感受不一样的韵味,真的是到达了人生巅峰。位于杭州市良睦路。交通:建议自驾或者是租车前往。票价:免费。开发时间:全天。
48	米玥妈咪	2018/6/4	梦想小镇位于杭州市余杭区,仓前古镇所在地,都是各路有梦想的创业者在这里创业生活,除了办公场所之外,还有星巴克肯德基酒店之类的配套设施。
49	敬静净甜	2018/6/3	饭后去逛了一圈,科技孵化园,现在越来越成熟了,餐饮、书店、住宿都有。
50	bitar	2018/5/16	你想有个安静的地方吗？随性,自由体验江南小城镇;还有那众多的初创梦想的公司,一个个梦想孵化的地方,年轻激情澎湃创意无限。梦在这里起航,隔窗相望,是否也浮想联翩。
51	dong333	2018/5/16	真正意义上的特色小镇,假以时日,小镇会更加精彩丰富多样。除了产业定位高大上可以作产业观外,传统的古街更加有特色亮点、期待越来越精彩。

续表

序号	点评者	点评时间	点评内容
52	M27＊＊＊＊7643	2018/5/2	不错,很刺激,就是户外,有点热。
53	黑发夹	2018/4/22	一百多分! 太棒啦,梦想开始的地方。
54	之昂	2018/4/11	免费的一个小景点,比较推荐晚上来这里看看,尤其是傍晚的时候,太晚的话,很多店都关门了,会很冷清。另外这附近也不用担心吃饭的问题哈,很多不错的餐厅都在这边哦。
55	_M13＊＊＊＊2871	2018/4/4	小镇真的很美哦,当互联网遇上江南古镇,独具韵味!
56	M29＊＊＊＊460	2018/2/3	下雪的时候很美,前几天拍下的,喜欢这里。
57	路客 e	2018/1/19	这里是仓前镇,但它近年来的另一个名字"梦想小镇"更有名气,因为近年来这一带聚集了大量的创业园和创业者。这里是国学大师章太炎的故居,小白菜故事发生地!
58	M24＊＊＊＊9719	2017/11/16	美,不仅是风景如画,行走的创业者更美。有机遇,有梦想!
59	老 0000 林	2017/8/28	新业态新技术,互联网村新书店,新人新景。
60	M56＊＊＊＊130	2017/8/27	梦想小镇是浙江省特色小镇做得好的,且在杭州。
61	咕叽咕叽597	2017/8/17	这边真的有很多吃的,仓兴街一条吃的,那个韩国炭烤的烤肉最好吃,互联网村的环境最好,里面有食堂有约克小镇,相比天使村更可爱些,章太炎故居免费开放,有梦想的长廊和梦想的麦田,有书舍有电影院(未开),还有仓乾居高端民宿,河边还有一个音乐酒吧……我在这边工作,感觉如果过来旅游也是不错的,记得晚上来。
62	这是我的世界	2017/8/4	梦想小镇的房子给人很诗意的感觉,有纳凉的地方,有水田,有稻香,有音乐吧,有一个很美丽的书屋,有很多特色,值得一去的好地方。
63	NYJ001	2017/6/9	非常好的创新创业模式,同时也是观摩学习的好地方。
64	小柚子 09	2017/3/27	啦啦啦,这个地方就是梦想小镇,是不是超美丽。这里是杭州的创业园区哦,小镇里面是一批互联网创业公司,大多数都是年轻人 现在油菜花开啦,小镇更加的美了,在这里创业绝对幸福感爆棚呀! 晚上的小镇,是不是美得像一幅画,分享给大家这么美丽的创业园区,有空去杭州看看哦。

数据来源:携程网,截至 2020 年 5 月 16 日。有删改。